KB187218

FREUD PARADIGM

프로이트
패러다임
FREUD PARADIGM

프로이트를 어떻게 읽을 것인가

맹정현

위고

천상의 힘들을 꺾을 수 없다면 지옥을 움직이련다

— 베르길리우스

왜 프로이트를 읽어야 하는가

편견. 프로이트에 대한 강의를 하는 것은 하나의 편견에 대한 도전이다. 요컨대 프로이트는 이미 과거의 인간이다. 1856년에 태어나 1939년에 작고했으니 우리와는 전혀 다른 세상을 살았던 인물임은 두말할 필요가 없을 것이다. 가령 그는 인간이 달에 발을 디딜 수 있다는 것을, 또 손바닥보다 더 작은 기계를 통해 타자와 소통하고 지구 반대편에서 무슨 일이 벌어지고 있는지를 속속들이 보고받는 세계를 전혀 상상하지 못했을 것이다. 우리는 분명 그가 알지 못하는 것들을 알고 있다. 특히 20세기 후반의 뇌과학이나 인지과학의 발달로 인해 우리는 정신분석의 언어가 낡고 고루한 언어라고 쉽게 치부하는 경향이 있다. 그런데 이것이 하나의 편견인 것은 인간에 대한 지식이 아무리 새롭고 풍부해졌어도 우리가 우리 자신과 맺는 관계의 측면에서 본다면 사실 전혀 나아진 것이 없으며, 여전히 우리 시대는 프로이트를 제대로 소화하지 못하고 있고 프로이트보다 조금도 더 나아가지 못했거나 심지어는 뒤처져 있다고도 할 수 있기 때문이다. 프로이트가 이뤄낸 정신분석학적인 혁명은 통합된 인간에 대한 오랜 믿음이 인간의 환영이며 주체로서의 인간은 분열된 존재라는 사실을 경험적으로 밝혀주었을 뿐 아니라, 그러한 경험적인 진실을 통해 인간을 변화시킬 수 있는, 다시 말해 인간에게 열려 있는 무한한 가능성을 실현시킬 수 있는 개념과 기술들을 발명했다는 데 있다.

무의식. 인간에게는 각자 자신이 알지 못하는, 그럼에도 불구하고 자신의 삶을 결정짓는 무의식이라는 미지의 영역이 존재한다. 우리에게는 무수한 삶의 순간들이 있다. 즐거운 순간, 슬픈 순간, 부끄러운 순간, 그 모든 순간들이 우리가 살아 숨 쉬는 순간들이지만, 우리는 아쉽게도 그 모든 순간들을 다 기억하면서 살아가지 못한다. 그것은 단순히 능력의 한계가 아니라 인간이 생각하는 존재가 되기 위해, 통합된 존재로 살아가기 위해 치러야 하는 비용이다. 요컨대 인정하고 싶지 않은 순간, 감당할 수 없는 순간, 삶의 불운이 예감되는 순간마다 우리는 마치 모래 속에 머리를 파묻는 타조처럼 그러한 순간들 속에서 눈을 감는다. 인간이 '나'가 되기 위해 치러야 하는 비용이 있는 것이다. '나'는 나를 위협하는 생각들, 상상들, 이미지들, 바람들을 희생한 결과물이다. 그런 의미에서 '나'는 온전한 나가 아니라 반쪽의 나이다. 그렇게 '나'가 되기 위한 삶의 희생을 프로이트는 억압이라고 불렀다. 하지만 그렇게 희생된 정신적인 활동들은 완전히 사라지지 않고 우리 삶의 기저에 남아, 우리의 일부분으로서 우리 삶을 결정짓는 한계들을 만들어낸다. 우리 삶은 어떤 보이지 않는 장벽 속에 갇힌 것처럼 동일한 유형의 실패들을 반복한다. 아무리 거듭해서 새로운 사람을 만나도, 우리는 그에게서 옛사랑의 흔적들을 보면서 동일한 방식으로 실패하고 만다. 새로운 사람을 만나는 것은 쉽지만 새로운 사랑을 하는 것은 매우 지난한 일이다. 우리는 그러한 한계 앞에서 그것이 자신의 불길한 운명이 아닌가 예감하게 되곤 한다.

프로이트는 바로 그러한 한계를 넘어설 수 있는 변화의 장치를 만들었으며, 그러한 장치를 '정신분석psychanalyse'이라고 불렀다. 정신분석은 우리 자신 안에 있지만 우리가 잊고 살았던 순간들을 우리 안에 재통합함으로써 온전한 '나'를 되찾을 수 있도록 해주는 실천적 장치이다. 내 안에 있지만 발언권을 잃은 나의 또 다른 반쪽에 그 목소리를 되돌려줌으로써 내 삶에 둘러쳐져 있는 장벽들을 철거하고 이를 통해 내 삶에 열려 있는 무궁한 가능성을 되찾아주는 것, 이것이 바로 정신분석의 목표이다.

이러한 정신분석의 발명이 인간 사유의 역사상 가장 눈부신 업적이라고 할 수 있는 이유는 프로이트가 만들어낸 개념들이 단순히 지식, 추상명사로서의 인간에 대한 지식이 아니라 우리가 주체로서, 개개인의 인간으로서 살아가는 삶을 변화시킬 수 있는 지식이기 때문이다. 인류 역사상 인간의 분열에 대해 이토록 치열하게 사유하고, 그러한 분열을 삶의 변화의 가능성으로 삼을 수 있는 기회로 끌어올린 경우는 없었을 것이다.

위대함. 프로이트가 위대하다면, 그것은 단순히 그가 인간에 대해 더 많이 알게 해주었기 때문이 아니다. 사실을 말하자면, 대상으로서의 인간에 대한 지식은 우리의 내면을 변화시킬 수 있을 만큼 날카롭지 못하다. 과학이 만들어내는 지식들, 인간을 하나의 대상으로 접근하면서 인간에 대해 밝혀낸 지식들은 우리가 인간에 대해 더 많이 알 수 있는 기회를 제공해주었지만, 우리 자신의 주체로서의 삶이라는 수준에서 볼 때 우리의 내면을 바꾸지 못한다. 심지어 대상object으로서의 인간에 대한 지식, 요컨대 객관적objective 지식들은 프로이트 이전과 마찬가지로 여전히 '나'를 지키기 위한 하나의 방어기제로서 기능하는 경우가 적지 않다. 세계에 대해, 그리고 인간에 대해 점점 더 많은 것들을 알아가고 있지만 여전히 우리는 우리 자신의 삶 속의 분열에 대해서는 알고 싶어 하지 않는 경향이 있다. 과학의 발달에 의해 이뤄진 지식의 확장은 역설적이게도 더 많은 정신적인 나르시시즘을 생산해낸다. 그리고 바로 그러한 나르시시즘을 유지하기 위해 우리는 과거에 비해 더 많은 것들을 희생하고 있다. 예컨대, 진화심리학자가 학문의 차원에서 아무리 인간을 털 없는 원숭이 정도에 불과하다고 생각한다 하더라도, 정작 그 개인의 삶에서까지 그 스스로를 털 없는 원숭이로 격하시키진 않을 것이다. 한 명의 개별자로서 그는 자신은 이성을 가진 존재, '생각하는 주체'라고 굳게 믿을 것이며, 스스로가 자신의 삶 속에서 자기 자신의 주인이라는 믿음을, 소위 로고스에 대한 믿음을 포기하지 않을 것이다. 인간 일반에 대한 지식 속에서 정작 자신의 삶은 예외가 되는 것이다. 인간의 혁명에 대해 꿈꾸는 것보다 주체로서의 자신의 삶의 작은 변화에 대해 꿈꾸는 것이 더 어려운 것은 바로 그 때문일 것이다.

대상으로서의 인간에 대해 우리가 가지고 있는 공적인 지식들과는 쉽게 타협할 수 있지만, 우리가 우리 삶 속에서 만들어내고 있는 사적인 이론들, 우리 삶의 내밀한 속살을 이루고 있는 환영들, 믿음들을 포기하는 것은 쉽지 않다. 지식이 더 많이 쌓여갈수록 오히려 그러한 포기는 더욱 쉽지 않을 것이며, 그럴수록 자신이 아는 것과 자신이 존재하는 바 사이의 간극은 커질 수밖에 없다. '나'의 환영들을 지키기 위해 나의 반쪽을 희생하면 할수록, 우리는 우리 자신에게서 소외될 수밖에 없다. 과학의 발달이 정신적으로 더 많은 증상들을 발생시키는 것은 그때문이다. 그 지점에서 프로이트의 정신분석은 최초로 인간이

프로이트 패러다임

스스로에 대해 가지고 있는 사적인 이론들의 허상을 폭로하면서, 인간의 분열을 우리 스스로가 우리 자신의 삶 속에서 확인할 수 있는 길을 열어주었다. 우리 안에 있는 타자, 우리 안에 있는 버려진 땅인 무의식이라는 영역에 제 목소리를 돌려주고, 우리 안에 있는 우리 반쪽의 언어를 들을 수 있는 통로를 열어준 것이다.

혁명. 프로이트의 혁명은 단순히 인간에게 무의식이 있다는 것을 개념적으로 알게 해준 데 있는 것이 아니라 우리가 듣지 못한 우리 자신의 목소리, 즉 무의식의 목소리를 알아들을 수 있는 길을 열어주었다는 데 있다. 요컨대 아는 것과 존재하는 바가 통합되어 우리의 소외된 삶이 근원적으로 변화할 수 있는 기회를 마련해준 것이다. 바로 이런 이유에서 프로이트는 여전히 우리 시대에 유효한, 귀중한 자산이 아닐 수 없다. 지식의 양적인 측면에서 우리 시대는 프로이트보다 더 많은 것을 알게 되었지만, 삶이란 측면에서 결코 프로이트보다 더 진보한 시대를 살고 있다고 할 수 없다. 우리는 여전히 우리의 삶 속에서 소외되어 있으며, 그러한 소외는 점점 더 커지고 있다. 이것이 정신분석의 언어가 우리에게 필요한 이유이다. 정신분석의 언어를 익히는 것은 인간이 자신에 대해 성찰해온 역사의 최정점을 경험하는 것인 동시에 우리가 우리의 삶 속에서 우리 자신을 시험하는 기회, 우리에게 열려 있는 가능성을 시험하는 기회가 될 것이다.

프로이트의 위대함은 그가 무의식이라는 미지의 땅을 개척한 최초의 인간이었다는 것뿐만 아니라 그것을 그 누구의 삶도 아닌 자신의 삶을 통해 보여주었으며, 자신의 내밀한 영역까지도 공개하는 것을 서슴지 않았다는 데 있다. 그는 후세로 하여금 무의식이라는 미지의 땅에 발을 들여놓을 수 있도록 자신의 실패까지도 그대로 남겨놓았다. 무의식의 땅을 디딘 최초의 발견자로서 그는 자신이 그것을 어떻게 발견했는지, 어떤 도구로 그것을 발견했는지, 그런 발견을 위해 어떤 무수한 시행착오를 거쳤는지, 심지어 자신이 아는 것과 자신이 모르는 것이 무엇인지를 그대로 남겨주었던 것이다. 학자의 언어가 자신의 미숙함을 숨기고 완결된 지식을 전달하려고 애쓰는 언어라면, 프로이트의 언어는 프로이트 이후의 인간들이 각자 자신의 무의식을 발견해나갈 수 있도록 길을 열어주는 언어라고 할 수 있다. 요컨대 프로이트의 언어를 읽는 것은 단순히 기성품 같은 하나의 완결된 지식을 터득하는 일이 아니다. 그것은 최초의 발견자가 했던 무의식의 발견을 다시금 반복하는 일이며, 프로이트의 독자는 그러한 반복을 통해 마치 프로이트가 그랬던 것처럼 그 자신의 무의식을 탐험해나갈 수 있게 될 것이다. 바로 이것이 지금까지 우리가 프로이트를 읽는 이유이며, 또 여전히 우리가 프로이트를 읽어야 할 이유이다.

이 책은 전작 『멜랑꼴리의 검은 마술』과 마찬가지로 서울정신분석포럼SFP에서 2013년 1월부터 7주간 진행되었던 정신분석 강의를 단행본으로 재구성한 것이다. 전작과 달리 강의 내용과 현장의 분위기를 그대로 전달하기 위해 구어체를 유지했다. 무엇보다 지식의 전수는 말을 통해 이뤄진다는 점에서 말이 주는 최대한의 장점들을 살리기로 했다. 읽는 동안 같은 지점들로 되돌아가듯이 반복되는 설명들을 만날 수 있지만, 마치 나선형의 계단을 오르듯, 프로이트의 발견들과 정신분석의 핵심적인 개념들을 하나씩 익히게 될 것이다. 물론 이 책의 목표는 프로이트를 이해하기 쉽게 소개하기보다는 프로이트의 언어를 분석하면서 그의 언어의 결들을 따라 프로이트를 읽는 하나의 방법을 전수하는 것이다. 프로이트를 이해하는 것과 프로이트를 읽는 것은 분명 다른 일일 것이다. 마치 인간 일반에 대해 아는 것과 우리가 우리 삶을 읽는 것이 다른 것이듯이.

프로이트를 읽기 위해서는 서핑을 하듯이 프로이트의 언어의 결들에 올라타야 한다. 파도를 잘 타고 파도를 제 몸처럼 다룰 수 있기 위해서는 오랜 훈련과 인내심이 필요하다. 프로이트의 파도를 처음 타는 입문자들에게는 낯설고 두려울 수 있지만 인내심을 가지고 이 책의 언어를 익히게 된다면 그 어떤 독서를 통해서보다 프로이트의 언어에 더 가까이 갈 수 있는 기회들을 얻을 수 있으리라 생각한다.

마지막으로 감사의 말은 언제나 그렇듯이 서울정신분석포럼의 회원 및 수강생들의 몫일 것이다. 3년 동안 서울정신분석포럼을 지킬 수 있도록 해준 것은 그들 덕분이다. 함께 정신분석의 장(場)을 건설하고 있는 포럼의 동료들, 특히 한국에서 프로이트-라깡주의 정신분석이 정착할 수 있도록 힘써주시는 고신의대 박시성 선생님을 비롯해 백상현 선생님, 김서영 선생님, 김규호 선생님, 권명환 선생님, 이수련 선생님께 깊은 감사의 말씀을 전하고 싶다. 마지막으로, SFP-위고라는 이름으로 기꺼이 서울정신분석포럼의 목소리를 세상 사람들에게 더 많이 들려줄 수 있는 기회를 준 위고에도 감사의 말씀을 전한다.

차례

일러두기

_ 본 저작은 서울정신분석포럼에서 2013년 1월부터 7주간 진행되었던 강
 의를 단행본으로 재구성한 것이다.
_ 인명과 지명을 비롯한 고유명사의 외국어 표기는 '국립국어원 외래어
 표기법'을 따랐다. 단, 관용에 따라 '라캉'과 '멜랑콜리'는 '라깡'과 '멜
 랑꼴리'로 표기했다.
_ 본문에서 언급한 프로이트 저술의 제목은 '프로이트 전집'(열린책들)의
 제목을 따랐으나 일부 저술 제목의 경우 저자에 의해 원문에 맞게 수정
 되었음을 밝힌다.
_ 단행본은 『 』, 논문은 「 」, 영화, 연극 등은 〈 〉로 표기했다.
_ 원어는 프랑스어를 병기했다.

1강

프로이트 사유의 지층들

이번 강의의 제목은 '프로이트 패러다임', 부제는 '프로이트를 어떻게 읽을 것인가'입니다. 늘 그렇지만 강의 제목은 강의가 나아가게 될 방향을 가리킵니다. 뒤집어 이야기하면, 어떤 방향으로 나아가지 않을지가 이미 결정되어 있다는 것이죠. 가령 부산행 기차를 올라탔다면 갈 수 없는 곳이 있습니다. 광주나 목포는 갈 수가 없죠. 그런 맥락에서 부제의 동사에 주목하시길 바랍니다. '읽다'입니다. 이번 강의에서 겨냥하는 것은 프로이트를 이해하는 것이 아니라는 뜻입니다. 우리는 프로이트를 읽을 것입니다.

이해하는 것과 읽는 것은 같은 게 아닙니다. 일단, 읽고도 이해가 안 될 수 있습니다. 흔히 있는 일이죠. 반면, 읽지 않고도 이해할 수 있는 경우가 있습니다. 읽고도 이해가 되지 않으면, 이건 그나마 나은 경우죠. 적어도 자신이 모르는 것이 무엇인지를 알 수 있으니 말입니다. 그런데 읽지 않고도 이해를 한다, 이것은 최악의 경우라고 할 수 있습니다. 자신이 모르는 것이 무엇인지 알 수 없기 때문입니다. 그렇기 때문에 이 경우 뭔가를 진정으로 이해하기란 불가능합니다. 이번 강의의 목표는 프로이트를 이해하는 것이 아니라 어떻게 읽는지를 터득하는 것입니다. 이해하는 것보다 읽는 것에 더 중점을 두겠다는 겁니다.

'프로이트를 읽는다.' 여기서 중요한 것은 자신이 이해하는 대로 읽는 것이 아니라 자신이 이해하지 못하는 지점까지 읽어야 한다는 것입니다. 이해되지 않는다는 것이 꼭 나쁜 것은 아닙니다. 오히려 이해되지 않는 그 지점에 뭔가 중요한 것이 숨겨져 있다는 신호일 수 있죠. 즉, 너무 빨리 이해할 필요도, 너무 빨리 집어삼킬 필요도 없습니다. 조급한 마음에 단번에 프로이트를 집어삼키게 되면 자신이 무엇을 먹었는지 알 수 없습니다. 프로이트를 소화하려면 단번에 삼키는 것이 아니라 천천히 꼭꼭 씹어야 합니다. 그래야 뭐가 씹히지 않는지 알 수 있습니다.

프로이트를 읽는 것에 중점을 두겠다고 했는데, 그렇다고 해서 프로이트의 논문을 하나하나 직접 읽겠다는 뜻은 아닙니다. 프로이트를 읽어본 분들은 아시겠지만 프로이트의 논문 하나만 읽는 것도 굉장히 어렵고 많은 시간이 필요합니다. 어렵다고 했는데, 좀 더 정확히 말씀드리자면, 한 편의 논문을 어렵게 읽는 것이 어렵다는 뜻입니다.

프로이트의 글은 쉽게 읽는 것보다 어렵게 읽는 것이 훨씬 더 어렵습니다. 무슨 뜻이냐면, 우리는 프로이트의 글을 너무 쉽게 읽는다는 것입니다. 대개 프로이트의 글을 만만하게 보죠. 실제로 읽어보면 평이합니다. 그래서 진짜로 쉽게 읽어버리죠. 그래서 정말로 프로이트를 다 읽어버립니다. 그런데 남는 건 없습니다. 읽으면 뭔가가 나와야 하는데 안 나옵니다. 쉽게 읽어버렸기 때문입니다. 따라서 프로이트가 쉽게 읽히면 오히려 이상하다고 보시면 됩니다. 그건 내가 뭔가 잘못 읽고 있다는 뜻일 수도 있습니다.

프로이트의 글은 군더더기 하나 없이 치밀합니다. 문장은 평이하지만 굉장히 촘촘합니다. 문장의 관계라든가 단어의 연결이 굉장히 긴밀해서 연결의 의미를 파악하지 않고 그냥 넘겨버리면 미끄러져 나갑니다. 문장의 의미를 파악하지 못한 채 그냥 문장 위를 쭉 미끄러져 나가는 것입니다. 읽었지만 읽은 게 아니죠. 그렇기 때문에 프로이트는 어렵게 읽어야 합니다. 한 문장 한 문장 분해하고, 한 단어 한 단어 무게를 잴 줄 알아야 합니다. 당연히 어렵게 읽는 것이 쉽게 읽는 것보다 어려울 수밖에 없겠죠.

이번 강의에서 우리는 프로이트의 글을 하나하나 직접 꼼꼼하게 읽는 것이 아니라 프로이트를 어떻게 읽으면 제대로 읽을 수 있는지, 좀 더 정확히 말하면, 프로이트를 어떻게 읽으면 어렵게 읽을 수 있는지를 공부해볼 것입니다. 그렇다고 해서 강의가 어렵다는 뜻은 아닙니다. 지레 긴장할 필요는 없습니다. 프로이트를 얼마나 어렵게 읽을 수 있는지를 쉽게 설명하는 게 이 강의의 목표입니다. 그런 점에서 이 강의는 당장에 도움이 되기보다는 앞으로 공부하는 데 실질적으로 도움이 되는 강의일 수 있겠죠. 프로이트를 계속해서 깊이 알아나가고 싶은 사람들에게 도움이 될 수 있다는 뜻입니다. 그런 점에서 이번 강의는 나름 예외적인 수업일 수 있습니다. 프로이트에 대한 책도 많고 강의도 많습니다. 하지만 정작 프로이트를 어떻게 읽을 것인가에 대한 논의는 많지 않습니다. 프로이트에 대한 책을 읽었는데, 막상 프로이트를 읽으면 프로이트가 안 읽힙니다. 프로이트에 대한 강의를 들었는데, 막상 프로이트를 펼쳐보면 자신이 배운 것과 다른 이야기들이 너무 많습니다. 프로이트가 왠지 계속 말을 바꾸는 것 같고 일관되지 않은 것처럼 보이죠. 그렇다면 이제 제가 강의에서 어떤 방식으로 프로이트에게 접근할지 간단하게 언급해보겠습니다.

사유의 도약과 단절

프로이트의 저술은 일정한 패러다임을 가지고 있습니다. 패러다임이 무엇인가요? 인식이나 생각이 만들어질 수 있는 틀입니다. 그 틀 덕분에 어떤 특정한 생각이나 개념을 가질 수 있지만, 바로 그 틀 때문에 그것을 벗어나는 생각은 할 수 없게 됩니다. 사유의 가능성과 동시에 그 한계를 규정해주는 것, 그것이 바로 패러다임입니다. 패러다임 속에서 개념들은 서로를 규정하면서 어떤 의미들을 만들어내고, 그러면서 개념들이 체계를 형성하게 됩니다. 여기서 주목할 것은 프로이트의 개념 역시 이러한 패러다임 속에서만 가능하다는 것입니다. 그리고 더 나아가 프로이트에게는 그 패러다임이 다양하다는 사실입니다. 히스테리를 치료하는 과정에서 무의식을 사유하기 위해 만들어낸 틀과 이후에 나르시시즘이라는 용어를 중심으로 정신병을 사유하기 위해 고안해낸 틀은 전혀 다른 틀일 수 있습니다. 심지어 같은 용어라고 해도 그 용어를 품고 있는 패러다임이 다르다면 다른 의미를 가질 수 있습니다. 가령 자아라는 용어를 사용할 때, 이 용어가 항상 똑같은 의미를 갖는가? 그렇지 않습니다. 자아는 프로이트가 초기부터 사용한 용어이지만, 모든 저술에서 같은 의미를 갖지는 않습니다. 『히스테리 연구』(1895)에 등장하는 자아라는 용어와 『성욕에 관한 세 편의 에세이』(1905)에 등장하는 자아, 그리고 나중에 『자아와 이드』(1923)에 등장하는 자아, 『억제, 증상, 불안』(1926)에 등장하는 자아는 같은 용어이지만, 그 용어가 담고 있는 의미라든가 뉘앙스는 서로 다릅니다.

패러다임이 바뀌면 용어가 가지고 있던 기능이나 역할 역시 자연스럽게 바뀔 수밖에 없습니다. 바로 그 점을 포착해야 프로이트를 읽을 수 있습니다. 어차피 제한된 어휘로 사유하기 때문에 같은 용어라도 그 용어가 품고 있는 의미의 용적이라든가 부피가 다를 수 있습니다. 그렇기 때문에 프로이트의 저서는 어떤 개념을 미리 규정해놓고 읽는 것이 아니라 그 개념이 위치하는 장(場)이나 패러다임에 따라 유동적으로 읽을 필요가 있습니다. 나중에 다시 이야기하겠지만, 프로이트에게는 최소 네 개의 패러다임이 있습니다. 우리가 공부하게 될 내용은 바로 그런 패러다임으로서의 프로이트입니다.

프로이트에게는 다양한 패러다임이 있다고 했는데, 그렇다면 이런 생각에는 무엇이 전제되어 있을까요? 일단, 프로이트의 저술은 불연속적이라는 전제입니다. 생각이 연속적으로 발전하지 않았다는 것입니다. 생각이 연속적으로 발전한다? 하나의 생각이 지속적으로 발전해서 마지막에 어떤 완성된 모습을 갖춘다는 것이죠. 그런데 프로이트의 개념들은 그렇지 않습니다. 프로이트는 오히려 불연속적인 면이 강합니다. 도약과 단절이 있다는 말이죠.

그렇다면 도약이라는 게 뭘까요? 어떤 생각을 하다가 그 생각이 갑자기 다른 생각으로 튀는 것이 도약입니다. 같은 용어로 생각을 하지만, 전혀 다른 생각일 수 있는 것이죠. 한편 단절이란 생각을 하다가 갑자기 길이 끊기는 것을 말합니다. 길인 줄 알고 갔는데 길이 아니라 낭떠러지인 것이죠. 프로이트의 저술 속에는 무수한 낭떠러지가 있습니다. 가파른 내리막길도 있고, 발을 헛디디면 그대로 떨어지는 절벽도 있습니다. 사유를 하다가 어떤 한계에 봉착해서 끊겨버린 지점들이 있는 것입니다. 프로이트가 슬쩍 뒷걸음질을 치거나 다른 길로 돌아가는 경우도 있습니다. 그렇기 때문에 무턱대고 읽기만 하다가는 자칫 낭떠러지 아래로 떨어질 수도 있습니다.

이런 지점들은 프로이트를 읽는 데 굉장히 중요합니다. 책을 읽으면서 우리는 눈앞에 보이는 것만 보는 경향이 있습니다. 눈앞에 보이는 것만이 아니라 눈앞에서 사라진 것에 주목할 필요가 있습니다. 뭔가가 있다가 사라졌다면 당연히 이유가 있을 것입니다. 새롭게 나타난 것도 중요하지만, 사라져버린 것이 더 중요한 의미를 가질 수도 있죠. 바로 이런 맥락에서 우리는 도약과 단절의 지점에 주목해야 합니다.

태초에 만남이 있었다

프로이트에게는 다양한 패러다임이 있다, 그리고 그러한 패러다임은 불연속적이다, 라고 이야기했는데, 그렇다면 그러한 불연속성이 어디서 비롯됐을까요?

왜 프로이트의 사유는 연속적이지 않고 불연속적일까요? 정신분석학은 추상적인 개념들의 집합이 아닙니다. 정신분석학은 프로이트가 자신의 환자들을 치료하기 위해 만들어낸 이론입니다. 요컨대 정신분석의 기원에는 프로이트의 성찰이 아니라 환자들과의 만남이 있었습니다.

만남, 어떤 만남이건 만남은 하나의 사건이라고 할 수 있죠. 일생일대의 어떤 변화가 발생하는 지점들에는 항상 만남이 있습니다. 여자가 남자를 만나는 순간 혹은 남자가 여자를 만나는 순간, 인생이 바뀔 수 있죠. 정신분석 역시 마찬가지입니다. 정신분석의 기원에는 환자와 분석가의 만남이 있었고, 그 역시 하나의 사건입니다. 정신분석이 가능할 수 있었던 것은 바로 히스테리 환자들, 안나 O라든가 엘리자베스 폰 R., 엠마 등과 같은 환자들과의 만남이 있었기 때문이죠. 그들과의 만남 덕분에 프로이트는 인간에게는 자신은 알지 못하지만 자신의 행동을 제약하고 욕망하는 방식을 제약하는 무엇, 소위 무의식이 존재한다는 사실을 확신할 수 있었습니다.

프로이트는 히스테리 환자들이 보이는 증상들을 해명하고 분해할 수 있는 어떤 이론적인 틀이 필요했고, 그렇게 해서 만들어진 이론이 바로 정신분석학입니다. 그렇기 때문에 프로이트는 초기에, 다시 말해 1900년대 초까지는 히스테리를 모든 신경증의 원형으로까지 보았습니다. 강박신경증, 공포증, 심지어 정신병에까지 히스테리를 설명하기 위해 만들어낸 용어들을 적용합니다.

히스테리 환자들과의 만남 덕분에 정신분석이 가능했다고 했는데, 이것은 단순히 수요가 있으니 공급이 있었다는 뜻이 아닙니다. 치료할 사람들이 있어서 정신분석이 가능해졌다는 뜻이 아니라는 것이죠. 여기서 중요한 것은 히스테리 환자들만의 어떤 고유한 포지션입니다. 히스테리 환자들이 보이는 독특한 증상과 전이의 양상, 무의식에 대한 그들의 독특한 태도 등이 프로이트로 하여금 환자의 증상 뒤에 환자가 모르는 뭔가가 있다고, 다시 말해 증상을 만들어낸 무의식이 있다고 확신하게 만들면서 정신분석학을 탄생시켰다는 것입니다.

뒤집어 이야기하자면, 만일 프로이트가 처음 만난 환자들이 히스테리 환자들이 아니라 도착증자라든가 정신병자들이었다면, 애초에 정신분석은 가능하지 않았을 수도 있다는 이야기입니다. 왜냐하면 도착증자나 정신병자들이 보이는 전이는 무의식에 대한 믿음과는 정반대로 이루어지기 때문입니다. 그들이 보이는 태도는 무의식의 문을 열어놓는 것이 아니라 닫아버리는 방향으로 작동합니다. 가령 도착증자는 자신이 알고 있는 것이 전부라고 믿는 경향이 있습니다. 자신의 지식이 분석가의 지식보다 우월하다고 생각하며, 그런 점에서 자신이 알지 못하는 무의식의 진리를 다른 곳에서 찾으려고 노력하지 않습니다. 대개의 경우 도착증자는 분석을 받지 않거나 분석을 받더라도 분석가를 의심하기 때문에 곧바로 분석을 그만두게 됩니다. 이 경우에는 정신분석이 가능하지 않았거나 가능했다고 하더라도 전혀 다른 형태의 학문이 되었을 수 있겠죠.

가령 융이 프로이트의 품을 벗어나 전혀 다른 길을 갈 수 있었던 것은 프로이트가 만난 환자들과는 다른 환자들을 만났기 때문입니다. 히스테리 환자들이 아니라 무엇보다 정신병자들과의 만남이 있었기 때문에, 그는 정신병자들의 신비적인 망상을 그대로 자신의 이론 속에 받아들이게 됩니다. 바로 그렇기 때문에 융은 정신분석학이 아니라 신비주의나 신화학, 종교학의 길로 빠져들게 됩니다. 애초에 어떤 환자를 만났느냐, 또 환자가 어떤 포지션을 취했느냐, 그러한 환자와의 관계 속에서 분석가가 어떤 태도를 취했느냐가 정신분석 이론이 형성되는 데 지대한 역할을 했을 수 있다는 뜻입니다.

예컨대 〈데인저러스 메소드〉라는 영화를 보신 분들은 아시겠지만, 융이 샛길로 빠지게 된 데는 정신병자와의 만남 외에 히스테리 환자가 보이는 전이에 굴복했기 때문입니다. 융은 사비나 슈필라인과의 전이적인 관계 속에서 슈필라인이 가지고 있었던 도착적인 환상을 그대로 현실에 옮깁니다. 그런데 바로 그 지점에서 융은 아이러니하게도 프로이트의 성욕설을 부정하게 됩니다. 성욕설을 증명해주는 증거들이 자신 안에서 발견되지만, 오히려 그럴수록 그는 진실을 감당하기 어려워집니다. 그렇기 때문에 융은 인간의 무의식에서 성의 중요성을 무시하게 되죠. 브로이어가 안나 O와의 전이적인 사랑 앞에서 두려워 발을 뺌으로써 정신분석의 역사에 자신의 이름을 올리지 못했다면, 융은 전이적인 사랑에 굴복함으로써 내적인 갈등에 휩싸이게 됩니다. 그 갈등의 결과 자신이 발견한 무의식의 진리에 눈을 감게 됨으로써 정신분석의 항로를 다른 곳으로 돌리게 됩니다.

정신분석 이론을 이해한다는 것은 바로 이런 상황까지도 고려해야 하기 때문에 훨씬 더 복잡하다고 할 수 있습니다. 단순히 개념을 이해하는 것만으로는 부족합니다. 어떤 개념이 있을 때, 그 개념에 어떤 경험, 어떤 만남이 부응하는지 고려해야 합니다. 쉽게 말하자면, 각각의 개념 뒤에 어떤 환자가 있는지를 이해할 필요가 있습니다. 단지 정신분석이 탄생하는 과정뿐 아니라 프로이트의 모든 개념들에 대해서도 마찬가지입니다.

프로이트가 1905년부터 주창한 유아 성욕설은 히스테리 환자에 대한 분석 경험 없이는 나올 수 없었습니다. 성인의 신경증 뒤에 유아의 도착적인 성욕이 있다는 것을 발견하게 된 것은 프로이트가 스스로 자신 안에서 오이디푸스 콤플렉스를 발견하는 자기분석의 과정도 있었기 때문이지만, 무엇보다 히스테리 환자였던 도라가 있었기 때문입니다. 도라와의 만남이 결국 프로이트가 유아 성욕설을 확신하게 된 원동력이었던 것입니다. 또 프로이트가 거세 콤플렉스를 발견하게 된 것은 무엇보다 꼬마 한스라는 환자가 있었기 때문입니다. 어느 날 갑자기 머릿속에서 거세 공포라는 개념을 끄집어낸 것이 아닙니다. 슈레버의 경우도 마찬가지입니다. 슈레버의 자서전이 없었다면, 어떻게 나르시시즘이란 개념이 정신분석 이론 속에 통합될 수 있었는지 상상할 수 없습니다.

요컨대 새로운 환자들이 등장할 때마다 프로이트는 자신의 관점에서 어떤 한계에 봉착하게 되고, 그러한 한계로부터 한 걸음 더 나아가기 위해 관점을 전환하면서 새로운 개념들을 고안해낼 수밖에 없었습니다. 한마디로 패러다임의 전환이 이루어진 것이죠. 그리고 이런 순간에는 늘 어떤 만남, 환자와의 만남이 있었습니다. 남자가 여자를 만나서 새로운 사람이 되듯이 프로이트는 새로운 환자들을 만나면서 새로운 개념들을, 새로운 패러다임을 만들어냈던 것입니다. 그렇기 때문에 개념 뒤에 있는 환자와의 만남, 분석 경험을 고려하지 않고 오로지 개념 자체만을 보게 되면, 프로이트의 글은 정말 밋밋하고 단조로울 수밖에 없습니다. 어디서 많이 본 이야기, 어디서 많이 들은 이야기가 되어버리는 것입니다.

철학자들과 프로이트에 대해 이야기를 나누다 보면 종종 이런 이야기가 오갑니다. 프로이트는 누구누구랑 비슷하다, 가령 쇼펜하우어와 비슷하다, 니체와 비슷하다, 심지어는 플라톤과 비슷하다고 합니다. 이런 이야기가 철학적인 담론에서는 중요할 수 있지만, 정신분석학에서는 그렇지 않습니다. 쇼펜하우어나 니체가 정신분석학을 만들어내지 못했다면, 그들은 어떤 식으로도 프로이트와 동일시될 수 없습니다. 왜냐하면 정신분석학은 개념으로만 성립되는 학문이 아니기 때문이죠. 비슷한 개념일 수 있지만 프로이트는 그러한 개념을 분석의 경험 속에서, 그 자신의 무의식에 대한 경험 속에서 도출해냈으며, 그리고 그 개념을 통해서 인간을 변화시킬 수 있을 기술을 만들어냈던 것이죠. 여기엔 프로이트의 결단력, 프로이트의 윤리적 선택이 있습니다. 그러한 선택으로 인해 프로이트는 인간 안에 있는 무의식이라는 미지의 땅 앞에서 두려워하지 않고 그곳으로 들어갈 수 있는 문을 연 최초의 사람이자, 그것을 통해 인간에게 잠재되어 있는 무한한 가능성을 본 최초의 사람이 될 수 있었던 것입니다. 이것은 프로이트를 이해하는 데 굉장히 중요한 이야기입니다.

책이란 읽는 사람이 정해져 있지 않습니다. 책이 출간될 때, 그 책을 읽으면 안 되는 사람들 같은 것은 정해져 있지 않죠. 가령 '이 책은 정신분석가를 위한 책이므로 철학자는 읽어선 안 됩니다'라고 적혀 있지 않습니다. 누구나 읽을 수 있고, 누구나 한마디씩 할 수 있죠. 그렇기 때문에 정신분석학의 어떤 개념은 철학에서 무엇과 비슷하다, 프로이트는 철학사에서 어떤 철학자의 무엇과 비슷하다, 얼마든지 이렇게 읽을 수 있습니다. 문제는 이렇게 읽으면 프로이트의 예각이 모두 사라져버린다는 점입니다. 이렇게 되면 비슷하지 않은 게 없습니다. 인간의 생각이 이미 있는 재료들을 가지고 만들어지기 때문에 당연히 비슷할 수밖에 없는 것이죠. 이미 있는 재료들을 가지고 개념을 만들어야 하는 것, 그것은 일종의 한계입니다. 중요한 것은 그러한 한계에도 불구하고 왜 그런 개념을 만들어냈는가, 도대체 왜, 어떤 지점에서 그런 개념을 굳이 만들어낼 수밖에 없었는가 입니다.

프로이트에게는 아주 날카롭고 뾰족한 부분들이 굉장히 많은데, 우리는 왜 굳이 뭉툭한 부분에 대해서만, 아니면 뭉툭하게 만들어서만 이야기할까요? 프로이트를 읽지 않기 위해서라고밖에 말할 수 없습니다. 철학사적으로 프로이트가 받은 영향을 추적하는 일이나 프로이트와 비슷한 철학자를 찾는 작업도 나름의 학문적 의의가 있을 수 있지만, 바로 그 의의의 편식 때문에 우리는 프로이트 읽기의 역사를 갖지 못했던 것입니다.

독서의 메소드

프로이트를 읽는 방식, 특히 철학적 독법이 가질 수 있는 무미건조함을 비판했는데, 그렇다면 프로이트의 저술을 어떻게 읽어야 할까요? 연대기적으로 차근차근 읽을 수도 있겠지만, 20여 권이나 되는 방대한 저술을 시간 순서대로 차근차근 읽는 것은 굉장히 어려운 일이죠. 저는 차라리 시간 순서대로가 아니라 시간을 거슬러서 읽는 것이 좋다고 생각합니다. 가령 프로이트가 죽기 전에 쓴 글들, 1938년에 쓴 『정신분석학 개요』라든가 1925년에 자서전 형식으로 쓴 「나의 이력서」 같은 글을 보는 게 가장 도움이 될 것입니다. 둘 중에서 하나를 선택하라면 「나의 이력서」를 꼽을 수 있을 텐데, 그 글을 보면 프로이트가 어떤 환자들을 어떻게 만나 어떤 개념을 만들어냈는지 대강이라도 이해할 수 있습니다. 1925년이면 웬만한 개념들은 이미 다 나온 상태였죠. 그쯤에서 프로이트가 자신의 작업에 대해 회고하는 글이기 때문에 프로이트를 이해하는 데 아주 유용합니다. 그 글을 출발점으로 해서, 1917년에 출간된 저술로 이전의 작업들을 집대성한 『정신분석 강의』를 보면 프로이트의 웬만한 개념들은 다 잡아낼 수 있습니다. 그러고 나서 1915년에 발표한 메타심리학적인 논문들을 읽는 식으로, 글들을 거꾸로 읽어나가면 오히려 프로이트가 더 잘 보일 수 있습니다.

시간을 거슬러 읽으라는 것은 여전히 시간적 순서를 중요시하는 관점에 해당하기 때문에 궁극적으로 여기서 하고자 하는 이야기는 아닙니다. 앞서 말했듯이, 프로이트를 이해하는 데 있어서 중요한 것은 어떤 지점에서 단절이 이루어지고 어떤 지점에서 도약이 이루어지는가를 아는 것입니다. 단절이 이루어지는 지점, 도약이 이루어지는 지점들을 잡아내서 그것을 중심으로 프로이트에게서 어떤 변화가 발생하는가를 이해하는 것이 핵심이죠. 요컨대 시간 순서대로 읽는 것이 아니라 패러다임을 읽어내는 것입니다. 패러다임을 읽을 줄 안다면, 프로이트가 어떤 시점에 어떤 주장을 했는지 예측할 수도 있습니다. 제목이 없이도 프로이트의 문장을 읽었을 때, 그 문장이 언제 어떻게 쓰였는지 짐작할 수 있죠. 심지어 이런 패러다임들의 변화를 이해한다면, 굳이 원문을 대조하지 않더라도 번역본의 오역이라든가 편집자의 오류까지도 잡아낼 수 있습니다.

앞서 말했듯이 하나의 패러다임을 어떤 생각이나 개념이 만들어질 수 있는 틀이라고 한다면, 그러한 틀은 또한 다른 생각을 하지 못하도록 만드는 한계이기도 합니다. 가령 나르시시즘을 중심으로 하는 패러다임에서는 나중에 1924년에 발표된 논문 「마조히즘의 경제적 문제」에서 등장하게 될 주제들이 낄 틈이 없습니다. 원초적인 나르시시즘과 원초적인 마조히즘은 물과 기름처럼 함께 섞일 수 없는 개념이기 때문이죠. 자신에 대한 원초적인 사랑과 자신에 대한 근원적인 공격성, 즉 원초적인 죄의식 사이에는 깊은 고랑이 있습니다. 이러한 개념들은 각각의 패러다임에서 일종의 말뚝과도 같은 개념들이라고 할 수 있습니다. 서로 섞이지 않기 때문에 종합이 불가능하며, 바로 그렇기 때문에 그 개념들은 그 패러다임의 다른 모든 개념들을 근거 지우는 말뚝이 됩니다. 바로 이런 이유 때문에, 프로이트는 시간 순서대로 읽는 것보다는 패러다임을 읽는 것이 중요한 것입니다.

히스테리의 시대

이제 한 걸음 더 나아가 구체적으로 프로이트를 어떻게 읽을 것인가에 대해 이야기해보겠습니다. 프로이트를 어떻게 읽을 것인가? 일단, 각각의 패러다임이 시작되고 끝나는 지점들을 구성하는 몇 개의 저술들을 읽고, 그것을 중심으로 여러 개의 저술들을 배치해가면서 읽어나가는 것이 좋습니다. 여기서 저술들을 소개하기 전에 일단 각각의 패러다임의 시기와 주제를 간단하게 제시해보겠습니다.

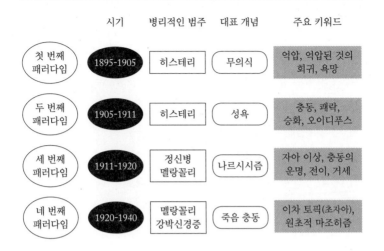

	시기	병리적인 범주	대표 개념	주요 키워드
첫 번째 패러다임	1895-1905	히스테리	무의식	억압, 억압된 것의 회귀, 욕망
두 번째 패러다임	1905-1911	히스테리	성욕	충동, 쾌락, 승화, 오이디푸스
세 번째 패러다임	1911-1920	정신병 멜랑꼴리	나르시시즘	자아 이상, 충동의 운명, 전이, 거세
네 번째 패러다임	1920-1940	멜랑꼴리 강박신경증	죽음 충동	이차 토픽(초자아), 원초적 마조히즘

프로이트에게는 전환점이 되는 몇 개의 저술들이 있습니다. 패러다임이 시작되는 지점과 반드시 일치하지는 않지만, 어쨌든 각각의 패러다임을 떠받드는 기둥 역할을 하는 저술들입니다. 1895년의 『히스테리 연구』가 그 첫 번째라고 할 수 있는데, 1895년부터 대략 1905년까지의 시기가 바로 히스테리 모델이 주도적 역할을 하는 시기입니다. 무의식, 억압된 것의 회귀 등과 같은 개념들이 아주 중요한 기능을 하는 시기라고 할 수 있습니다. 앞서 언급했듯이 히스테리 환자들을 분석하면서 도출된 개념들이죠. 이 시기에 프로이트는 히스테리에서 도출된 무의식이라는 개념을 꿈이나 말실수, 농담과 같은 정상적인 정신 작용에 적용하면서 『꿈의 해석』(1900)이라든가 『일상생활의 정신병리학』(1901) 같은 저술을 쓰기 시작하게 됩니다.

1895년에서 1900년까지가 히스테리 증상을 탐구하는 시기라면, 1900년부터 1905년까지는 병리적인 증상이 아니라 정상적인 정신 현상을 탐구하는 시기라고 할 수 있습니다. 증상, 꿈, 말실수, 이런 것들의 배후에 무의식이 자리 잡고 있다는 것이죠. 무의식이 만들어낸 것이라는 점에서 증상, 꿈, 말실수를 정신분석에서는 무의식의 형성물이라고 부릅니다. 따라서 첫 번째 패러다임은 무의식의 형성물을 탐구하는 시기라고 할 수 있습니다. 이 시기의 작업을 공부하려면 『히스테리 연구』와 『꿈의 해석』 7장을 꼼꼼히 읽어보시면 됩니다.

첫 번째 패러다임이 히스테리 패러다임이라고 이야기했는데, 히스테리 증상은 일종의 심리적인 갈등에 의해 만들어진다고 할 수 있습니다. 심리적인 갈등이란 곧 성적인 것과의 갈등을 말합니다. 정신 속에 성적인 것이 개입하면서 그것과 갈등을 일으키게 되고, 그러한 갈등의 결과물이 바로 증상이 된다는 것이죠. 그렇다면 성적인 것이 어떻게 정신 속으로 들어왔을까요? 다시 말해, 정신이 어떻게 성적인 것과 갈등을 일으키게 되었을까요? 처음에 프로이트는 어떤 사건 때문이 아니겠느냐고 추측합니다. 트라우마를 불러일으킬 만한 어떤 사건이 있지 않았을까, 라는 것이죠. 앞서 만남이라는 표현을 사용했죠. 모든 만남은 하나의 사건이다, 라고 이야기했습니다. 프로이트는 히스테리 증상이 어떤 만남으로 인해 만들어지지 않았을까 추측합니다. 쉽게 말하자면, 어떤 못된 어른과의 만남입니다. 유아기 때 어떤 못된 어른을 만나 성적인 유혹이나 추행을 당했을 때 그것이 정신에 강한 흔적을 남겼다는 것입니다. 정신이 전혀 준비가 되지 않은 상태에서 인위적으로 성적인 것을 주입당했다는 것이죠. 성적인 것과의 인위적인 만남이 성적인 트라우마를 만들고, 결국 그러한 트라우마로 인해 정신이 갈등을 일으키다가 증상을 만들어낸 것이 바로 히스테리 증상이라는 주장입니다.

유혹이라는 사건이 정신에 강한 쇼크를 만들어내면, 정신이 그러한 쇼크에 대해 방어적인 태세를 취하겠죠. 그러한 방어의 결과물이 바로 히스테리 증상입니다. 유혹설을 한마디로 요약하자면, 증상의 배후에는 유혹이라는 사건이 있다는 것입니다. 그렇기 때문에 『히스테리 연구』를 보면 프로이트가 지속적으로 의문을 제기하는 것이 있는데, 도대체 환자에게 무슨 일이 있었는가입니다. 이 경우 프로이트는 정신분석가가 아니라 탐정에 가깝다고 할 수 있습니다.

성충동의 시대

두 번째 패러다임은 1905년의 『성욕에 관한 세 편의 에세이』에서 시작됩니다. 이 저술에서 유아 성욕설이 등장했는데, 유아 성욕설이란 유아가 성욕을 가지고 있다는 학설입니다. 아이들이 쾌락 지향적인 활동을 한다는 것이죠. 가령 아이가 손가락을 빤다, 프로이트가 보기에 아이가 괜히 손가락을 빠는 게 아니라는 것이죠. 아이들이 성적인 활동을 하고 있다는 증거라는 것입니다.

증상의 배후에 사건이 있다는 것이 유혹설이라면 『성욕에 관한 세 편의 에세이』가 함축하는 것은 증상의 배후에는 사건이 아니라 유아의 성욕이 있다는 것입니다. 성적인 것이 인위적으로 주입되기 이전에 유아에게 원래부터 성욕이 있었다는 주장입니다. 유혹설이 애초에 유아는 순진무구한 존재인데 성적인 것이 강제적으로, 인위적으로 주입되었다고 전제한다면, 유아 성욕설은 애초부터 그 순진무구한 존재인 유아가 성욕을 가지고 있다는 것을 의미합니다.

물론 프로이트가 유아 성욕설을 주장했다고 해서, 유혹이라고 하는 사건이 중요한 의미를 갖지 않는 것은 아닙니다. 정말로 그런 일이 발생했다면, 당연히 그것은 아이에게 커다란 흔적을 남길 수밖에 없습니다. 유아 성욕설은 유혹이라는 사건 자체가 거짓이라거나 그러한 사건이 만들어낼 수 있는 파국적인 효과들이 거짓이라는 뜻이 아니라, 그러한 사건이 일어나지 않더라도 충분히 파국적인 효과들이 만들어질 수 있다는 것을 의미합니다. 사건은 일어날 수도 있고 일어나지 않을 수도 있습니다. 그런데 일어나건 일어나지 않건, 문제는 똑같을 수 있다는 것이죠. 다만 애초에 유혹설에서 문제가 되는 것이 실제로 일어난 사건이었다면, 유아 성욕설에서 문제가 되는 것은 유아의 성욕에 의해 해석된 사건입니다.

유아가 자신의 성욕의 관점에서 세상을 바라보면 어떻게 될까요? 자신을 즐겁게 하는 대로 이 세상을 보게 되겠죠. 즉, 자신의 쾌락에 유리하게 세상을 봅니다. 그런 식의 관점을 우리는 환상이라고 부릅니다. 유아 성욕설을 다른 말로 환상설이라고 하는데, 사건이 아니라 환상이 심리적인 갈등을 불러일으킬 수 있다는 주장, 그것이 바로 환상설입니다. 유아 성욕설은 두 가지 맥락에서 하나의 전환점이 됩니다. 일단 프로이트가 유아 성욕설을 제시했다는 것은 더 이상 유혹설을 믿지 않는다는 것을 뜻

합니다. 그런 점에서 『성욕에 관한 세 편의 에세이』는 프로이트
가 유혹설에서 환상설로 이행하는 과정과 연결되어 있습니다.

사건 ⟶ 갈등 ⟶ 증상

성욕/환상 ⟶ 갈등 ⟶ 증상

유혹설에서 심리적인 갈등은 어떤 사건, 좀 더 정확히 말하
자면, 어떤 사건이 정신에 남긴 흔적, 성적인 흔적이라고 할 수
있습니다. 증상을 만들어낸 심리적 갈등이 성적인 흔적과 정신
의 갈등이라면, 1905년부터 프로이트가 주목하는 갈등은 그런
식의 외적 현실과의 갈등이 아니라 보다 내면적인 갈등입니다.
정신 속에서 쾌락을 추구하는 어떤 성향과 그러한 성향에 대해
저항하는 어떤 성향이 있다는 겁니다. 전자를 '충동 pulsion'이라
고 하고, 후자를 '자아'라고 부릅니다.

프로이트를 읽어보면 어떤 지점에서 갈등의 모델이 점점 더
내면화되고 있는 것을 확인할 수 있습니다. 그러한 갈등의 내면
화가 본격적으로 부각되는 지점이 바로 『성욕에 관한 세 편의
에세이』입니다. 여기서 갈등은 곧 프로이트에게 자아의 분열에
상응한다고 할 수 있습니다. 갈등한다는 것은 그만큼 내가 분열
되어 있다는 뜻이죠. 나중에 『자아와 이드』(1923)에서 프로이트
는 자아, 이드, 초자아로 이루어지는 소위 이차 토픽을 제시하
는데, 이쯤 되면 대립하는 항들이 여러 개 있을 수 있으니 심리
적인 갈등이 굉장히 복잡해집니다.

앞에서 유아 성욕설은 두 가지 맥락에서 전환점이 된다고 이

야기했습니다. 첫 번째는 유혹설에서 유아 성욕설, 즉 환상설로의 이행이라고 했습니다. 두 번째 맥락은 방금 이야기한 부분과 연관이 있습니다. 바로 충동이라는 개념이 들어오게 된다는 것입니다.

첫 번째 패러다임의 핵심 개념들이 무의식, 억압, 억압된 것의 회귀 등이라고 했는데, 여기에 중요한 개념 하나를 덧붙일 수 있습니다. 바로 욕망이라는 개념입니다. 『꿈의 해석』을 보면, 소망 충족이라는 개념이 나옵니다. 낮에 이루어지지 않은 어떤 소망이 충족될 수 있도록 해주는 것이 꿈이라는 것이죠. 가령 낮에 딸기가 먹고 싶었는데 먹을 수 없었다면 꿈에 딸기가 나온다는 것입니다. 이처럼 억압된 바람을 대리적인 방식으로 충족되도록 만들어주는 것이 바로 꿈입니다. 그렇기 때문에 무의식, 억압, 욕망은 거의 한 세트처럼 작동하는 개념들이라고 할 수 있습니다.

반면에 『성욕에 관한 세 편의 에세이』에서부터 시작되는 새로운 이론의 주된 키워드는 환상, 충동, 성욕입니다. 이것을 충동의 문제틀이라고 압축할 수 있습니다. 그렇다면 욕망의 문제틀과 충동의 문제틀은 어떻게 다를까요? 욕망은 바람이나 소망의 문제이고, 충동은 쾌락의 문제입니다. 욕망이 억압된 소망과 연관되어 있다면, 충동은 쾌락을 얻고자 하는 경향과 관련이 있습니다. 『성욕에 관한 세 편의 에세이』는 무의식과 욕망의 문제틀에서 충동의 문제틀로의 이행이 이루어지는 저술이라고 할 수 있습니다. 이렇게 문제틀이 바뀌면서 프로이트의 이론에 아주 다양한 개념들이 들어오게 됩니다. 가령 성욕에 대한 탈성욕화라는 의미에서의 승화라는 개념이 들어오죠.

1890년대는 프로이트가 오로지 병리적인 증상만을 다루던 시절이고, 1900년에서 1905년까지는 일상생활에서 흔히 있을 수 있는 꿈이라든가 말실수, 농담 등을 다루던 시절입니다. 1905년 이후에는 새로운 분석 대상이 들어오게 되는데, 바로 예술입니다. 왜 갑자기 프로이트가 예술에 관심을 갖게 되었을까요? 성욕이 문제가 되면서 성욕의 승화라는 개념이 눈에 들어왔기 때문입니다. 그러면서 갑자기 프로이트의 저술에 예술에 대한 언급이 증가합니다.

　애초에 유아에게 성욕이 있었다는 것이 유아 성욕설이라면, 그러한 성욕이 나중에는 어디로 갔을까, 라고 물을 수 있습니다. 첫 번째 답은 뭘까요? 신경증적인 증상입니다. 즉, 억압되었다가 증상의 형태로 되돌아온다는 것이죠. 이와 관련하여 히스테리 증상과 유아 성욕의 관계를 다루는 논문들이 있습니다. 가령 「신경증의 병인에서 성욕이 작용하는 부분에 대한 나의 견해」(1906), 「히스테리성 환상과 양성 소질의 관계」(1908), 「히스테리 발작에 관하여」(1909)가 바로 그런 논문들입니다.

　두 번째 답은 승화입니다. 유아기에 왕성했던 성적인 활동이 어떤 시점에서 사라지고 그것을 대신하는 활동, 과학적이거나 예술적인 활동이 나타났다는 주장이죠. 증상이 유아의 성생활의 연장이라는 것이 첫 번째 대답이라면, 예술 역시 유아의 성생활의 연장일 수 있다는 것이 두 번째 대답입니다. 이러한 논의는 『빌헬름 옌젠의 그라디바에 나타난 망상과 꿈』(1907), 「창조적인 작가와 몽상」(1908)에서 개진되다가 『레오나르도 다 빈치의 유년의 기억』(1910)에서 정점에 다다릅니다.

　한 가지 더 덧붙여 프로이트의 관심사가 어떤 식으로 변하는지 살펴보면 처음에는 병리적인 증상, 두 번째는 꿈, 말실수, 농담 등과 같은 일상적인 행위들, 세 번째는 예술입니다. 그렇다면 네 번째는 무엇일까요? 종교입니다. 1905년 이후로 예술에 대해 이야기하더니 『토템과 터부』(1913)를 시작으로 종교나 집단심리에 대한 관심이 점점 더 많아지게 됩니다. 나름 일관성이 있는, 자연스런 흐름이라고 할 수 있겠죠. 물론 각각의 관심사 뒤에는 다른 패러다임이 있기 때문에 문제의식을 아무렇게나 뒤섞을 수는 없습니다.

지금까지 히스테리적인 패러다임에 입각한 유혹설에서 유아 성욕설로 이행하면서 어떤 새로운 개념들이 들어왔는지 살펴봤습니다. 그런데 여기에 또 들어오게 된 개념으로 성적인 발달론이 있습니다. 유아에게도 충동이 있다고 전제되면, 유아의 발달이란 충동의 발달과 함께 시작된다고 해도 과언이 아닐 것입니다. 그런데 신체 발달의 핵심은 근육이나 뼈의 발달보다 신체 기관이 발달하면서 충동의 원천이 만들어진다는 데 있습니다. 정신적인 성장이란 바로 그렇게 신체 속에서 발달하는 충동을 어떻게 감당하느냐에 달려 있게 됩니다. 따라서 충동에 초점이 맞춰지면 충동이 어떻게 발달하는가, 라는 문제가 자연스럽게 제기될 수밖에 없습니다. 1908년에 발표한 「어린아이의 성이론에 관하여」나 「성격과 항문 성애」, 그리고 이듬해에 발표한 「가족 로맨스」 같은 글에 잘 나타나 있습니다.

나르시시즘의 시대

세 번째 패러다임은 나르시시즘 패러다임으로, 이 시기를 주도하는 병리적인 범주는 정신병과 멜랑꼴리입니다. 1911년에 슈레버 사례를 분석하면서, 프로이트는 전혀 새로운 환자군에 주목하게 됩니다. 바로 정신병자들입니다. 사실 프로이트는 1890년대에도 정신병에 대해 이야기합니다. 가령 『정신분석의 탄생』을 보면 당시 프로이트가 정신병을 어떻게 생각했는지 알 수 있습니다. 하지만 1910년대와는 전혀 다른 관점이었죠. 그 당시에 정신병은 히스테리와 같은 신경증의 일종이었고, 실제로 히스테리와 유사한 관점에서 접근되었습니다. 어떻게 그런 식의 접근이 이뤄졌을까요? 프로이트가 정신병자들에게 실제로 정신분석을 적용해본 경험이 없었기 때문입니다. 임상적인 경험이 없다 보니 히스테리 모델을 정신병에 그대로 적용할 수밖에 없었던 것이죠.

정신병자들이 정신분석적 치료의 대상이 된 것은 1905년 이후부터입니다. 그것도 프로이트가 아니라 프로이트의 제자들이 먼저 시작했죠. 가령 칼 융Carl Jung이라든가 오이겐 블로일러Eugen Bleuler, 카를 아브라함Karl Abraham 같은 사람들이죠. 이들은 정신병자들에게 직접 정신분석을 적용했습니다. 그전까지 프로이트가 신경증에만 집중했던 반면 이들은 아주 대범하게도 정신분석을 중증 정신병자들, 심지어는 정신분열증 환자들에게까지 적용했죠. 사태가 이렇게 되자 프로이트가 자신의 제자들에 의해 자극을 받지 않을 수 없게 됩니다. 그리고 마침내 편집증 환자인 행정재판소장 슈레버의 자서전을 분석한 결과, 1911년에 「편집증 환자 슈레버」라는 논문을 발표합니다.

이렇게 정신병자에게 정신분석을 적용했더니 아주 독특한 결과가 나옵니다. 정신병은 대상에 투자되어야 할 리비도가 모두 다 철회되어 자아에 투자되어 있다는 것입니다. 세계는 쪼그라들고 오로지 자신밖에 보이지 않는다는 것이죠. 일종의 과대망상 같은 현상이 발생한다는 겁니다. 프로이트는 이것을 원초적인 나르시시즘으로의 퇴행이라고 보게 됩니다. 인간은 유아기에 대상에게 리비도를 투자하기 전에 자기 자신에게 먼저 리비도를 투자하는 원초적 나르시시즘 단계를 거치는데 그러한 단계로 퇴행한 것이 아니냐는 것이죠. 그렇기 때문에 프로이트는 정신병자는 대상에 대한 리비도 투자가 불가능하고 따라서 전이가 발생하지 않는다고 이야기합니다. 심지어는 그렇기 때문에 정신병은 정신분석으로는 치료가 되지 않는다고까지 주장하게 되죠.

「편집증 환자 슈레버」에서 부각된 나르시시즘적인 현상을 설명하기 위해, 결국 프로이트는 1914년에 나르시시즘이라는 개념을 정신분석 이론에 통합시키게 되는데, 그것이 바로 「나르시시즘 서론」이라는 아주 유명한 논문입니다. 정신분석의 탄생에 히스테리 환자들이 기여했다면, 나르시시즘이라는 개념의 탄생에는 정신병자들의 기여가 있는 것이죠.

그렇다면 나르시시즘이라는 개념이 도입되면서 어떤 결과가 나타났을까요? 그전에 우선 나르시시즘이란 무엇일까요? 나르시시즘은 자아에 리비도가 투자되는 것입니다. 자아가 자신을 사랑의 대상, 성적인 대상으로 취해 그 속에서 쾌락을 얻는 것이 바로 나르시시즘입니다. 쉽게 말하자면, 거울을 보면서 도취

되어 있는 것이죠. 나르시시즘이 이렇다면, 이러한 개념이 도입됐다는 것은 무엇을 의미할까요? 앞서 우리는 자아가 성적인 충동과 갈등을 일으키면서 심리적인 갈등을 만들어낸다고 했는데, 이제 자아라는 것이 그렇게 단순한 것이 아니게 되었습니다. 자아는 성적인 충동과 갈등을 일으키기 이전에 그 자체로 그러한 성적인 충동의 대상이 될 수 있다는 생각이 가능해집니다. 다시 말해, 자아가 쾌락에 대해 방어적인 자세를 취하기 이전에, 오히려 쾌락을 추구하고 심지어는 자신을 대상으로 쾌락을 만들어낼 수 있다는 관념까지 나오게 되죠. 이런 관념에 입각해 쓴 글이 1911년에 발표한 「정신적 기능의 두 가지 원칙」이라는 논문입니다.

여기서 쾌락을 추구하는 자아, 자신을 대상으로 쾌락을 얻는 자아에서 출발한 나르시시즘이라는 개념을 확장하다 보면, 모든 인간에게는 자신의 전능성을 믿는 단계가 있다는 생각에 도달하게 됩니다. 과대망상을 정신병자에게만 있는 것이 아니라 모든 인간이 원초적으로 가지고 있는 것으로 생각할 수 있는 것이죠. 원초적인 과대망상이 가능하다는 것입니다. 이를테면 유아는 자신이 생각하는 것이 곧 현실이라고 믿죠. 자신의 생각이 전능하다는 망상이 있는 겁니다.

1905년의 『성욕에 관한 세 편의 에세이』의 핵심이 유아 성욕설이라면, 1914년에 도입된 나르시시즘이라는 개념이 전제하는 것은 유아 망상설입니다. 모든 유아에게는 자신이 전능하다는 망상이 있다는 것입니다. 아직 현실원칙의 쓴맛을 알지 못하는 것이죠. 이것을 그대로 원시인에게 적용한 것이 『토템과 터부』(1913)입니다. 원시인의 마술적 사고가 이에 해당한다고 할 수 있죠. 그런데 나르시시즘이 도입되면서 중요한 문제가 하나 제기되는데 바로 이상, 즉 '이상형', '자아 이상'의 문제입니다. 현실적인 자아와 구분될 수 있는 자아의 이상형, '현실적인 나'가 아니라 '내가 되고 싶은 나'가 문제가 되기 시작합니다. 나의 나르시시즘적인 만족을 충족시켜줄 수 있는 어떤 이상형이 문제가 되면서 자아의 분열이 보다 복잡해지기 시작합니다.

내가 되고 싶은 '나'가 있는데 그런 '나'가 되지 못할 때, 당연히 자괴감이라든가 자기에 대한 비판 같은 것이 발생할 수 있습니다. '양심'이라는 문제가 들어오기 시작하는 것입니다. 그리고 자아분열이 보다 세분화되기 시작하죠. 처음에는 사건과 정신 사이의 분열이 문제였고, 이후에는 쾌락과 자아의 분열이 문제였는데, 이제 그러한 분열 외에도 자아와 또 다른 자아인 자아 이상 간의 분열이 발생하면서 갈등의 가능성이 보다 복잡해집니다. 이러한 이상의 설정을 집단심리의 관점에서 접근한 것이 『토템과 터부』이고 이는 나중에 『집단심리와 자아분석』(1921)으로 완성됩니다.

나르시시즘이라는 개념의 도입과 더불어 또 하나 주목할 것은 나르시시즘은 원래 리비도의 이동을 전제로 한 개념이라는 점입니다. 대상에 투자된 리비도가 자아로 철회된다는 식의 개념은 리비도의 이동과 분배라는 관점을 전제로 한 것이죠. 이런 관점에서 프로이트는 다양한 정신분석학적 개념들을 다루게 되는데, 대표적으로 「충동과 충동의 운명」(1915), 「무의식에 관하여」(1915), 「억압에 관하여」(1915), 그리고 「애도와 멜랑꼴리」(1917) 등 소위 메타심리학적인 논문들이 바로 이에 해당하는 글이라고 할 수 있습니다. 이 글들은 각각 타깃으로 하는 개념이 전혀 다르지만 그러한 개념에 접근하는 관점은 「나르시시즘 서론」과 아주 흡사하다고 할 수 있고, 그런 점에서 같은 패러다임에 묶일 수 있는 글들입니다.

리비도의 이동이라는 관점과 함께 따라 들어온 다른 부수적인 문제들이 있는데, 바로 정신분석 기술, 특히 전이에 대한 문제들이 있습니다. 이 시기에 프로이트는 정신병에서는 전이가 불가능하다고 주장했는데 프로이트가 이런 주장을 했다는 것은 그만큼 이 시기에 프로이트가 전이에 주목하고 있었다는 뜻입니다. 실제로 정신분석 기술에 대한 글들이 이 시기에 발표되는 것은 우연이 아닙니다. 대표적으로 「전이의 역학」(1912)과 「전이 사랑에 대한 소견」(1915)이라는 논문이 있고, 이외에도 대부분의 정신분석 기술에 대한 글이 1911년에서 1915년 사이에 쓰이게 됩니다. 정확히 세 번째 패러다임에 부합하는 시기라고 할 수 있습니다.

죽음 충동의 시대

네 번째 패러다임은 1920년 『쾌락원칙을 넘어서』에서부터 시작됩니다. 소위 죽음 충동이라는 개념이 들어오는 시기죠. 나르시시즘이 자기에 대한 사랑, 자아 자신에 대한 리비도 투자를 함축한다면, 죽음 충동은 자아가 자아 자신을 스스로 파괴하는 성향을 의미합니다. 그러니까 자아에게 성적인 충동 외에 죽음과 파괴를 향한 충동이 있다는 것이죠. 그리고 이러한 문제의식은 사변적인 성찰에서 비롯된 것이 아닙니다.

『쾌락원칙을 넘어서』를 읽어보면 어렵습니다. 온갖 가설들이 난무합니다. 굉장히 사변적이고 추상적인데, 그럼에도 불구하고 그것이 겨냥하는 것은 어떤 구체적인 현상들입니다. 요컨대 1910년대 후반부에 들어서자 기존의 정신분석적인 관점에서는 잘 설명되지 않는 현상들이 눈에 띄기 시작합니다. 프로이트가 1890년대에 히스테리를 통해 무의식의 존재를 확신하게 되었고, 1910년대 초반에 정신병자를 통해 나르시시즘이라는 개념에 눈을 뜨게 되었다면, 1910년대 후반에는 '반복강박'에 시달리는 전쟁신경증 환자들, 즉 전쟁에서 경험한 폭격이 트라우마가 돼서 신경증에 시달리는 환자들을 통해서 새로운 개념에 접근하게 됩니다. 긴장을 피하고 쾌락을 추구하는 것이 자아의 기본적인 성향이라고 생각했는데, 이들은 그렇지 않은 환자들이었던 것입니다. 폭격에서 살아남은 사람들을 보면 고통스러운 경험을 잊어야 하는 것이 정상일 텐데, 오히려 고통스러운 장면을 떠올리면서 그러한 고통을 되새김질하고 있는 경우가 많다는 것이죠.

더불어 1910년대 후반부터 멜랑꼴리 환자들에게 주목하면서 프로이트는 자아가 삶이 아니라 죽음을 지향할 수도 있다고 가정하게 됩니다. 성적인 결합을 목표로 하는 삶의 충동이 아니라 분해와 파괴를 목표로 하는 죽음의 충동 같은 것이 있지 않을까, 라고 생각하게 되죠. 이것이 『쾌락원칙을 넘어서』에서 주장한 내용이라고 할 수 있습니다. 이러한 주장에 입각해 기존의 메타심리학을 재구성한 것이 1923년에 출간한 『자아와 이드』입니다.

죽음 충동이라는 개념을 도입했더니 그전까지 해명되지 않았던 자아의 분열이 다른 각도에서 보이기 시작합니다. 가령 1910년대까지 프로이트는 양심의 문제, 죄의식의 문제를 나르시시즘의 관점에서 접근했습니다. 죄의식은 자신이 설정한 이상에 도달하지 못했기 때문에 발생한다고 생각했죠. 그런데 이제 나르시시즘이 아니라 죽음 충동이라는 관점에서 접근하니 다른 구도가 보이기 시작했습니다. 바로 자아와 초자아의 대립입니다. 죽음 충동이 자아에 직접적으로 유입될 때 자아의 마조히즘적인 태도가 만들어지고, 죽음 충동이 초자아로 유입될 때 초자아의 사디즘적인 태도가 만들어진다는 것이 이 시기의 주된 관점이라고 할 수 있습니다. 요컨대 자아 이상이 세 번째 패러다임인 나르시시즘 패러다임에서 도출된 개념이라면, 자아를 비난하는 또 다른 자아, 즉 초자아라는 개념은 죽음 충동의 패러다임에서 도출된 개념입니다. 이러한 생각은 인간은 원초적으로 마조히즘을 타고난다는 주장에까지 이르게 됩니다. 1924년에 발표한 논문 「마조히즘의 경제적 문제」가 바로 이러한 주장을 담은 글이라고 할 수 있습니다. 1895년의 유혹설, 한마디로 요약하자면, '태초에 사건이 있었다'입니다. 1905년의 유아 성욕설, '태초에 성욕이 있었다'입니다. 1914년의 원초적 나르시시즘, '태초에 나르시시즘이 있었다'겠죠. 그렇다면 1924년에는 '태초에 마조히즘이 있었다'라는 주장이 가능해집니다. 이는 곧 각각의 패러다임에서 파생된 테제들이라고 할 수 있습니다.

『쾌락원칙을 넘어서』에서 시작된 이 시기의 패러다임에 속하는 저술로는 일단, 1920년에 제시된 죽음 충동이라는 개념에서부터 도출된 이차 토픽을 정신병에 적용해서 정신병을 새로운 관점에서 접근한 글들이 있습니다. 가령 1924년에 발표한

「신경증과 정신증」, 「신경증과 정신증에서의 현실감의 상실」입니다. 비슷한 방식으로, 죽음 충동과 이차 토픽을 강박신경증에 적용한 글로 1926년에 출간한 『억제, 증상, 불안』이 있습니다. 아주 중요한 저술입니다. 그전의 패러다임에서는 볼 수 없는 자아 개념을 완성하고, 그러한 자아 개념에 입각해서 불안이라는 개념을 새롭게 정립한 글입니다.

그리고 또 중요한 글이 1929년에 집필을 시작해 1930년에 발표한 『문명 속의 불편함』입니다. 죽음 충동의 가설을 문명에 적용한 글이라고 할 수 있습니다. 문명이 발전할수록 죽음 충동이 자신에게로 귀착할 수밖에 없고, 그럴수록 인간의 자신에 대한 공격성과 죄의식이 더 깊어진다는 내용입니다. 비슷한 관점에서 문명에 접근하고 있는 글로는 『환영의 미래』(1927)가 있습니다. 국내에서는 '환상의 미래'라고 번역되었는데, '환상'이 아니라 '환영'입니다. 이 시기의 패러다임을 주도하는 병리적 범주는 멜랑꼴리와 강박증입니다. 가장 중요한 이론적 쟁점이 있을 때마다 그것을 멜랑꼴리와 강박증에 대입시켜서 생각하든지, 아니면 이론을 정당화할 임상적인 자료가 필요할 때는 그 자료를 멜랑꼴리나 강박증으로부터 끌고 온다는 것이죠.

지금까지 네 개의 패러다임을 분류하고 정리했습니다. 이외에도 다른 중요한 저술이 있을 수 있지만 커다란 틀을 벗어나지는 않습니다. 1930년 이후의 글들 역시 어쨌든 네 번째 패러다임의 연장선상에 있다고 할 수 있습니다. 앞으로 프로이트를 이런 방식으로 쪼개서 하나하나 점검할 것입니다. 각각의 패러다임이 어떤 식으로 구성되고 어떤 방식으로 변주될 수 있는지, 각각의 패러다임을 추동하는 문제들은 무엇인지, 그리고 그 문제들에 대한 답은 무엇인지를 본격적으로 살펴볼 것입니다.

　1강의 작업은 앞으로 프로이트를 어떤 방식으로 요리하게 될지를 보여주는 일종의 레시피라고 할 수 있습니다. 어떤 요리의 레시피건 처음 보면 어렵고 복잡할 수밖에 없습니다. 하지만 여러분이 주체가 되어, 앞서 언급한 분류법에 따라 프로이트를 요리하게 되면, 지금까지의 이야기가 얼마나 간단명료한지 아실 수 있을 겁니다. 다음 강의에서는 이러한 레시피에 따라서 본격적으로 프로이트 패러다임의 한복판으로 들어가보도록 하겠습니다.

히스테리의 시대

2강

태초에 사건이 있었다

지금 하고 있는 작업은 프로이트를 설명하는 것이 아니라 프로이트를 분해하는 것입니다. 프로이트를 탈신비화하는 작업일 수도 있죠. 요컨대 프로이트의 개념을 그럴듯하게 포장해서 정당성을 부여하는 것이 아니라, 프로이트의 개념을 어떤 시간과 공간 속에, 어떤 생각의 틀 속에 위치시킴으로써 그 개념을 별 것 아닌 것으로 만들어버리는 것입니다. 개념에 현혹되지 않도록 만들어주는 것이죠. 개념에 현혹되면 절대로 프로이트를 읽을 수 없습니다. 그렇기 때문에, 다시 한 번 말씀드리지만 당장에 난점들을 해결하기보다는 앞으로 지속적으로 프로이트를 공부할 수 있도록 하는 데 초점을 맞추고 있다고 할 수 있습니다.

앞서 프로이트에게는 최소 네 개의 패러다임이 있다고 이야기했습니다. 첫 번째는 1895년에서 1905년까지 히스테리에 근거한 무의식의 패러다임입니다. 주요 키워드는 억압, 억압된 것의 회귀, 욕망이고, 주요 저서는 『히스테리 연구』(1895), 『꿈의 해석』(1900), 『일상생활의 정신병리학』(1901), 『농담과 무의식의 관계』(1905) 등이 있습니다.

두 번째는 1905년부터 1911년까지 프로이트가 유아 성욕설을 제시하면서 성충동을 중심으로 펼쳐지는 패러다임입니다. 『성욕에 관한 세 편의 에세이』(1905), 「어린아이의 성이론에 관하여」(1908), 「성격과 항문 성애」(1908), 「창조적인 작가와 몽상」(1908), 「가족 로맨스」(1909), 『레오나르도 다 빈치의 유년의 기억』(1910)이 주요 텍스트입니다.

세 번째는 1911년부터 1920년까지로 소위 나르시시즘이라는 개념을 중심으로 구성되는 패러다임입니다. 주요 저작으로는 「편집증 환자 슈레버」(1911), 「정신적 기능의 두 가지 원칙」(1911), 『토템과 터부』(1913), 「나르시시즘 서론」(1914), 「충동과 충동의 운명」(1915) 등이 있고, 정신분석 기술에 대한 글들이 바로 이 시기에 쓰였습니다.

네 번째 패러다임은 1920년 『쾌락원칙을 넘어서』에서부터 시작되는데, 죽음 충동이라는 개념이 들어옵니다. 나르시시즘이 자아 자신에 대한 리비도 투자를 함축한다면, 죽음 충동은 스스로를 파괴하는 자아의 성향을 함축합니다. 성적인 충동 외에 죽음과 파괴를 향한 충동이 있다는 것이죠. 이 시기에 주요 저서로는 『자아와 이드』(1923), 「마조히즘의 경제적 문제」(1924), 『억제, 증상, 불안』(1926), 『환영의 미래』(1927), 『문명 속의 불편함』(1930) 등이 있습니다.

네 개의 패러다임을 간단히 정리했는데, 각각의 패러다임 속에는 위에 언급한 저술 말고도 다른 저술이 더 있을 수 있습니다. 이것은 가장 기초적인 분류라고 할 수 있죠. 더 세부적으로 쪼갤 수도 있을 것입니다. 가령 첫 번째 시기를 1900년 『꿈의 해석』을 기점으로 전후로 쪼갠다든가, 아니면 마지막 네 번째 시기를 1926년 『억제, 증상, 불안』을 기점으로 전후로 쪼갤 수도 있습니다.

프로이트를 깊이 읽을수록 프로이트를 쪼개는 방식은 점점 더 세밀해질 것입니다. 그리고 세밀한 눈을 가질수록 프로이트의 저술 속에 숨겨진 결이나 층을 더 잘 볼 수 있습니다. 나무를 자르면 결이 보이듯이, 프로이트의 저술 역시 결을 지니고 있습니다. 어떤 저서든 마찬가지겠지만, 프로이트를 읽는다는 것은 단순히 글자들을 읽는 것이 아니라 그 결을 읽어내는 것입니다. 서핑을 하려면 파도를 잘 타야 하듯이, 프로이트의 저술을 읽으려면 무조건 시간 순서대로 읽는 것이 아니라 저술의 결을 따라 저술들을 올라타야 합니다. 이런 관점에서 우리는 프로이트의 결을 읽어내기 위해 프로이트를 네 개의 패러다임으로 분해했습니다. 이제는 한 걸음 더 나아가서 각각의 패러다임 속으로 들어가볼 차례입니다. 우선, 첫 번째 패러다임부터 시작해보도록 하겠습니다.

정신분석의 기원

앞서 프로이트에게서 정신분석이 탄생할 수 있었던 것은 프로이트의 성찰 때문이 아니라 환자들과의 만남 때문이라고 이야기했습니다. 좀 더 정확히 말하면, 환자들과 만나면서 어떤 기술적인 발견들이 있었기 때문이죠. 프로이트가 정신분석의 길로 들어서게 된 것도 샤르코Jean Martin Charcot의 최면술에 매료되어 그것을 치료에 응용하려고 했던 것에서 시작되었습니다.

프랑스 정신병리학사에서 샤르코는 아주 독특한 인물입니다. 신경학의 아버지라고 불리는 샤르코는 현대 신경학을 정초했죠. 그런데 그는 의사 이외에도 다양한 이미지를 갖고 있습니다. 최면술사 또는 교주 같은 이미지에 흡사 마술사 같은 이미지도 갖고 있죠. 샤르코는 파리의 살페트리에 병원에서 히스테리 환자를 데려다놓고 청중 앞에서 시범으로 최면을 걸어 보이곤 했습니다. 그러면서 한 가지 중요한 사실을 발견했는데, 최면을 걸면서 히스테리 증상을 만들어낼 수 있다는 것이었습니다. 즉, 최면 상태에서 당신의 오른팔이 지금 경련을 일으키고 있습니다, 라고 암시를 주면 실제로 그런 일이 발생했다는 것이죠. 마술사가 사람을 침대 위에 눕혀놓고 공중 부양시키는 것처럼, 최면을 통해서 환자의 몸에 경련을 일으켜 공중에 띄우는 것 같은 장면을 연출했습니다. 그 당시 청중들에게는 아주 대단한 스펙터클이었겠죠. 마술과도 같은 장면들을 보면서 다들 넋이 빠졌습니다. 그 청중들 중에 프로이트가 있었고 그 역시 넋이 빠져서 히스테리와 최면의 관계에 관심을 갖게 되었습니다.

최면을 걸어서 히스테리 증상을 만들어낼 수 있다는 사실을 안 샤르코는 심지어 최면에 빠지는 속성을 히스테리 자체와 동일시하기에 이릅니다. 다시 말해, 히스테리이기 때문에 최면에 쉽게 빠질 수 있으며, 히스테리이기 때문에 최면에 빠진 상태에서 히스테리 증상을 만들어낼 수 있다는 것입니다.

샤르코가 파리의 살페트리에 병원에서 이런 생각을 하고 있을 무렵, 프랑스 낭시에서 또 다른 학파를 이룬 이폴리트 베르넹Hippolyte Bernheim이라는 신경학자는 히스테리와 최면의 관계가 그렇게 절대적이지 않다는 사실을 깨달았죠. 베르넹은 히스테리보다는 최면에 더 관심이 많았는데, 최면을 연구해보니 그것이 히스테리 환자들에게만 나타나는 것이 아니라 정상인들에게서도 발견된다는 사실을 확인한 겁니다. 결국 히스테리 환자가 아닌 멀쩡한 사람도, 데려다 놓고 "레드썬" 하면 최면 상태에 들게 되고, 그러한 상태에서 암시를 주면 히스테리 환자처럼 경련을 일으키면서 스펙터클한 광경을 만들어낼 수 있다는 것이죠. 그는 샤르코를 맹렬하게 비판하기 시작했습니다. 이야기인즉슨 샤르코가 하고 있는 것은 히스테리 환자의 치료도 아니고 히스테리에 대한 연구도 아니며, 그저 사람들을 현혹시켜서 인위적으로 히스테리를 만들어낼 뿐이라는 겁니다. 살페트리에 병원에서 벌어지고 있는 것은 쇼에 불과하다는 것이죠.

이렇게 프랑스에서 최면과 히스테리의 관계를 두고 논쟁이 벌어지고 있을 무렵, 그러한 논쟁에서 어부지리로 뭔가를 얻어낸 사람이 있는데, 바로 프로이트입니다. 샤르코의 이론에 매혹되어 파리로 유학을 간 프로이트는 샤르코가 연출하는 스펙터클을 넋을 잃고 보면서도, 다른 한편으로는 그렇다면 최면을 통해서 히스테리를 치료할 수 있지 않을까 하는 의문을 갖게 됩니다. 이는 샤르코는 미처 하지 못했던 생각이었습니다. 히스테리이기 때문에 최면에 걸리는 것인데, 그 최면 상태를 이용해서 히스테리 증상을 치료하다니, 샤르코에게는 앞뒤가 맞지 않는 생각이었겠죠. 그러던 차에 프로이트는 장차 『히스테리 연구』를 같이 쓰게 될 조셉 브로이어Joseph Breuer라는 사람이 안나 O라는 환자를 그런 식의 방법으로 치료했다는 사실을 알게 됩니다.

안나 O는 특이한 증상을 앓고 있었습니다. 가령 팔과 목이 마비된다든가, 어느 날부터 갑자기 모국어인 독일어는 말하지 못하는 상태에서 전혀 배우지도 않은 영어를 마치 최면에 걸린 듯이 쏟아낸다든가, 그리고 최면 상태에서는 이상한 환각에 사로잡히곤 했습니다. 그때 브로이어는 무슨 이유에서였는지는 몰라도 안나 O에게 최면 상태에서 보이는 것들, 느껴지는 것들을 말하라고 부추겼습니다. 그리하여 안나 O는 최면 상태에서 자신이 보고 있는 헛것들을 하나하나 나열하기 시작했습니다. 그러자 특이한 일이 벌어졌습니다. 그렇게 하나하나 나열하고 최면에서 깨어나면 마치 언제 그랬느냐는 듯 신체적인 증상이 사라지고 개운해지는 것이었습니다.

프로이트는 안나 O의 사례를 통해 한마디로 최면을 통해서 히스테리를 만들어낼 수 있을 뿐만 아니라 치료할 수도 있다는 사실을 깨달았습니다. 최면 상태에서 자신이 보고 느끼는 것들을 말로 털어놓으면 증상이 사라진다는 점에서 이것을 일종의 카타르시스 요법이라고 할 수 있습니다. 안나 O는 그러한 요법을 스스로 굴뚝 청소 치료법chimney-sweeping이라고 부르기도 했죠.

이러한 치료법의 전제는 최면 상태에서 보이는 환각이나 체험되는 경험들이 곧 증상을 만들어낸 원인과 관련이 있다는 것입니다. 하지만 브로이어는 여기서 더 나아가진 않았습니다. 치료 과정 중에 발생한 독특한 현상, 소위 전이로 인해 그 자신이 먼저 치료를 그만둬버렸죠. 치료의 관계 속에 환자의 성욕이 개입되면서 환자가 치료자를 성적인 대상으로 접근하자 치료자가 지레 겁을 먹고 손을 떼버린 겁니다. 이렇게 겁을 먹게 된 데는 물론 전이 때문만은 아니고 브로이어가 사태를 감당할 만한 이론적인 장치들을 마련해두지 못했기 때문이기도 합니다. 이런 사정들을 알게 된 프로이트는 샤르코와 베르넹으로부터 배운 것들을 치료에 활용할 수 있겠다는 생각으로 히스테리에 대한 본격적인 연구에 들어갑니다. 그러한 연구의 일환으로 브로이어를 종용해서 1895년에 『히스테리 연구』를 공동으로 집필하게 됩니다.

물론 카타르시스 요법은 아직 완전한 정신분석이 아닙니다.

이후에 카타르시스를 위한 여러 가지 방법들을 생각하는 과정에서 프로이트는 카타르시스 요법이 뭔가 부족하다고 느끼게 되고, 그것을 대체할 만한 방법, 즉 자유연상을 생각해내는데 바로 이것이 정신분석의 시초입니다. 흥미로운 사실은 브로이어가 카타르시스 요법을 발견한 것도, 프로이트가 자유연상을 발견한 것도, 모두 환자들 덕분이었다는 사실입니다. 굴뚝 청소 치료법이라는 용어도 사실은 안나 O의 표현이고, 프로이트의 자유연상도 마찬가지로 안나 O에게서 비롯되었습니다. 프로이트가 브로이어처럼 카타르시스 요법을 하려고 최면에 든 상태인 엠마에게 자꾸 질문을 하니까, 엠마가 짜증 섞인 목소리로 "선생님, 제가 좀 말하게 내버려두시겠어요?" 하면서 혼자 앞서서 이야기를 하더라는 겁니다.

이것이 바로 정신분석이 탄생하게 되는 과정입니다. 제가 정신분석의 기원에는 환자와의 만남이 있다고 했는데 공연한 표현이 아닙니다. 먼저 현상들이 있었고, 개념은 그 현상들을 설명하기 위해 요청된 것이죠. 프로이트는 이러한 현상들을 설명하기 위해 여러 개념들을 만들어냅니다. 무의식, 억압, 억압된 것의 회귀, 욕망 등이 바로 그런 개념들입니다.

기억하는 인간

이러한 용어 목록에 몇 가지를 더 추가할 수 있습니다. 『히스테리 연구』를 펼쳐보면 '외상trauma'이라는 말을 자주 만나게 됩니다. 이 시기의 히스테리 병인론은 유혹설이라고 불리는데, 이때 중요한 역할을 하는 용어가 바로 외상입니다.

앞서 유혹설을 '태초에 사건이 있었다'라고 요약했습니다. 그렇기 때문에 『히스테리 연구』에서는 또한 '사건'이라는 어휘가 자주 등장합니다. 그렇다면 어떤 사건일까요? 유혹의 사건이겠죠. 『히스테리 연구』에는 유혹과 관련한 다양한 사건들이 등장합니다. 그렇다 보니 『히스테리 연구』는 언뜻 보면 〈그것이 알고 싶다〉 같은 보도 프로그램을 연상시킵니다. 무슨 말이냐면, 절대로 불가사의한 일은 없다는 것입니다. 처음에는 선뜻 이해되지 않는 증상들을 소개해 궁금증을 불러일으킨 후에, 알고 봤더니 그 배후에 외상이 되는 사건이 있었다, 라고 하는 식이죠.

히스테리 증상이라고 했는데, 당시의 히스테리 증상이란 주로 심인성의 신체적인 증상들을 말합니다. 가령 마비라든가 고통이라든가 아니면 경련과 같은 증상들인데, 그 증상이 정신 혹은 심리적 요인에 의한 경우를 뜻합니다. 신체에서 증상이 발견되긴 하지만 기관의 수준에서는 어떤 이상이 발견되지 않는 경우가 히스테리 증상이죠. 그러한 증상들이 있으면, 그 증상들을 만들어낸 원인이 있어야 할 텐데, 『히스테리 연구』는 그 원인의 자리에 어떤 사건을 위치시킵니다.

여기서 외상과 사건을 구별할 필요가 있습니다. 사건은 무엇인가요? 현실적으로 발생한 일입니다. 영어로는 '이벤트event'라고 합니다. 그렇다면 외상은 무엇일까요? 외상은 그러한 사건이 정신에 남긴 쇼크를 말합니다. 트라우마라고도 하죠. 이벤트가 정신에 남긴 쇼크가 바로 트라우마가 되는 것입니다.

$$E \longrightarrow T$$

그렇다면 어떻게 이벤트가 정신에 그런 쇼크를 만들어낼 수 있을까요? 이벤트라는 말 자체를 생각해보면 어떤 단서를 발견할 수 있습니다. 우리는 주로 무엇을 이벤트라고 하나요? 현실적으로 발생하는 일로서 우리를 깜짝 놀라게 하는 사건, 우리는 그것을 이벤트라고 합니다. 우리를 깜짝 놀라게 할수록 이벤트의 효과는 더더욱 커지겠죠. 요컨대 예상치 못한 지점에서 발생하는 사건을 이벤트라고 합니다. 정신이 아직 준비가 되지 않은 상태에서 사건이 발생하면, 그 사건이 정신에 어떤 충격을 만들어낼 수밖에 없을 것입니다. 아무것도 준비되지 않은 상태에서 성적인 사건이 일어남으로써 쇼크가 발생한다는 것이 유혹설의 핵심입니다.

정신이 아직 준비가 되지 않았다는 것은 그러한 사건을 받아들일 준비가 되지 않았다는 것입니다. 정신에 그러한 사건을 이해할 수 있게 해주는 표상의 체계가 아직 만들어지지 않은 것이죠. 여기서 문제는 정신과 사건 사이에 하나가 더 끼어 있다는 점입니다. 사건이 정신에 쇼크를 만들어내는 것이 아니라 사건의 표상이 정신에 쇼크를 만들어내는 것입니다. 엄밀히 보면 사건 자체가 문제가 아니라 사건의 표상이 문제입니다. 사건은 한 번 일어나고 사라지지만, 사건의 표상은 일단 만들어지면 사라지지 않고 계속 남아서 우리의 정신 속에 버티고 있습니다. 표상이 우리의 정신 속에 남아 버티고 있기 때문에 결국 정신적인 갈등이 일어날 수 있고, 그 결과 증상들이 만들어지는 것입니다. 『히스테리 연구』에서는 표상이라는 용어 대신 기억이라는 용어가 사용되죠. 더불어 사건의 기억, 외상성 기억, 기억 파일이라는 용어도 등장합니다. 첫 번째 패러다임에서는 사건,

외상, 기억, 흔적 등의 용어가 한 세트처럼 작동하며 가장 빈번하게 등장합니다. 무의식이나 억압 등과 같은 개념은 오히려 이러한 용어들을 통해 도달한 개념이라고 할 수 있죠.

어떤 사건이 발생해서 그것이 정신에 직접적으로 충격을 가하는 것이 아니라 그 사건의 기억이 정신에 충격을 가한다, 이러한 관점이 전제하는 게 있습니다. 정신이 일종의 표상으로 이루어져 있다는 것이죠. 『히스테리 연구』의 용어로 하자면, 다양한 기억으로 이루어져 있다는 것입니다. 가령 여러분은 자신을 무엇이라고 보시나요? 자신을 자신으로 규정해줄 수 있는 자신의 내용물은 뭘까요? 자신은 다양한 수준에서 규정될 수 있습니다. 이미지의 차원에서 자신을 규정해주는 것이 있을 수 있습니다. 거울을 보면 자신이 누구인지를 알 수 있죠. 상상적인 차원에서의 '나'가 있는 것이죠. 여기서 상상적이란 이미지의 차원을 말합니다. 하지만 그것만 가지고 그것이 나라고 확신할 수는 없습니다. 가령 쌍둥이는 어떨까요? 과연 이미지의 차원에서 스스로를 규정할 수 있는 뭔가를 만들어낼 수 있을까요? 이미지는 쉽게 혼동할 여지가 많죠. 굳이 쌍둥이가 아니더라도, 우리는 이미지를 쉽게 혼동할 수 있습니다. 이미지의 내용이 비슷하기 때문에 혼동할 수도 있지만, 이미지 자체가 구조적으로 다양한 혼동을 초래할 수 있습니다. 보고 싶은 것과 보이는 것이 혼동될 수 있고, 또는 보고 있는 사람과 보이는 사람이 혼동될 수도 있습니다. 결국 이미지 저편에서 우리 자신을 규정해주는 뭔가가 있어야 하는데, 그것이 바로 기억입니다. 우리 머릿속에는 다양한 기억들이 있습니다. 똑같은 사건이 벌어져도 각자가 다른 기억들을 가지고 있기 때문에, 우리는 다른 사람이 아니라 우리 자신인 것입니다. 요컨대 우리 머릿속에는 우리가 살아오면서 겪은 온갖 경험들의 기억이 자리 잡고 있습니다. 이 조그만 머리통 속에 지금까지 살아온 모든 시간이 압축되어 있죠. 우리가 의식하는 기억도 기억이지만, 우리가 의식하지 못하는 기억도 기억입니다. 그리고 후자와 같은 기억을 우리는 무의식이라고 부릅니다.

의식적이건 무의식적이건, 그 기억들 덕분에 우리는 우리 자신이 되면서 다른 사람과 구별되는 차별성을 갖는다고 할 수 있겠죠. 특히 무의식적인 기억은 우리가 의식하지 못하는 가운데, 우리가 어떻게 생각하고 어떻게 욕망하는지를 규정해준다는 점에서 우리의 정체성의 가장 내밀한 차원을 형성한다고 할 수 있습니다. 뒤집어 이야기하면, 우리가 가령 복제인간을 만들어낼 수 있다고 하더라도 그것이 똑같은 인간이라고는 확신할 수 없다는 것입니다. 긴 시간을 두고 쌓아온 기억들이 다른 이상, 그것은 다른 인간이라고밖에 할 수 없겠죠. 그렇기 때문에, 현대의 공상과학적 상상력이 복제인간이라는 주제를 다룰 때 겨냥하는 것은 단순한 육체의 복제가 아닙니다. 바로 기억의 복제입니다. SF물들은 가령 '육체는 똑같은데 기억도 똑같을 수 있을까?'라든가 '기억이 똑같으면 똑같은 사람일 수 있을까?'라는 질문을 던지죠. 핵심은 『히스테리 연구』에서 프로이트가 제시하는 인간은 곧 기억하는 인간이라는 것입니다. 기억하는 인간이란 정신이 표상 혹은 기억으로 구성되어 있는 인간이죠. 그렇기 때문에 『히스테리 연구』뿐 아니라 『꿈의 해석』이나 그 당시의 저술을 펼쳐보면 기억이라는 용어가 아주 두드러지게 나타납니다.

히스테리, 기억의 질병

프로이트가 『히스테리 연구』에서 히스테리를 다루면서 그전과 비교했을 때 가장 두드러지는 차이점은 히스테리를 기억의 병이라는 관점에서 접근한다는 것입니다. 히스테리는 뇌에 문제가 있어 발생한 질병도 아니고 도덕적으로 영혼에 문제가 있어서 발생한 질병도 아니라는 것이죠. 히스테리는 인간이 기억하는 존재이기 때문에 발생한 마음의 병, 기억이 정신에 영향을 미치기 때문에 만들어진 효과라는 것입니다.

기억은 표상에 속한다는 점에서 히스테리는 또한 표상의 병이라고도 할 수 있습니다. 표상 때문에 병이 생긴다, 놀라운 발상이 아닐 수 없습니다. 그렇기 때문에 첫 번째 패러다임은 기억에 대한 탐구, 혹은 기억의 문법에 대한 탐구로 특징지어지는 시기입니다. 기억이 어떻게 작동하는지, 기억들이 어떻게 서로 연결되고 분리되는지를 탐구하는 것이죠.

증상 뒤에 어떤 사건이 있는지 조사하는 탐정이 『히스테리 연구』에서 두드러지는 프로이트의 모습이라면, 한편으로 기억의 생태계를 탐사하는 탐사대의 면모도 눈에 띕니다. 마치 땅속의 어두운 지층들을 뚫고 들어가서 기억의 다양한 층위들을 탐사하면서 최종적인 기억, 어떤 보물 창고의 열쇠를 손에 넣으려고 하는 탐사대의 모습이 있다는 거죠.

『히스테리 연구』를 읽어보면 기억들이 그냥 뻣뻣하게 한곳에 자리 잡고 있지 않습니다. 마치 유기체처럼 스스로 작동하면서 서로 엉키거나 끌어당깁니다. 기억의 다발을 만들어내기도 하고, 반대로 기억들이 어떤 특정한 기억을 밀쳐내면서 왕따를

시키기도 합니다. 이러한 왕따를 억압이라고 하고, 왕따를 당하는 기억을 무의식이라고 부르는 것이죠. 그리고 그렇게 왕따를 당하는 기억이 못 올라오도록 다른 기억들이 서로 스크럼을 짜면서 거부하는 것을 '저항^{résistance}'이라고 부릅니다. 내 의식이 뭔가를 좋아하거나 싫어해서 거부를 하는 것이 아니라, 표상들이 저희들끼리 알아서 패거리를 이루고 배제하면서 거부하기도 합니다. 내 머릿속에서 어떤 인격체가 제어를 하는 것이 아니라 내 머릿속에 축적된 기억들이 서로를 끌어당기기도 하고 밀치기도 하죠. 우리가 아는 저항의 개념, 인격적인 의식이 저항을 한다는 개념은 좀 더 나중에 등장하게 됩니다. 제가 말씀드린 이미지를 잘 이해해두실 필요가 있습니다. 프로이트가 개념들을 만들어낼 때 머릿속에 무엇을 떠올리고 있는지 알아두면 굳이 개념이 무슨 의미인지 설명하지 않아도 이해할 수 있습니다.

그렇다면 왜 배제당하는 기억이 만들어질까요? 요컨대 왜 이렇게 기억의 억압이 이루어질까요? 그것은 그러한 기억이 좋은 기억이 아니기 때문입니다. 유쾌한 기억이 아니기 때문이죠. 쉽게 말하자면, 불쾌한 기억, 긴장을 만들어내는 기억인 것입니다. 바로 이 지점에서 우리는 기억과는 다른 뭔가가 문제의 핵심이라는 것을 간파할 수 있습니다. 바로 '정동^{affect}'입니다. 정동이란 무엇일까요? 감정입니다. 기억이 정신 속에 불러일으킨 정서적인 파장을 말합니다. 정동의 원어인 'affect'는 어원적으로 '영향을 받는 것', '타격을 받는 것'이라는 의미를 함축하고 있죠.

유혹설에서 문제는 어떤 사건이 아니라 사건의 기억이라고 했습니다. 여기서 한 걸음 더 나아가야 합니다. 엄밀하게 말해,

증상을 만들어낸 것은 사건의 기억이 아니라 그 기억이 만들어 낸 정동입니다. 도식화를 하면 이렇게 되겠죠.

$$E \longrightarrow M / A$$

E는 사건^{événement}, M은 기억^{mémoire}, A는 정동^{affect}의 약자입니다. 말인즉슨 사건은 정신에 기억을 남기고 기억은 정신에 정동을 발생시킨다는 것이죠. 정신이 그 정동을 감당하지 못할 때, 결국 애초의 기억은 트라우마적인 기억이 됩니다. 외상을 만들어 내는 기억이 되는 것입니다. 프로이트는 기억을 대신하는 말로 '관념^{idées}'이라는 표현을 사용합니다. 기억이라는 것이 형식적인 측면에서 사용하는 용어라면, 관념은 기억의 내용물들을 가리 킵니다. 기억이건 관념이건, 이것을 통합적으로 '표상^{représentation}' 이라고 부를 수 있습니다. 따라서 사건, 기억, 관념, 표상이 하 나의 축이라면, 또 다른 축에는 정동과 관련된 계열의 어휘들이 있습니다. 쾌락, 불쾌, 불안, 흥분, 긴장, 에너지, 축적, 방출 등 의 어휘들이 하나의 세트를 이루면서 작동합니다.

증상 형성의 두 가지 축

두 개의 축을 이야기했는데, 첫 번째 축은 한마디로 언어학적 인 축이라고 할 수 있습니다. 기억, 관념, 표상 등은 시니피앙이 라는 용어로 통합될 수 있습니다. 바로 이 수준이 소쉬르 이후의 언어학적인 성과들이 프로이트의 저술 속에서 그대로 발견되는 지점입니다. 『히스테리 연구』도 그렇지만 『꿈의 해석』이나 『일상생활의 정신병리학』을 보면, 기억이나 표상이 결합하는 다양한 방식들이 나옵니다. '응축condensation'과 '전치déplacement'가 바로 그것인데, 이들은 언어학에서의 은유와 환유에 정확히 일치하는 개념입니다. 프로이트는 언어학적인 관점이라는 표현 대신에 다른 표현을 사용했습니다. 지형학적인 관점이라는 표현입니다. 지형학, 그러니까 표상들의 지형학인 것입니다. 앞서 표상들이 패거리를 이루면서 특정한 표상을 따돌린다는 이야기를 했는데, 그러한 배제를 통해 무의식이라는 장소가 만들어집니다. 첫 번째 축이 언어학적인 축이라면, 두 번째 축은 정동의 축입니다. 정동은 양의 측면에서 접근하면 경제학적인 관점이 되고, 힘의 측면에서 접근하면 동력학적인 관점이 됩니다.

언어학적인 축: 기억, 표상, 관념(지형학적 관점)
정동의 축: 쾌락, 불안, 흥분(경제학적 관점, 동력학적 관점)

언어학적인 관점 혹은 지형학적인 관점, 경제학적인 관점, 동력학적인 관점. 두 가지 축으로부터 귀결된 세 가지 관점이 바로 프로이트의 모든 저작을 관통하는 항구적인 요소입니다. 앞서 프로이트에게서 도약과 단절을 강조했는데, 당연히 도약과 단절만 있는 것이 아닙니다. 항구적인 요소들도 있죠. 다만, 이러한 항구적인 요소들은 각각의 패러다임에서 다른 방식으로 정의되고 규정됩니다. 따라서 각각의 축이 다른 내용들로 채워지는 이상, 그러한 용어들 뒤에 무엇이 숨어 있는지 살펴보아야 합니다.

첫 번째 패러다임에서 첫 번째 축(언어학적인 축)은 증상의 형식과 관련되어 있고, 두 번째 축(정동의 축)은 증상의 내용물과 관련되어 있다고 할 수 있습니다. 그렇다면 정동이 왜 증상의 내용물과 관련이 있을까요? 증상이란 정신적 갈등의 결과물인데, 이 갈등의 핵심은 바로 불쾌감이나 불안감과 같은 정동이기 때문입니다.

가령 우리가 뭔가를 생각하면, 우리 머릿속에는 표상들이 지나갑니다. 기억 역시 표상의 일종입니다. 기억한다는 것은 결국 예전 사건의 표상을 머릿속에서 불러내는 것이죠. 하지만 표상이 작동할 때는 항상 따라다니는 것이 있습니다. 우리가 어떤 기억을 떠올리면 어떻게 되죠? 둘 중 하나겠죠. 즐겁거나 불쾌하거나. 기억에는 늘 정동이 따라다닌다고 할 수 있습니다. 정확히 말하자면, 앞서 이야기한 대로 기억이 정신에 가하는 영향력이 바로 정동이라고 할 수 있겠죠. 그렇다면, 히스테리 증상은 어떻게 만들어질까요?

사건의 표상이나 기억이 정신에 불쾌감을 만들어낼 때, 정신이 그러한 불쾌감 앞에서 다양한 태도를 취할 수 있습니다. 가령 히스테리의 경우에는 기억이 불쾌한 정동을 유발할 때, 그 기억을 억눌러버립니다. 그런데 기억이 억압되면서 기억과 정동이 쪼개진다는 겁니다. 즉, 기억은 억눌리지만 정동은 그대로 남아 있는 거죠. 기억은 억압되어 무의식이 되지만, 불쾌한 정동은 그대로 남아서 혼자 돌아다니기 시작합니다. 그러다가 그 정동이 억압된 기억과 연관성이 있는 어떤 다른 표상, 특히 육체의 어떤 표상에 달라붙어버릴 때 뭐가 발생할까요? 히스테리 증상이 발생합니다. 여기에는 애초의 사건에 대한 기억이 억압되면서 그 대신 육체의 수준에서의 어떤 표상이 정동과 결합하게 되는 현상이 발생합니다.

애초의 사건에 대한 기억이 육체적인 증상으로 옮겨지는 현상을 '전환conversion'이라고 합니다. 전환 역시 표상, 기억, 흔적이라는 개념을 전제로 한 개념입니다. 이렇게 전환에 의해 발생하는 히스테리를 '전환 히스테리'라고 부릅니다. 우리가 '화병'이라고 부르는 것이 사실은 일종의 전환 히스테리입니다.

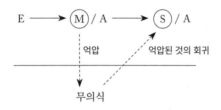

이것이 히스테리 증상이 발생하는 공식입니다. M이 사건에 대한 기억, 사건의 표상이라면, S는 '증상symptôme'의 약자입니다. S는 억압된 사건의 표상 대신에 정동과 연합된 어떤 다른 표상을 말합니다.

『히스테리 연구』의 엘리자베스 폰 R.의 사례를 들어볼까요? 엘리자베스는 서 있을 때 통증을 느끼고 특히 걷는 데 어려움을 느끼는 환자였습니다. 프로이트는 이러한 증상이 어떤 내적인 갈등의 표현이 아닌가 생각했습니다. 일단 생각의 갈등, 관념의 갈등이 있겠죠. 실제로 엘리자베스에게는 형부에 대한 에로틱한 감정과 결부된 관념이 있습니다. 형부 같은 남자를 만나고 싶다는 관념, 더 나아가서는 형부를 자신의 남자로 만들고 싶다는 관념이죠. 이것은 언니가 살아 있었을 때는 표현될 수 없는 관념이었습니다. 그런데 언니가 병으로 죽고 나서 그러한 관념이 현실화될 수 있는 가능성이 발생하자 엘리자베스에게 그 관념은 불쾌한 관념이 될 수밖에 없습니다. 형부를 현실적으로 차지하게 되는 것은 또한 자신이 언니를 대신한다는 것을 의미하고, 이는 언니가 죽기를 바랐다는 의미가 되기 때문이죠. 또 그 이전에 엘리자베스는 아버지를 간호해야 하는 임무와 우연히 알게 된 한 남자와의 만남으로부터 부추겨진 에로틱한 관념들 사이에서 갈등을 했습니다. 그 남자와의 관계는 아버지에 대한 의무를 저버리는 것이 되고, 그렇기 때문에 그 남자에게 빠지는 것이 갈등이 될 수밖에 없었던 것이죠. 이외에도 엘리자베스는 아버지를 딸의 위치에서 아버지로서 간호해야 한다는 의무감과 아버지와 신체 접촉을 하면서 불러일으켜진 에로틱한 관념들 사이에서도 갈등을 했습니다. 아버지에 대한 에로틱한 관념이 아버지에 대한 간호를 방해하는 요소가 되었던 것이죠.

자아를 위해 봉사하는 관념들과 에로틱한 관념들 사이의 갈등에서 결국 에로틱한 관념은 패배를 하고 도망치게 됩니다. 이것이 바로 억압입니다. 그리고 관념은 억압되지만, 그러한 관념과 결부되어 있던 에로틱한 감정들, 쾌감들은 속성상 피할 수 없었죠. 결국 그러한 감정들은 어떤 다른 방식으로, 주체가 모르는 다른 방식을 통해서 표출이 되는데, 이것이 바로 증상입니다. 이것은 증상이 억압된 성생활을 다른 방식으로 연장하는 것임을 의미하죠.

물론 이러한 발상이 전제하는 것은 앞서도 이야기했듯이, 억압의 대상은 표상이지 정동이 아니라는 것입니다. 다시 말해 우리가 흔히 뭔가를 억압한다고 할 때, 그것은 표상을 억압하는 것이지 정동을 억압하는 것은 아닙니다. 이 경우 관념은 억압되어도 그 관념과 부착되어 있던 정동은 그대로 남아 있습니다. 그것이 고삐 풀린 망아지처럼 돌아다닐 수도 있는 거죠. 가령 프로이트의 사례 중에 쥐인간이 있습니다. 쥐인간은 아버지하고 누이를 잃고서도 슬퍼하지 않았습니다. 여기에는 아버지나 누이와 관련된 관념에 대해 어떤 억압이 있는 것입니다. 하지만 전혀 슬퍼하지 않았던 것만은 아니죠. 관념은 억압되었지만 슬픔이란 정동은 그대로 남아 있었습니다. 가족이 죽었을 때는 전혀 슬퍼하지 않았던 그가 일면식도 없는 사람들의 장례식을 찾아다니며 통곡을 하며 웁니다. 고삐 풀린 슬픔이 다른 대상 앞에 가서 얼쩡거리고 있는 것이라고 할 수 있죠.

마찬가지로 불쾌한 정동으로 인해 그 정동과 결부된 표상이 억압되면 그 정동은 그렇게 억압된 표상 대신 제2의 표상을 찾습니다. 엘리자베스는 그 제2의 표상이 다리의 통증과 관련된 육체의 수준에서 나타났습니다. 프로이트는 이것이 바로 히스테리의 고유한 특징이 아닐까 생각했습니다.

첫 번째 패러다임에서는 모든 병리적인 현상이 히스테리의 변주처럼 설명된다고 이야기했습니다. 히스테리가 일종의 신경증의 기본 공식이 되고, 나머지 다른 신경증들은 이러한 기본 공식의 변주처럼 제시됩니다. 그렇다면, 어떤 방식으로 변주가 될까요?

앞서 전환이 히스테리의 특징이라고 했는데, 이는 증상이 육체적인 형태로 나타나는 것을 의미합니다. 반면에 강박증에서 주된 증상은 관념의 형태로 나타납니다. 그러니까 제3의 표상이 머릿속의 관념이라는 형태로 나타나는 것이죠. 즉, 강박증에서는 불쾌감을 주는 사건의 기억을 억압해버리면서 풀려난 정동이 다른 표상들, 이번엔 하나의 특정한 표상이 아니라 표상의 연쇄들, 표상의 덩어리들, 가령 어떤 생각들이나 행위로 이루어진 의례들에 달라붙어버린다는 것이죠. 가령 강박증자는 생각이 굉장히 많죠. 생각이 너무 많아서 행동을 하기가 어렵습니다. 그렇지 않으면, 어떤 행위를 하더라도 그 행위들이 이미 정해진 울타리 속에서 의례적 행위로 반복되기 때문에 새로운 행위, 진정한 의미에서의 행위가 불가능해집니다. 이런 식의 패턴화된 행위나 생각들은 강박증자가 가지고 있는 불안감이나 불쾌감을 제어하기 위한 나름의 수단들이라고 할 수 있습니다. 이런 점에서 강박증 역시 히스테리의 방언이라고 할 수 있습니다.

이러한 도식에서 공포증은 어떻게 설명될 수 있을까요? 어떤 사건에 대한 기억이 불쾌한 정동, 특히 불안감을 발생시킬 때, 공포증은 이 기억을 억누른다는 점에서 히스테리와 똑같은 방식으로 작동합니다. 기억을 억압해버리면 정동은 어떻게 될까요? 돌아다니다가 다른 표상과 붙어버리게 됩니다. 공포증적인 대상, 가령 새라든가 개라든가 광장 등과 같은 어떤 특정한 표상과 붙어 불안감이 어떤 대상에 대한 공포감으로 변형된다는 거죠. 프로이트는 공포증을 바로 이렇게 설명합니다. 히스테리와 거의 흡사한 구조죠.

공포증과 강박증을 히스테리적인 모델에 입각해 설명했는데, 이러한 설명이 가능한 것은 히스테리를 모든 이론의 중심에 위치시키고 있기 때문입니다. 이것이 바로 첫 번째 패러다임의 특징입니다. 결국 증상 형성은 앞서 이야기한 두 가지 축, 즉 표상과 정동이 결합되면서 발생하는 결과 중의 하나로, 두 가지 축이 어떤 식으로 결합되느냐에 따라 증상의 양상이 결정된다고 할 수 있습니다.

무의식의 동력에서 무의식의 언어로

지금까지 설명한 증상 형성의 메커니즘은 『히스테리 연구』, 『꿈의 해석』, 『일상생활의 정신병리학』 등을 관통하는 항구적인 주제라고 할 수 있습니다. 하지만 그럼에도 불구하고 이들 저술을 읽어보면 차이점이 확연히 드러납니다. 두 가지 축의 결합이 정신 작용을 만들어낸다는 점이 이들 저작의 주축이라면, 이 두 가지 축이 처음부터 동일한 방식으로, 동일한 중요성을 가지고 다뤄지지는 않았습니다. 가령 처음에는 두 번째 축인 정동의 축(경제학적인 관점, 동력학적인 관점)이 우선시되고 더 부각됩니다. 실제로 『정신분석의 탄생』, 특히 이 저술의 한 파트를 구성하는 「과학적 심리학 초고」를 보면, 정신을 마치 양적인 것, 에너지가 이동하는 기계 장치처럼 다루는 것을 볼 수 있습니다. 왜 이런 식의 경향이 두드러졌을까요?

두 가지 이유가 있습니다. 첫 번째는 프로이트가 정신분석학을 만들던 당시의 분위기가 유물론적인 과학주의가 대두되던 시절이기 때문입니다. 19세기 말 당대 유행하던 과학을 정신과학에 적용시키려는 포부가 「과학적 심리학 초고」에 담겨 있다고 할 수 있죠. 당시의 과학주의의 영향을 받아 에너지의 법칙을 정신 작용에까지 적용해서 그 비밀을 밝혀보겠다는 나름의 야심인 것입니다.

두 번째 이유는 이보다 더 중요한데, 환자를 치료해야 하는 프로이트의 입장에서 가장 먼저 고려해야 할 것은 증상의 원인을 밝히는 것이었습니다. 그렇다면 왜 증상이 만들어졌을까요? 앞서 정신 작용의 두 가지 축을 표상과 정동이라고 했는데, 무엇이 증상을 만들어냈을까요? 불쾌한 정동이겠죠. 물론 불쾌한 정동이 유발되는 원인은 따로 있을 수 있겠지만, 증상이 직접적으로 만들어진 원인은 불쾌함 때문에 발생한 정신적인 갈등이라고 이야기할 수 있겠죠. 그렇기 때문에 프로이트의 가장 초기 작업들은 바로 증상 뒤에 있는 정동을 추적하는 것으로 시작됩니다. 이런 식의 경향은 『정신분석의 탄생』에서 가장 분명하게 나타난 후 점차 줄어들고, 이후로 초점은 두 번째 축에서 첫 번째 축으로 이동합니다.

『히스테리 연구』로 넘어오면 에너지론적인 모델보다 언어학적인 모델의 비중이 커집니다. 그리고 『꿈의 해석』을 경유해서 『일상생활의 정신병리학』에 이르게 되면, 언어학적인 모델이 아주 큰 비중을 차지하게 됩니다. 『일상생활의 정신병리학』을 보면 무슨 문헌학이나 언어학을 연상시키는 작업들이 많이 나옵니다. 말실수라든가 단어의 망각이 어떤 방식으로 이루어지는지를 다루는데, 가령 프로이트가 자신이 시뇨렐리라는 화가의 이름을 어떻게 해서 망각하게 되었는지 다루는 대목을 보면 거의 기호학적인 분석이라고 해도 과언이 아니라고 할 수 있습니다.

프로이트가 헤르체고비나를 여행하면서 동료와 오르비에토

성당에 대해 이야기를 나누던 중에, 성당 벽화를 그린 화가 시뇨렐리Signorelli의 이름을 까먹은 일이 있었습니다. 대신에 머릿속에는 보티첼리Botticelli와 볼트라피오Boltraffio라는 이름이 떠올랐죠. 시뇨렐리라는 이름이 억압되고 그것의 대체물로 보티첼리와 볼트라피오라는 이름이 의식 속에 떠올랐던 겁니다. 프로이트는 이러한 망각이 자신이 죽음과 성(性) 사이의 긴밀한 관계를 생각하고 싶어 하지 않는 것과 연관이 있지 않나 생각하게 됩니다. 요컨대 죽음과 성 사이의 긴밀한 관계를 억압하는 과정에서 시뇨렐리라는 이름을 잊어버리고 대신에 보티첼리와 볼트라피오라는 이름이 떠오른 게 아니냐는 것이죠. 여기서 주목할 것은 무엇 때문에 시뇨렐리라는 이름을 억압했는지보다 어떤 방식으로 그 이름이 억압되었는지입니다. 그 방식을 보면 매우 언어학적이고 문헌학적이라는 것을 확인할 수 있습니다.

일단 시뇨렐리의 '시뇨르Signor'는 스페인어로 주인이라는 뜻인데, 여기서 주인이란 인간 운명의 절대 주인이라고 할 수 있는 죽음을 연상시킵니다. 또 이 '시뇨르'는 독일어 'Herr'에 해당하는 말로 헤르체고비나에 사는 터키인들이 죽음 앞에서 체념하면서 의사를 부르는 말이란 점에서도 죽음과 연관이 있죠. '헤르체고비나Herzegovina' 역시 'Her'로 시작한다는 점에서 이러한 연상의 고리가 될 수 있습니다. 때문에 시뇨렐리라는 이름이 억압됐을 텐데, 그 대신에 떠오른 보티첼리라는 말은 시뇨렐리와 마지막 음절이 유사하다는 점에서 시뇨렐리와 연상 관계에 있습니다. 또 볼트라피오는 보티첼리와 앞의 두 음절이 유사하죠. 보티첼리와 볼트라피오의 '보Bo'라는 발음은 프로이트가 시뇨렐리라는 이름을 까먹기 전에 들었던 보스니아에 사는 터키인들에 대한 이야기를 떠올리게 합니다. 보스니아의 터키인들은 성불구를 죽음보다도 더 치욕스럽게 생각해서 그렇게 되면 차라리 죽음을 선택한다는 이야기였습니다. 실제로 프로이트는 자신의 한 환자가 성적인 문제로 스스로 목숨을 끊었다는 소식을 들은 기억이 있죠. 따라서 볼트라피오는 바로 그 환자가 사는 '트라포이Trafoï'와 연관이 있는 것이 아닌가 추적을 하죠. 프로이트는 바로 이런 연상 관계 속에 죽음과 성의 연관성을 억압하는 과정이 있었고, 그러한 과정 속에서 그것과 연관이 있는 시뇨렐리라는 이름이 망각된 것이 아닌가 생각하게 됩니다. 프로이트는 이런 식의 연상 관계를 다음과 같이 도식화합니다.

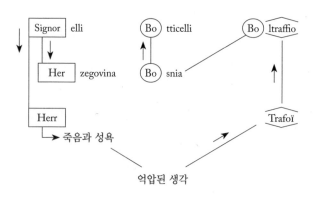

이 도식은 각각의 음절들이 어떻게 연상 관계 속으로 들어가는지를 집약적으로 보여줍니다. 이 도식은 프로이트의 작업이 동력학적인 축(에너지론)에서 언어학적인 축으로 이동하고 있음을 나타냅니다. 이런 식의 강조점의 이동을 특별히 주목하는 이유는 일단 이것이 첫 번째 패러다임을 특징짓고 나아가 어떻게 보면 정신분석이 탄생하는 과정을 특징짓는다고 할 수 있기 때문입니다.

앞서 기술적인 방법들을 발견하는 과정에서 정신분석이 탄생했다고 했습니다. 그 발견의 시초는 무엇이었죠? 브로이어의 카타르시스 요법이었습니다. 카타르시스는 이 두 가지 축 중에서 무엇과 관련이 있을까요? 두 번째 축과 관련이 있겠죠. 말을 했더니 뭔가 불쾌한 감정들이 배설되면서 시원해지더라, 이게 바로 카타르시스입니다. 정동의 배출에 초점이 맞춰져 있었던 것이죠.

카타르시스 요법을 버리고 자유연상 요법으로 넘어가면서 본격적인 정신분석이 탄생하게 되는데, 자유연상은 두 가지 축에서 첫 번째 축과 관련이 있습니다. 자유연상이라는 게 뭘까요? 머릿속에 있는 표상들을 떠오르는 대로 꺼내놓는 것입니다. 자신이 생각하는 대로 이야기를 하는 것이 아니라 생각이 자신의 머릿속에서 떠오르는 대로 이야기를 하는 것이죠. 따라서 자유연상이란 어떤 주제에 대해 고민을 하거나 골몰하는 게 아닙니다. 표상들이 자연스럽게 꼬리를 이어가면서 펼쳐지도록 생각을 내려놓는 것을 말합니다. 가령 원숭이 이야기를 하다가 갑자기 사과 이야기를 하고, 사과 이야기를 하다가 갑자기 바나나 이야기를 하고, 바나나 이야기를 하다가 기차 이야기를 하는 것, 이것이 바로 자유연상이죠. 생각들이 저희들끼리 알아서 꼬리를 물면서 펼쳐지도록 머릿속을 비우는 것입니다. 결국 이것은 표상들이 저희들끼리 알아서 패거리를 이루기도 하고 왕따를 시키기도 하는 것에 상응하는 방법이라고 할 수 있습니다. 표상들이 저희들끼리 알아서 작동하는 한, 결국 그렇게 왕따를 당하는 표상에 도달하기 위해서는 최대한 머릿속을 비우고 표상들이 알아서 저절로 움직이도록 유도해야 한다는 것이죠. 첫 번째 패러다임에서 강조점이 점차 첫 번째 축에서 두 번째 축으로 이동하는 것은 어떻게 보면 정신분석이 탄생하는 과정을 그대로 따른 것이라고 할 수 있습니다.

기억의 통시태

첫 번째 축에서 두 번째 축으로 강조점이 이동하는 맥락을 정신분석의 탄생 과정과 연관시켜봤습니다. 다른 한편으로 이러한 이동이 가능해지는 것은 이 이동이 첫 번째 패러다임을 특징짓는 핵심적인 주장들을 가능케 하기 때문입니다. 히스테리 증상의 형성을 사건의 기억과 표상이라는 관점에서 접근한다고 했을 때, 왜 굳이 사건이 아니라 사건의 기억이나 표상이 문제인가, 라고 질문을 던질 수 있습니다. 이 질문에 대한 답변이 어떻게 보면 첫 번째 패러다임의 핵심적인 주장을 집약하고 있다고 할 수 있습니다.

왜 사건이 아니라 사건의 기억일까요? 왜냐하면 프로이트가 히스테리 환자들을 분석해보니 사건 그 자체가 곧바로 환자들에게 영향을 미치지는 않았다는 것이죠. 처음에는 그저 무해한 사건이었는데 나중에 소급적으로 외상을 만들어내는 사건이 되더라는 것입니다.

유혹설이라고 했을 때, 문제의 원인은 유혹이라는 사건이겠죠. 여기서 유혹은 성인에 의한 유혹, 부모나 삼촌이나 사촌, 대개는 연장자인 누군가에 의한 유혹입니다. 누굴 유혹했는가? 유년 시절의 환자를 유혹했다는 것입니다. 그런데 문제는 어린 아이는 아직 성적인 행위의 의미를 충분히 알지 못한다는 겁니다. 그것이 어떤 행위인지 알지 못합니다.

첫 번째 패러다임에서 아이가 등장하는 대목들을 보면, 주로 아이들은 순진무구한 존재였는데 성인에 의해 희생당하는 포지션으로 등장합니다. 이는 나중에 두 번째 패러다임에서 프로이트가 그려내는 아이와는 완전히 다른 이미지입니다. 두 번째 패러다임, 유아 성욕설 속의 아이는 순진무구하기보다는 오히려 짓궂고 도착적인 모습을 하고 있습니다. 수동적인 존재가 아니라 개구쟁이 같은 존재로 그려지죠. 가령 아이는 어디서 나오나요, 라는 질문을 던져서 어른들을 당황스럽게 만드는 존재죠. 어쨌든 첫 번째 패러다임만 놓고 보면, 유년 시절의 환자, 어린 아이는 성적인 행위에 대해 전혀 알지 못하는 존재입니다. 그렇기 때문에 행위가 이루어진 시점만 놓고 본다면 전혀 트라우마적이지 않습니다.

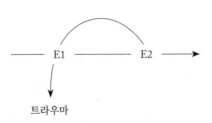

그런 행위가 트라우마가 되는 것은 소급적인 과정을 통해서입니다. 나중에 아이가 사춘기에 들어서면서 성에 눈뜨게 될

때, 어릴 적 기억이 성적인 사건으로 결정되면서 그것이 불쾌한 정동을 만들어내는 것이죠. 그러한 불쾌한 정동이 사후에 소급적으로 발생하면서 정신적인 갈등이 일어나고 결국 히스테리 증상이 만들어지는 것입니다.

이런 식의 증상 형성의 논리는 다른 식으로도 변주될 수 있습니다. 가령 방금 아이가 사춘기에 들어서면서 성에 눈뜨게 된다고 했는데, 바로 그 시점에 어릴 적 기억과 유사한, 그래서 어릴 적 기억을 환기시키는 어떤 사건이 발생할 수도 있습니다. 애초에는 첫 번째 사건이 어떤 사건인지 알 수 없었는데, 두 번째 사건에 의해 환기되는 과정 속에서 첫 번째 사건의 성적인 의미가 밝혀지는 것입니다. 가령 『히스테리 연구』에 카타리나라는 환자가 등장합니다. 아버지가 자고 있는 카타리나를 성적으로 추행하죠. 그런데 카타리나는 그 행위가 무슨 행위인지 당시에는 알지 못합니다. 나중에 좀 더 커서 아버지가 사촌 언니인 프란체스카에게 똑같은 행위를 하는 장면을 목격하면서 그 행위가 어떤 행위인지 알게 됩니다. 카타리나뿐이 아닙니다. 『히스테리 연구』의 모든 유혹의 사건은 바로 이런 식으로 사후에 결정됩니다. 『히스테리 연구』를 보면, 나중에 알고 봤더니 그것이더라, 라는 식의 서술이 반복되죠. 좀 더 정확히 말하면, 그것이 알고 봤더니 사후적으로 그러한 의미를 갖게 되었다, 라는 것입니다.

증상 형성이 이런 식으로 이루어진다는 것은 결국 사건 자체가 문제가 아니란 뜻입니다. 문제는 행위나 사건 자체가 아니라 그 사건에 대한 기억, 표상입니다. 표상이 개입하지 않고는 이런 식의 증상 형성의 구조가 만들어지지 않겠죠. 이를 '사후결정론^{après-coup}'이라고 하는데, 첫 번째 패러다임에서 프로이트가 이룬 가장 중요한 성과이자 가장 핵심적인 주장 중 하나입니다. 표상, 기억, 흔적을 탐사하면서 얻어낸 성과라고 할 수 있죠. 일종의 기억의 문법, 기억의 통사론, 그러니까 기억이 어떤 방식으로 결합하고 어떤 방식으로 작동하면서 증상을 만들어내는지를 아주 집약적으로 보여주는 테제라고 할 수 있습니다.

기억의 공시태

표상, 기억, 흔적이 어떤 방식으로 결합하고 작동하는지를 탐사하는 과정 속에서 다양한 개념들이 만들어집니다. 가령 앞서 기억들이 서로 패거리를 이루면서 어떤 특정 기억을 왕따시킨 다고 했는데, 그 과정에서 논리적인 연관 관계가 전혀 없는 기억들이 마치 서로 관계가 있는 듯 연결고리를 만들어내는 일이 발생하기도 합니다. 이것을 '잘못된 연결^{fausse connection}'이라고 합니다. 잘못된 연결이란 말 그대로 표상이나 기억이 기만적인 방식으로 결합하는 것을 말합니다. 표상들이 환자의 머릿속에서 저희들끼리 알아서 결합하는데, 그것이 심지어는 거짓말까지도 합니다. 머릿속에 있는 기억이라니 실제로 그런 일이 있었던 것 같은데, 따져보니까 인과관계가 전혀 맞지 않는다는 것이죠. 기억이 거짓말을 하고 있더라는 겁니다. 무엇 때문에 거짓말을 할까요? 뭔가 숨길 것이 있기 때문이겠죠. 드러내고 싶지 않은 것이 있기 때문에 기억이 거짓말을 하는 거겠죠.

이와 연관이 있는 또 다른 개념으로 '장막 기억^{souvenir-écran}' 혹은 '스크린 기억', '차폐 기억'이라고 불리는 개념이 있습니다. 기억은 기억인데 어떤 다른 기억을 은폐하거나 위장하기 위한 기억입니다. 무의식적인 기억이 억압된 기억이라면, 그것은 의식적으로 생각해낼 수 없는 기억일 것입니다. 하지만 그 대신에 머릿속에는 다른 기억이 있을 수 있겠죠.

장막 기억

———————

무의식적 기억

이것이 바로 1899년에 발표한 「장막 기억에 관하여」라는 글에서 제시된 생각입니다. 이것이 『히스테리 연구』에서 제시된 기억의 문법을 한 단계 더 밀고 나간 것이라면, 여기서 1900년의 『꿈의 해석』까지는 그리 멀지 않습니다. 기억의 문제를 다루다 보면, 당연히 우리의 머릿속에 있는 다양한 표상들을 다룰 수밖에 없는데, 그중의 하나가 바로 꿈이죠. 실제로 지금 방금 제시한 이 도식을 꿈에 적용하면 그대로 '현재몽rêve manifeste'과 '잠재몽rêve latent'이라는 용어가 나오게 됩니다.

현재몽

———————

잠재몽

현재몽이란 우리가 꿈을 꿀 때 겉으로 드러나는 표상들을 의미하고, 잠재몽이란 그러한 표상들이 은폐하고 있는 또 다른 표상들, 그러니까 그 꿈이 숨기고 있는 무의식적인 내용물을 말합니다. 이런 용어들이 나오게 되는 것은, 기억의 통사론이 기억들이 시간 속에서 어떻게 결합하는지를 다뤘다면, 그다음은 한 걸음 더 나아가서 기억들이 하나의 공통된 시간 속에서 서로 어떤 관계를 맺는지에 대해 이야기할 수밖에 없기 때문입니다. 언어학적인 용어를 사용하자면, 전자를 기억의 '통시태diachronie', 후자를 기억의 '공시태synchronie'라고 말할 수 있겠죠.

처음에는 단순히 기억들이 시간 속에서 어떤 식으로 나열되어 있는지에 중점을 두었죠. 앞서 보았던 사후결정론의 논리가 바로 이 부분과 관련되어 있습니다. 이것은 말 그대로 기억의 통시태와 관련된 문제죠. 처음에 프로이트는 시간의 문제에 민감할 수밖에 없었습니다. 왜냐하면 무엇보다 증상이 발생하는 구조를 해명해야 했기 때문입니다. 애초의 사건이, 애초의 사건의 기억이 어떻게 증상을 만들어내는 데까지 이어지게 되는지를 고민하다 보니 처음에는 당연히 기억의 시간적인 차원, 기억의 역사적인 차원에 집중할 수밖에 없었습니다.

이것이 출발점이었다면 장막 기억과 은폐된 기억의 관계는 여기서 한 걸음 더 나아가서 기억들이 하나의 동일한 시간 속에서, 공간적으로 어떻게 관계를 맺고 어떻게 작동하는지를 보여준다고 할 수 있습니다. 프로이트는 점차 기억이 시간 속에서 어떤 방식으로 결합되는지에서 하나의 공간 속에서 어떤 방식으로 엮이는지에 대한 문제로 이동하게 됩니다. 바로 여기서부터 무의식을 하나의 공간처럼 규정하는 비유들이 등장하게 됩니다. 가령 프로이트는 무의식을 정신 속의 또 다른 무대, '또 다른 장소une autre scène'라는 식으로 봅니다.

인간의 정신을 인격체라든가 실체가 아닌 하나의 장소라든가 장(場)처럼 다룬다는 것이죠. 기억의 시간적인 나열이라든가 공간적인 축적 등과 같은 관점에서 정신을 바라보고 있는 것이죠. 이것이 바로 첫 번째 패러다임을 특징짓는 개념이라고 할 수 있습니다. 아주 독특한 관점이라고 할 수 있습니다. 굉장히 비인간적인 관점이라고 할 수 있죠. 여기에서는 자아라는 용어가 등장하기는 하지만 우리가 생각하는 자아가 아닙니다. 소위 말해 생각하고 느끼고 의식하는 자아가 아니라 마치 무슨 표상들을 관통하는 어떤 기계적인 원칙 혹은 상징적인 원칙으로 제시됩니다. 따라서 첫 번째 패러다임에서는 이후의 패러다임에서 볼 수 있는 발달론적인 관점이라든가 아니면 다소 인격화된 심급들을 찾아볼 수 없습니다.

정신이 처음에는 미숙한 형태로 출현해서 완성된 형태로 발달해간다는 식의 관점이 발달론적인 관점입니다. 두 번째 패러다임에서 프로이트가 성적인 충동의 발달론에 대해 이야기하기 시작했다고 했는데, 이것은 나름 하나의 도약이라고 할 수 있습니다. 첫 번째 패러다임에서는 발달이라는 개념 자체가 없습니다. 발달론적인 시간 개념은 없고 오히려 정신을 어떤 도면처럼 제시하는 경향이 강합니다. 발달이라는 개념 자체가 없다는 것은 그만큼 정신을 비인간적인 방식으로 접근하고 있다는 뜻이죠. 의식이나 자아라는 용어가 등장하지만, 우리가 생각하는 식의 인격화된 자아나 의식이 아닙니다. 단순히 표상이 작동하는 원리에 불과한 거죠.

정신을 발달 개념이 없는 비인간적인 장소로 접근하는 것은 무의식이라는 것 자체의 속성으로부터 귀결된 것이라고 할 수 있습니다. 무의식은 우리가 생각하는 시간의 논리, 발달의 논리를 따르지 않는 것이죠. 앞서 사후결정론에서 본 것처럼 무의식 속에서 축적된 기억은 연대기적인 질서 속에서 작동하는 것이 아닙니다. 사후결정론에 의해 언제건 그 이전의 기억들이 새로운 의미를 부여받을 수 있다는 점에서 무의식은 초시간적이라고 할 수 있죠. 시간을 초월한 이러한 무의식의 작동 방식은 1900년 『꿈의 해석』을 통해 제시되는 무의식의 작업을 통해 보다 분명하게 해명됩니다. 다음 강의에서는 바로 그 무의식의 작업에 대해 알아보도록 하겠습니다.

3강

무의식은 말한다

정신분석의 발명은 곧 무의식의 발견과 더불어 시작되었습니다. 그렇기 때문에 프로이트의 첫 번째 패러다임은 곧 무의식의 발견을 둘러싼 용어와 개념들로 채워져 있다고 할 수 있습니다. 무의식은 내가 의식하지 못하지만 그럼에도 나의 정신 속 어딘가에서 내가 생각하는 방식이나 행동하는 방식, 내가 욕망하는 방식이나 사랑하는 방식을 조종하고 결정합니다. 물론 내가 의식하지 못하는 것 중에는 전의식도 있기 때문에 무의식과 전의식은 구분해야 합니다. 전의식은 현재는 의식하지 못하지만 언제든 다시 기억해낼 수 있는 것을 말합니다. 반면에 무의식은 억압된 것이기 때문에 어떻게든 의식 속으로는 들어올 수 없습니다. 무의식은 의식할 수 없는 것, 기억할 수 없는 것, 생각해낼 수 없는 것입니다.

그렇다면 이러한 무의식은 앞서 언급한 두 가지 축에서 어떤 축에 속할까요? 나의 의식에 속하지 않지만 나의 정신 어딘가에 깊숙이 자리 잡고 있으면서 나에게 결정타를 날리는 것, 바로 첫 번째 축에 위치하겠죠. 정동은 숨을 수 있는 게 아닙니다. 억압되는 것이 아니죠. 가령 누군가를 생각하면 화가 치밀어 오른다, 어떻게 하면 될까요? 그 사람을 때리면 좀 화가 풀리겠죠. 정동은 행위가 개입해야 해소할 수 있습니다.

행위는 정동을 해소할 수 있는 가장 탁월한 방법입니다. 화가 나면 때리면 되고 흥분되면 끌어안으면 됩니다. 문제는 그 사람을 때릴 수 없거나 안을 수 없을 때겠죠. 그런 경우에는 어떻게 해야 할까요? 그 사람에 대한 생각을 지워야 합니다. 그 사람에 대한 관념을 억압해야 한다는 것이죠. 그러면 한동안 그 사람은 머릿속에서 사라질 겁니다. 하지만 그 사람과 관련된 생각, 관념, 기억은 사라지지만 그러한 기억이 불러일으킨 정동은 사라지지 않습니다. 그 사람에 대한 기억은 잠시 유예되지만 감정은 유예되지 않는다는 것이죠. 그러면 어떤 일이 발생할까요? 그 사람이 아닌 애먼 사람을 때리게 되겠죠. 사실 이게 우리가 살아가고 있는 방식입니다. 원래는 철수를 때렸어야 하는데 영철이를 때립니다. 원래는 순이를 사랑했어야 하는데 영희를 사랑하고 있죠. 이것이 우리가 살아가는 방식, 엄밀히 말하면 생존하는 방식이라고 해야겠죠. 생존이라고 한 것은 영철이가 없으면 스스로를 때릴 수밖에 없기 때문입니다. 그렇기 때문에 영철이는 나에게는 없어선 안 되는 존재입니다. 왜 계급이란 것이 사라지기 어려운가? 왜 늘 희생양이 있는 것일까? 왜 정의가 구현되는 것이 그토록 어려운가? 왜 부조리는 사라지지 않는가? 이에 대한 다양한 답변들이 가능합니다. 정신분석학의 답변 중 하나는 정동은 억압되는 것이 아니기 때문이란 것이죠. 억압된 것은 오히려 그러한 정동을 불러일으켰던 관념, 기억, 흔적입니다. 그러한 기억과 내가 화해하지 못하면 당연히 그것이 불러일으켰던 정동은 완전히 해소될 수 없겠죠. 그렇기 때문에 또한 언제든 나를 뒤집어놓을 수 있습니다.

여기서 일차적으로는 나를 뒤집어놓는 것이 정동이지만, 궁극적으로 그 정동은 억압된 기억과 연결되어 있습니다. 따라서 무의식은 정동이 아니라 지워져버린 기억, 억압된 기억입니다.

그렇기 때문에 원칙적으로는 무의식적인 정동, 가령 무의식적인 분노라든가 무의식적인 슬픔이라든가 하는 표현은 적합한 표현이 아닙니다. 심지어 우리가 흔히 사용하는 무의식적인 충동이라는 표현도 적합지 않습니다. 우리가 주목할 것은 첫 번째 패러다임의 초점은 억압된 기억, 억압된 표상이 어떤 방식으로 작동하는지를 해명하는 데 있다는 것입니다.

꿈의 작업

억압된 기억이 작동하는 방식을 해명하기 위해서는 그러한 기억이 어떻게 회귀하는가, 억압에도 불구하고 어떤 식으로 우리의 정신에 영향을 미치는가를 이야기할 수밖에 없습니다. 바로 이런 점에서 첫 번째 패러다임은 프로이트의 연대기적인 흐름 속에서 무의식의 메커니즘을 파헤치는 데 주안점을 두고 있다고 할 수 있습니다. 그런 면에서 『히스테리 연구』는 무의식의 메커니즘을 추적하는 첫 번째 패러다임을 대표하는 저술이라고 할 수 있습니다. 억압된 기억이 어떻게 증상의 형태로 회귀하는가를 더없이 분명하게 보여줍니다.

앞서 우리는 히스테리 증상이 어떤 식으로 만들어지는지 살펴보았습니다. 가령 사후결정론을 통해 어떻게 사건이 아니라 사건의 기억이 증상을 만들어내는지 보았습니다. 사후결정론은 기억의 통시태적인 관점에서 기억들이 어떤 식으로 조합하면서 트라우마를 만들어내는지 보여줍니다. 이런 경우 사건은 발생했을 당시에 즉각적으로 결과를 만들어내는 것이 아니라 기억으로 저장되었다가 사후에 어떤 다른 기억에 의해 원인으로 재해석된다고 이야기했습니다. 이것이 기억의 통시태적 관점에서 접근할 수 있는, 증상이 만들어지는 무의식적인 메커니즘이라면 공시태적 관점에서도 접근할 수 있다고 했습니다. 시간의 흐름 속에서가 아니라 동일한 시간대에서 기억들이 어떤 식으로 관계를 맺을 수 있는지에 대해 이야기했죠. 가령 우리가 기억해낼 수 있는 기억, 겉으로 드러난 기억이 우리가 기억해낼 수 없는 어떤 기억을 대체하기 위해 동원될 수도 있다고 말입니다. 꿈의 경우에는 꿈속에 표현된 이미지나 표상, 그러니까 현재적인 꿈 내용이 원래 표현되었어야 하지만 그럴 수 없었던 꿈 내용, 즉 무의식적인 꿈 내용이라고 할 수 있겠죠.

원래는 표현되었어야 하지만 그럴 수 없었던 꿈 내용, 왜 표현될 수 없을까요? 검열 때문입니다. 의식의 검열 때문에 솔직하게는 이야기할 수 없는 것입니다. 그렇기 때문에 꿈이 우리의 의식이 알아듣지 못하는 언어로 이야기한다는 거죠. 검열을 피하려면 당연히 검열관이 못 알아듣는 언어로 암호화해야겠죠. 이러한 암호화를 '꿈 작업travail du rêve'이라고 부릅니다.

$$\frac{\text{현재몽}}{\text{잠재몽}} \quad \text{꿈 작업}$$

꿈 작업은 일종의 가공인 셈입니다. 꿈의 내용을 의식이 알아먹지 못하는 소리로 꾸며내는 것입니다. 어떻게 가공을 하느냐? 응축이라든가 전치를 사용합니다. 응축, 원래 나왔어야 하는 내용들을 그냥 하나로 붙여버리는 것입니다. 두 개를 붙여서 하나처럼 보이게 만드는 것이죠. 응축이란 곧 표상의 중첩을 말합니다.

$$A + B$$

그렇다면 전치란 무엇일까요? 말 그대로 자리를 바꾸어놓는 것입니다. 표상의 자리를 바꾸어놓는 것이죠. 전치란 두 개의 표상이 등가적이기 때문에 자리를 바꾸는 것이라고 할 수 있습니다.

$$A = B$$

의식이 알아먹지 못하게 표상을 붙여버리거나 바꾸어버리는 것, 그게 바로 꿈 작업입니다. 겉으로 드러난 꿈 내용은 이미 이런 식의 꿈 작업에 의해서 가공을 거친 꿈 내용입니다. 벌써 왜곡을 거쳤기 때문에 자신이 꾼 꿈이 무슨 뜻인지 잘 모르는 것입니다.

이러한 꿈 작업에 의해 만들어진 결과물이 겉으로 드러난 꿈의 내용이라면, 이 꿈의 내용, 우리가 꿈속에서 본 표상들은 무의식 그 자체가 아니라 무의식 혹은 무의식적인 과정에 의해 만들어진 결과물일 뿐입니다. 꿈은 무의식이 아닙니다. 꿈은 무의식에 이르는 왕도일 뿐입니다. 그렇다면 무의식은 어디에 있을까요? 그 꿈의 내용물 뒤에 있겠죠. 그런데 그 뒤에 있다고 가정되는 꿈의 내용물, 다시 말해 표현되었어야 하지만 표현될 수 없었던 꿈의 내용물은 어디까지나 가정될 수 있을 뿐이죠. 애초부터 표현될 수 없는 것입니다. 그렇다면 표현될 수 없는 것이 어떻게 표현될 수 있을까요? 꿈 작업을 통해 표현될 수 있다는 겁니다. 우리의 의식이 알아채지 못할 만큼 왜곡을 거치는 거죠. 사실 이 부분을 너무나 오해하는 경우가 많습니다. 우리는 꿈의 내용이 이해가 잘 안 되니까 그 뒤에 뭔가가 있다고 생각하면서 그것의 내용을 곧바로 해석해내려고 합니다.

해석과 망상 사이

꿈에 나온 내용들이 해석해야 될 내용이라는 것은 누구나 동의할 수 있는 사실이죠. 그런데 문제는 꿈에 나온 어떤 표상이나 기호가 이야기하고자 하는 것이 결정되어 있다고 생각하면서 보편적으로 해석을 한다는 것입니다. 꿈을 해석하는 일종의 매뉴얼이 있을 수 있다는 건데요. 가령 꿈속에 나온 이빨은 남근을 가리키고 꿈속에 나오는 동굴이나 항아리는 여성의 성기를 가리킨다, 라는 식으로 전형적인 해석을 하는 경우들이 굉장히 많습니다. 이것은 해석이 아니라 망상이죠. 꿈속에 나오는 표상이 항구적으로 뭔가를 가리킨다, 꿈속에 나오는 표상이 시간과 역사를 초월해서 뭔가를 의미할 수 있는 보편적인 상징이다, 이것은 프로이트가 『꿈의 해석』을 쓰면서 의도했던 것이 아닙니다. 프로이트에게 꿈은 의식이 알아채지 못하도록 가공된 산물입니다.

만약에 꿈속의 표상들이 꿈 사전을 보고 해석할 수 있는 보편적인 상징이라면, 우리의 의식이 그것을 못 알아챈다는 것은 말이 안 되는 것이죠. 설령 예전에는 알아채지 못했다 하더라도, 꿈 사전을 읽은 뒤에는 금방 알아챌 수 있겠죠. 그러면 의식이 알아챈 이상, 더 이상 그런 꿈은 꿀 수가 없을 겁니다. 꿈의 내용이 보편적일 수 있다는 주장은 프로이트의 주장, 그러니까 꿈이 의식이 못 알아채는 방식으로 왜곡을 한다는 주장과는 맞지 않는 주장입니다.

프로이트의 주장은 만약에 꿈 사전을 읽고 꿈을 꾼다면, 오히려 무의식은 꿈 사전보다 더욱더 교묘하고 알쏭달쏭한 꿈을 만들어낼 것이며, 그런 만큼 그 꿈 사전은 더 이상 꿈 사전으로 기능하지 못할 거라는 겁니다. 꿈 작업은 의식이 알고 있는 것보다 조금 더 앞서간다는 것이 바로 프로이트가 하고자 하는 이야기입니다. 그렇기 때문에 보편적인 꿈이란 불가능하다는 것이죠. 꿈은 보편적인 것이 표현되는 장이 아니라 꿈꾼 사람, 그 사람만의 특수한 무언가가 표현되는 장입니다. 꿈을 해석하기 위해서 다른 사람의 삶을 참조할 필요는 없는 거죠. 꿈의 해석은 그 꿈을 꾼 사람의 경험과 무관할 수 없습니다. 꿈의 의미를 이해하기 위해선 그 꿈을 다시 꿈꾼 사람의 경험과 연상 속에 집어넣어야 합니다. 꿈을 해석하기 위해 참조해야 하는 것은 다른 사람의 삶이 아닙니다. 만약에 다른 사람의 삶을 참조해야 한다면, 그것은 꿈이 보편적인 상징을 나타내기 때문이 아니라 욕망은 곧 타자의 욕망이기 때문에 그렇습니다. 실제로 일상에서 우리 스스로가 독립된 주체라고, 자신이 자기 자신의 주인이라고 착각하기 쉽다면, 꿈의 내용들은 오히려 우리가 부인하고 있는 욕망의 진실, 다시 말해서 우리의 욕망이 타자의 욕망에 의해 결정될 수밖에 없다는 진실을 보여줍니다. 하지만 이때에도 그 욕망이 현재몽으로 표현되는 과정은 그 꿈을 꾸는 사람 당사자만의 고유한 과정을 따르게 됩니다. 그리고 바로 그 고유한 과정의 흔적들이 바로 진정한 의미에서의 주체가 위치한 곳입니다.

이 지점에서 앞서 이야기한 주장, 꿈은 의식이 알아챌 수 없도록 왜곡한다는 주장의 속뜻을 잘 이해해야 합니다. 의식이 알아챌 수 없도록 왜곡을 한다는 것은 딱 의식이 알아챌 수 없을 만큼만 왜곡을 하는 것입니다. 의식이 절대로 못 알아듣도록, 너무나 복잡한 상징들을 만들어내면 꿈은 전혀 알아들을 수 없는 외계어가 되겠죠. 꿈 작업이 원하는 것은 그게 아닙니다. 꿈 작업이 원하는 것은 할 말을 하고 싶다는 겁니다. 다만 의식의 검열이 있기 때문에 할 말을 있는 그대로는 할 수가 없는 것이죠. 요컨대 한편으로는 할 말을 하면서, 다른 한편으로는 의식의 검열을 피하겠다는 것이죠. 무슨 말이냐면, 꿈은 그 꿈을 꾼 사람의 의식과의 관계 속에서만, 검열과의 관계 속에서만 이해할 수 있다는 겁니다. 그렇기 때문에 오히려 꿈에서는 뻔히 보이는 곳에 열쇠가 있는 경우가 많습니다. 너무 뻔히 보이는 곳에 숨겨져 있기 때문에 그것이 열쇠라고 생각하지 못할 뿐입니다. 꿈의 열쇠를 찾기 위해 무슨 종교 사전이나 고대의 신비주의적인 밀서를 뒤적일 필요는 없는 것입니다.

육체의 언어인가 언어의 육체인가

히스테리 증상(『히스테리 연구』)에서 꿈(『꿈의 해석』)이라는 일상적인 활동으로 넘어왔는데, 여기에는 변하지 않는 요소들이 있습니다. 히스테리 증상을 하나의 기억, 표상으로 접근하면서 그 기억의 문법이나 통사론이 이론의 중요한 쟁점으로 간주되었던 것처럼,『꿈의 해석』에서 꿈은 곧 표상의 결합이라고 할 수 있습니다. 그렇기 때문에『꿈의 해석』에서도 프로이트가 중요하게 관심을 갖는 것은 꿈속에 나온 표상들이 어떻게 이동하고 어떤 방식으로 결합하고 어떤 방식으로 왜곡을 거치는가 하는 문제입니다.

결국 전제는 하나라고 할 수 있습니다. 증상도 일종의 표상이고 꿈도 일종의 표상입니다. 더 쉽게 말하자면, 증상도 하나의 말이고, 꿈도 역시 하나의 말입니다. 증상이 하나의 말이라는 이야기는 히스테리적인 증상이 육체적인 증상이라는 점에서 결국 육체 또한 하나의 말이라는 것을 전제로 합니다.『히스테리 연구』를 보면 육체에 대해 이야기하는 부분이 있습니다. 육체에 대해서 두 가지 수준에서 이야기하죠. 하나는 정동, 흥분, 에너지, 양의 수준에서 작동하는 육체가 있습니다. 이것은 우리의 육체가 느끼는 수준에서 작동하는 육체입니다. 그리고 기억하는 육체, 표상의 장으로서의 육체가 있습니다. 소위 기억하고 말하는 육체가 있다는 것이죠. 가령 각각의 기관마다 어떤 특별한 기억들이 있을 수 있겠죠. 우리는 우리 자신의 기관들에 너무나 익숙하기 때문에 무심코 그냥 지나치는 경우들이 많지만 각각의 기관에는 우리가 헤아릴 수 없는 많은 기억들이 묻어 있습니다.

가령 손과 관련해 우리는 다양한 기억들을 가질 수 있습니다. 어떤 사람에게는 이 손이 누군가를 때리거나 죽이는 데 사용되었기 때문에 손이 죄의식을 발생시킬 수도 있겠죠. 따라서 손을 쓰는 경우가 생기면 갑자기 손이 마비될 수도 있습니다. 하지만 또 어떤 사람에게는 손이 유년 시절의 자위와 연관이 있기 때문에 손으로 하는 활동이라면 뭐든지 탐닉하는 경우도 있을 수 있습니다. 혹은 손이 유년 시절의 성추행과 연관이 있기 때문에 극도의 불안을 만들어내는 기관이 될 수도 있습니다. 손조차 그러한데 하물며 우리에게 쾌감을 주는 기관, 소위 성적인 기관은 더더욱 그러하겠죠.

기억이 기관들에 축적되는 만큼, 또 그 기억과 정신이 상호작용을 하는 만큼, 그 기관들에 축적된 기억들은 우리가 우리의 육체를 사용하는 데 있어 제약을 가하거나 길들을 내면서 나름의 독특한 용법들을 만들어낼 수 있습니다. 우리가 우리 자신의 육체를 갖게 되고 그것을 사용하기 위해서는 우리의 육체가 발달하는 것만으로는 부족합니다. 요컨대 사춘기에 육체가 성장한다고 해서 저절로 우리가 우리의 육체를 갖게 되는 것이 아니죠. 마치 우리가 옷이나 장신구로 우리의 육체를 치장하는 것이 자연스런 발달 과정이 아닌 것처럼, 우리의 육체를 활용하는 방식도 자연스런 발달의 과정이 아닙니다. 우리는 성장하는 육체에 기억과 표상을 덧붙이면서 그 육체를 우리의 육체로 사용하게 되는 것입니다.

육체가 기억을 한다고 했는데, 여기서 한 걸음 더 나아가면 육체는 말을 한다고 할 수 있습니다. 축적되고 침전되는 표상을 기억이라고 하면 말은 누군가에게 건네지는 표상이라고 할 수 있습니다. 타자에게 뭔가를 전달하기 위해 건네지는 표상인 것이죠. 이를테면 타자와의 관계 속에서 우리의 기관이 뭔가를 전하기 위해 말을 할 수도 있습니다. 가령 어머니의 얼굴만 보면 배가 고프다, 어머니에게 할 말이 있는 거죠. 밥을 차려달라는 것입니다. 물론 진짜로 배가 고파서는 아니겠죠. 나 좀 신경 써달라는 말일 것입니다. 그의 얼굴만 보면 어깨가 결린다, 이역시 할 말이 있는 거겠죠. 실제로 『히스테리 연구』에서 엘리자베스가 오른쪽 허벅지가 마비된 것은 아버지와의 어떤 기억 때문입니다. 아버지의 정강이가 닿았던 부분이기 때문에 그 기관이 아버지와의 근친상간을 환기시키고, 그렇기 때문에 정신적인 갈등이 발생하면서 그 기관이 마비된 것이겠죠. 하지만 다른 한편으로 그 기관의 마비는 또한 아버지에게 보내는 근친상간적인 메시지라고 할 수 있습니다. 엘리자베스 자신의 의식이 알아보지 못하는 언어로 번역된 메시지인 것입니다. 한편으로는 "아버지를 사랑해요"라는 말을 하고 싶은데, 다른 한편으로는 "그러면 안 되지"라는 의식의 검열이 있는 거죠. 그 사이에서 증상은 의식이 못 알아듣는 언어로 아버지에게 말을 하고 있는 것입니다.

사실 육체가 말을 한다는 식의 이야기는 프로이트의 시대에는 엄청난 스캔들이었겠지만, 요즘은 어디서나 쉽게 들을 수 있는 말이죠. 하지만 그 말이 진짜로 무슨 뜻인지 이해하는 경우는 많지 않습니다. 육체가 말을 한다니, 마치 기관이 인간의 언어가 아닌 어떤 고유한 언어로 육체만의 내밀한 이야기를 한다는 식으로 생각할 수도 있겠지만, 이것은 전혀 프로이트적인 발상이 아닙니다. 육체가 말을 한다, 엄밀한 의미에서 육체가 말을 하는 것이 아닙니다. 말이 육체를 통해 말을 하는 것이죠. 좀 더 정확히 하면, 언어처럼 구조화된 무의식이 육체를 통해 말을 하는 것이겠죠. 그렇기 때문에 엄밀한 의미에서 육체의 언어는 존재하지 않습니다. 오로지 단 하나의 언어, 인간의 언어만이 존재할 뿐이고 그러한 언어가 말을 하는 다양한 매개물들이 있을 뿐입니다.

여하튼 육체가 말을 한다는 테제는 그대로 꿈에도 적용될 수 있습니다. 꿈은 결국 무의식이 전달하고자 하는 말이죠. 그런데 검열이 있으니까 꿈 작업으로 가공해서 의식이 못 알아듣는 언어로 바꿔서 말을 하죠. 결국, 증상이건 꿈이건 그것들은 표상이고 언어라는 데에 하나의 공통점이 있습니다. 그리고 이것을 해명하는 데 주력했던 것이 바로 프로이트의 첫 번째 패러다임입니다.

기억으로서의 욕망

히스테리 증상에 대한 분석에서 꿈의 분석으로 넘어오면서 주목할 것이 하나 있는데 눈에 띄게 다른 용어 하나가 등장합니다. 바로 '욕망désir'이라는 용어입니다. 히스테리 증상의 배후에서 프로이트가 찾았던 것은 사건의 기억, 표상이었습니다. 그당시에 무슨 일이 있었는가의 문제가 중요했죠. 히스테리 증상의 이런 메커니즘을 그대로 꿈에 적용하는 과정에서 프로이트는 꿈과 관련해 하나의 의문을 제기할 수밖에 없었습니다. 꿈이 만들어진 원동력은 무엇일까? 증상이 만들어진 원동력은 정동, 즉 불쾌감이라고 했습니다. 어떤 사건의 표상이 만들어낸 불쾌감이죠. 그렇다면 꿈은 왜 만들어질까요? 불쾌감 때문도 아니고 불안 때문도 아니죠. 바로 여기서 프로이트는 한 걸음 더 내디디게 되는데, 그는 꿈의 원동력이 어떤 욕망에 있는 것이 아닌가라고 생각하게 됩니다. 어떤 욕망일까요? 낮에 바랐는데 이루어지지 않은 욕망이죠. 여기서 이루어지지 않은 욕망이라면 다양한 경우가 있을 수 있습니다. 외적인 상황 때문에 어쩔 수 없이 포기해야 했던 욕망도 이에 속할 수 있지만, 이보다 더 중요한 것은 내적인 상황 때문에 포기해야 했던 욕망입니다. 심리적인 갈등으로 인해서 이루어지지 않은 욕망, 바로 억압된 욕망, 무의식적인 욕망입니다. 무의식적인 욕망이란 감히 표현할 수도 없는 욕망입니다. 앞서 꿈을 의식의 검열을 피해서 의식이 알아들을 수 없는 언어로 표현된 말이라고 했는데, 결국 꿈의 내용이란 의식이 알아들을 수 없는 언어로 표현되는 욕망인 것입니다.

갑자기 욕망이라는 말이 들어오면서 『꿈의 해석』부터는 여태까지와 다른 어휘들의 계열이 형성되기 시작합니다. 욕망, 바람, 소원, 소원 성취, 좌절 등이 바로 그런 어휘들이죠. 첫 번째 패러다임을 구성하는 또 다른 키워드들이라고 할 수 있습니다. 어떻게 보면 프로이트의 논의가 점점 외부의 사건에서 내면의 심리적 활동으로 파고드는 출발점이라고도 볼 수 있겠죠. 여기서 이러한 논의들을 여전히 첫 번째 패러다임에 귀속시킨 이유는 이러한 용어들이 전혀 다른 계열의 어휘들처럼 보이지만 여전히 우리가 앞서 이야기했던 용어들의 영향력을 벗어나지 않고 있기 때문입니다.

가령 프로이트가 여기서 이야기하는 욕망은 우리가 나중에 이야기하는 욕망, 소위 성적인 활동으로서의 욕망과는 약간 거리가 있습니다. 프로이트가 『꿈의 해석』에서 이야기하는 욕망에 대한 논의의 출발점은 굉장히 현실적이라고 할 수 있습니다. 어떤 구체적인 사건이나 에피소드 속에서의 바람이나 소망에 가깝죠. 뭔가 얻고 싶은 것이나 하고 싶은 것이 있었는데 그럴 수 없었다는 맥락이 강합니다. 『히스테리 연구』에서 프로이트가 히스테리 증상을 어떤 사건의 표상이라는 맥락 속에서 접근했던 것처럼, 『꿈의 해석』에서 프로이트는 꿈속의 욕망을 유년 시절이나 현재의 어떤 에피소드들과 연관을 시키고 있습니다.

요컨대 프로이트는 여전히 히스테리적인 모델에 입각해서 욕망을 이해하고 있습니다. 다시 말해 표상과 기억의 질서 속에서 이해하는 거죠. 욕망이란 무엇인가? 기억이라는 것이죠. 그렇다면 어떤 기억인가? 나를 만족시켜줄 수 있을 것 같은 대상에 대한 기억이죠. 가령 배가 고프면 먹을 것을 찾을 수 있습니다. 이 정도의 차원은 욕망이 아니라 '욕구^{besoins}'이죠. 그렇게 해서 욕구를 충족시키면 어떻게 될까요? 그것이 기억에 남겠죠. 바로 이때부터가 문제입니다. 나를 충족시켰던 대상의 흔적, 기억으로 인해 그 대상이 생각나겠죠. 여기서 생각나는 것은 바로 대상의 표상일 것입니다. 그리고 궁극적으로는 그러한 대상의 표상을 떠올리면서 그것이 주었던 만족감을 반복하려고 할 것입니다. 바로 이러한 만족감으로 되돌아가기 위해, 좀 더 정확히 말하면 만족감의 기억을 반복하기 위해 결국 그 대상의 표상들을 향해 나아가는 활동이 바로 욕망인 것입니다. 욕망은 표상과 기억의 활동이라고 할 수 있겠죠.

『꿈의 해석』에서 제시되고 있는 욕망 개념은 결국 만족감의 기억이나 대상의 표상을 전제로 한 활동이란 점에서, 여전히 『히스테리 연구』의 연장선에 있다고 할 수 있습니다. 그런 점에서 『꿈의 해석』에서 등장하는 욕망이라는 용어는 첫 번째 패러다임에 귀속되어 있는 어휘라고 할 수 있습니다.

첫 번째 패러다임은 무의식을 비롯해 욕망이란 개념을 표상과 기억의 활동이란 측면에서 접근하면서 무의식과 욕망의 메커니즘에 대한 하나의 완결된 그림을 보여주었다는 데 그 성과가 있다고 할 수 있습니다. 하지만 이러한 욕망과 무의식의 작용이 도대체 무엇 때문에 발생하는가, 다시 말해서 무엇 때문에 인간이 끊임없이 욕망하고, 무엇 때문에 무의식의 형성물이 만들어지는가에 대해서는 아직 충분한 답변이 제시되지 않았다고 할 수 있습니다. 충분한 답변이 제시되지 않았다는 것은 그만큼 프로이트에게는 아직 미래의 가능성이 열려 있다는 이야기가 되겠죠. 두 번째 패러다임이 바로 그러한 가능성을 실현하면서 프로이트에게 새로운 길로 접어들 수 있는 문을 열어주게 되는데, 다음 강의에서 프로이트를 따라 그 문을 함께 열어보도록 하겠습니다.

성충동의 시대

4강

태초에 성욕이 있었다

두 번째 패러다임은 1905년부터 1911년까지로 이른바 충동, 성욕, 환상이 주된 문제틀로 들어오는 시기라고 할 수 있습니다. 주요 저작으로는 『성욕에 관한 세 편의 에세이』(1905)를 비롯해 1905년부터 쓰인 성욕과 관련된 저술들입니다. 가령 「신경증의 병인에서 성욕이 작용하는 부분에 대한 나의 견해」(1906), 「어린아이의 성이론에 관하여」(1908), 「성격과 항문 성애」(1908), 「가족 로맨스」(1909) 등과 같은 글, 그리고 문학과 예술 창작을 주제로 발표한 글들이 이에 해당하는 저술이라고 할 수 있습니다. 이 시기의 표면적인 문제는 소위 유혹설에서 환상설로의 이행이라고 할 수 있습니다. 증상의 배후에는 어떤 사건의 기억, 표상이 있다는 주장에서 사건의 배후에는 유아의 성욕, 환상이 있다는 테제로 이행하는 것이죠. 이러한 이행이 이루어지는 상황에 대해 아주 간단하게 이야기하자면 이렇습니다.

뉴로티카에서 에로티카로

프로이트가 유혹설을 생각할 수 있었던 것은 히스테리 환자들의 증언 때문이었습니다. 프로이트는 그러한 증언을 믿고 실제로 그런 일이 있었다고 믿었죠. 그런데 알고 봤더니 유혹이라는 사건은 그 사건이 정말로 일어났다고 하더라도 환자들이 믿고 있는 것과는 다를 수 있더라는 것입니다. 어쩌면 성인이 행한 그 유혹이라는 사건은 이미 해석된 사건일 뿐이라는 것이죠. 정말로 귀여워서 한 행동인데, 그것이 아이에게는 성적인 사건으로 비칠 수도 있겠죠. 그 사건을 그렇게 보도록 만든 뭔가가 아이에게 있다는 것입니다. 그리고 그 뭔가가 바로 환상입니다. 여기서 문제의 핵심은 그 사건이 히스테리를 만든 것인가 아니면 히스테리가 그 사건을 만든 것인가 하는 질문입니다. 프로이트의 첫 번째 입장이 사건이 히스테리를 만든다는 것이었다면, 두 번째 입장은 히스테리가 사건을 만든다는 것이죠. 히스테리적인 환상이 성인을 위치시키는 방식이 바로 그런 식입니다. 타자를 위치시킬 때, 자신을 타자의 유혹의 대상으로 놓는 것, 그게 바로 히스테리적인 환상의 기본 구조입니다. 그리고 그런 환상을 가지고 있는 한, 애매한 행동을 하는 타자를 유혹자처럼 볼 수도 있죠. 이것이 유혹설에서 환상설로 이동하는 과정입니다.

사실 이러한 이동이 단번에 이루어진 것은 아닙니다. 유혹설에 대한 포기는 두 번째 패러다임이 시작되기 훨씬 전부터 예고됐다고 할 수 있죠. 1905년을 두 번째 패러다임이 시작하는 출발점으로 삼은 것은 『성욕에 관한 세 편의 에세이』 초판과 「도라의 히스테리 분석」이 이 해에 출간되었기 때문입니다. 하지만 프로이트가 유혹설을 포기한 것은 그보다 훨씬 더 앞선 일입니다. 프로이트가 하나의 주장을 담은 글, 저술을 쓰는 시간과 혼자 생각하는 시간 사이에는 차이가 있다는 것입니다. 이미 훨씬 오래전인 1897년에 프로이트는 더 이상 유혹설을 믿지 않는다는 생각을 친구 빌헬름 플리스에게 보내는 편지에 적은 적이 있습니다.

『히스테리 연구』를 출간하고 나서 프로이트는 몇몇 히스테리 환자들, 그리고 자신의 꿈을 분석하는 과정에서 히스테리 환자들이 이야기하는 것들이 실제로 일어난 일이 아닐 수 있다는 생각에 도달하게 되었습니다. 그러면서 점차 외부의 사건 자체가 아니라 외부의 사건을 성적인 사건으로 해석하도록 만드는 내면의 무엇을 찾게 되었던 것이죠. 어떻게 보면 『꿈의 해석』과 그 당시에 쓰인 일련의 저술은 그런 의미에서 『히스테리 연구』보다 한 단계 진화한 생각을 보여주며, 『히스테리 연구』와 『성욕에 관한 세 편의 에세이』를 잇는 다리 역할을 하는 저술이라고도 할 수 있습니다. 하지만 그럼에도 불구하고 첫 번째 패러다임에 『꿈의 해석』과 일련의 저술들을 포함시킨 이유는 의식이 변화했음에도 프로이트가 『히스테리 연구』에서 구사했던 언어와 어휘들을 여전히 그대로 사용하고 있기 때문입니다. 그런 의미에서 아직은 첫 번째 패러다임에 머물러 있다고 할 수 있습니다. 사고의 수준에서 뭔가가 바뀌긴 했지만 그러한 변화를 개념의 수준에서 이론적으로 만들어내기는 여전히 부족했던 것이죠. 뒤집어 이야기하면, 그것이 개념의 수준에서 어떤 변화를, 그것도 체계적인 변화를 불러일으키기 위해선 의식의 변화 이상이 필요했다는 것입니다. 새로운 개념이 들어오고 언어가 전반적으로 변하고 그러면서 용어들의 관계가 체계적으로 변화를 겪어야 진정한 의미에서 패러다임의 전환이라고 말할 수 있습니다.

어쨌든 두 번째 패러다임으로의 전환은 『성욕에 관한 세 편의 에세이』와 함께 1905년에 출간된 「도라의 히스테리 분석」덕분에 가능했습니다. 애초에 「도라의 히스테리 분석」은 『꿈의 해석』이 정신분석치료에 어떻게 응용될 수 있는지를 확인하는 것이 목적이었습니다. 하지만 프로이트는 도라를 분석하는 과정에서 증상 형성에 있어서 환상이 맡고 있는 중대한 기능을 깨닫게 되죠. 그리고 그러한 환상을 분석하면서 그 환상 뒤에 유아기적인 성생활이 있다는 것을 깨닫게 됩니다.

열여덟 살 소녀였던 도라는 목소리가 안 나올 만큼 심한 기침 증세와 불안, 그리고 주변인들에 대한 공격적인 성향 등으로 인해서 아버지의 손에 이끌려 프로이트를 찾게 된 환자였습니다. 『히스테리 연구』에서였다면 프로이트는 그러한 증상으로부터 외상적인 사건을 찾는 데 주력했겠죠. 실제로 도라는 열네 살 때 K씨의 가게에서 K씨로부터 기습적으로 키스를 당하기도 했고, 열여섯 살이 되던 해에는 호숫가에서 K씨에게 뜻하지 않게 프러포즈를 받기도 했습니다. 하지만 프로이트는 이 두 가지 장면에서 외상적인 효과를 끌어낸 것이 아닙니다. 그는 그러한 장면을 중심으로 연상을 유도해서 환자가 가지고 있는 환상과 그 환상의 배후에 있는 타자에 대한 포지션을 추출해내죠. 그러한 장면이 도라에게 어떤 효과를 발생시킬 수 있다면 그것은 사건에 내포된 외상적인 요소 때문이 아니라 그 사건이 그녀의 환상을 부추기거나 아니면 반대로 그녀의 환상에 어긋나기 때문입니다. 그리고 프로이트는 환상의 배후에서 유아기적인 성생활을 발견하게 됩니다. 가령 도라는 아버지가 K부인과 밀애를 즐기기 위해 자신을 K부인의 남편인 K씨에게 넘겨버렸다는 식으로 아버지를 비난했지만, 오히려 아버지와 K부인의 관계를 환상적으로 지지하고 있었습니다. 성적으로 불능인 아버지와 K부인 사이에서 성적인 관계가 가능하다면, 그것은 구강 성교에 대한 도라의 환상을 통해서인 것이죠. 프로이트는 도라의 환상으로부터 유년기로 거슬러 올라가 도라가 유독 구강적인 활동에 집착을 보였다는 사실을 확인하게 됩니다. 한마디로 기침은 도라의 유년기적 성생활의 흔적이라는 것이죠. 프로이트는 이러한 유년기의 성도착적인 활동이 결국 지금의 히스테리 증상을 만들어낸 것이 아닌가 하고 생각합니다. 유년기의 구강적인 활동이 나중에 커서 기침이라는 신경증적인 증세로 뒤집어졌다는 것이죠.

이렇게 두 번째 패러다임에서 프로이트가 성욕의 문제틀을 본격적으로 들여놓기 시작했다고 했는데, 물론 성욕의 문제 역시 어떻게 보면 첫 번째 패러다임에서부터 충분히 확인할 수 있는 측면이 없지 않습니다. 가령 이미 『히스테리 연구』에는 성적인 것이 개입할 수 있는 여지가 충분히 있습니다. 『히스테리 연구』에 등장하는 증상을 만들어내는 사건, 트라우마가 되는 사건은 결국 모두 성적인 사건이었습니다. 연장자에 의한 유혹이라는 사건이 트라우마를 만들어냈다면, 그 유혹이 어쨌거나 성적인 사건인 만큼, 성적인 활동이 인간의 정신에는 특별하다는 이야기인 것이죠. 그런 의미에서 프로이트는 초기부터 신경증의 병인에서 성욕이 차지하는 역할을 강조했습니다. 『정신분석의 탄생』을 읽어보면, 프로이트는 심지어 모든 정신질환을 성적인 활동과 연관시키는 데까지 나아갑니다. 가령 불안은 언제 발생하는가? 성적인 흥분을 해소하지 못할 때, 성욕은 충만한데 그것을 해소할 길이 없을 때 발생한다는 것이죠. 또 무기력한 감정은 자위를 너무 많이 해서 신경이 쇠약해질 때 발생한다고 말합니다. 『히스테리 연구』에서 등장하는 성욕의 문제건 방금 이야기한 성욕의 문제건, 이러한 성욕은 프로이트가 1905년 이후에 이야기하게 될 성욕과는 조금 다른 면모를 보입니다.

충동의 제국

『정신분석의 탄생』에서 이야기하는 성욕은 여전히 늘 어떤 사건, 특정한 에피소드 속에서만 이해되는 성욕입니다. 유혹이나 추행, 실제적인 성행위 속에서만 이해되는 성욕이죠. 내적인 추동력을 갖는 성욕이 아닙니다. 여전히 성욕이라는 용어가 제한된 의미로 사용되죠. 반면에 『성욕에 관한 세 편의 에세이』 이후 성욕에 관한 논의는 프로이트가 성적인 것을 확장하는 과정입니다. 즉, 성적인 것을 단순히 성적인 것에 한정하지 않고 그 외연을 확장하고 있죠. 여러 가지 수준에서 이러한 결과를 만들어내는데, 가령 프로이트는 성적인 것을 성 기관의 결합으로 한정하지 않습니다. 성적인 것을 성 기관이 아닌 다른 기관의 활동에까지 확장시키는 것이죠. 우리의 육체에는 성적인 결합을 목적으로 하지 않는 다른 기관들이 굉장히 많습니다. 입이라든가 항문은 애초에 성적인 기관이 아니었죠. 그런데 그런 기관이 성적인 기관이 될 수 있다는 것, 지금은 너무나 친숙한 주장이지만 그 당시엔 아주 놀라운 주장이 아닐 수 없었죠.

이러한 확장은 다양한 의미를 갖습니다. 성기가 아닌 다른 기관을 성적인 용도로 사용할 수 있다는 것은 성의 목적이 단순히 성기의 결합이 아닐 수 있다는 것이겠죠. 즉, 다양한 성 목적이 있을 수 있습니다. 가령 빨기, 뱉기, 깨물기, 싸기, 보기, 때리기 등이 성기의 결합으로 환원되지 않는 성 목적들입니다. 여기서 한 가지 질문이 제기될 수 있을 텐데, 프로이트가 성 목적을 행위(동사)와 연관시킨 것은 무엇 때문일까요? 그것은 바로 충동의 최종적인 목적이 바로 만족인데, 성충동이란 관점에서 만족을 주는 것은 대상이 아니라 행위이기 때문입니다. 가령 젖가슴을 빨면서 구강 충동의 만족을 얻을 때, 만족을 주는 것은 젖가슴 자체가 아니라 젖가슴을 빠는 행위이죠. 그런 의미에서 프로이트는 성 목적과 성 대상을 구분하면서 성 목적을 행위(동사)와 연관시킨 것이며, 또 이러한 성 목적이 다양한 행위들로 확장될 수 있다고 본 것입니다. 당연히 성 목적뿐만 아니라 성적인 대상 역시 다양하게 확장될 수 있습니다. 이성에서 동성으로, 성인에서 유아로, 사람에서 동물이나 사물로, 심지어는 이성의 사람 안에서도 성기에서 젖가슴이나 항문으로 확장될 수 있겠죠.

그렇다면 어떻게 성적인 것이 성적인 기관 너머로 확장될 수 있을까요? 이것은 성적인 것이 신체적인 것을 넘어서 정신적인 활동, 그러니까 심리 내적인 활동으로까지 확장될 수 있기 때문입니다. 여기서 성적인 것을 성적인 기관 너머로 확장하기 위해서 개입될 수밖에 없는 용어가 있는데, 바로 '충동pulsion'입니다. 충동이란 단순히 성적인 '본능instinct'을 뜻하는 게 아닙니다. 가령 성적인 기관이 흥분되면서 팽창한다, 이것은 성적인 욕구가 본능적으로 표현된 것이라고 할 수 있습니다. 그저 본능의 차원에서의 성욕인 것이죠. 성욕이 단지 이런 차원에 머물러 있다면, 그것은 성적인 기관에 한정된 성욕일 것입니다. 동물의 성욕이 바로 그런 성욕이죠. 우리가 인간의 도착적인 성욕을 두고 인간답지 않다, 동물 같다고 생각하지만, 사실 본능에 입각한 동물의 성생활은 오히려 굉장히 보수적이고 점잖습니다. 심지어는 인간보다 인간이 주장하는 인간적인 성과 훨씬 더 가깝다고 할 수 있습니다.

가령 동물의 성생활은 쾌락이 아니라 생식에 종속된다는 점에서 기독교적인 성 윤리를 따릅니다. 구강이나 항문을 사용하지 않고 되도록 성 기관의 결합만을 추구한다는 점에서도 보수적인 성생활을 한다고 할 수 있겠죠. 또한 동물에게서는 관음증이라든가 노출증을 찾아볼 수 없습니다. 강아지들이 길거리에서 교미를 할 수는 있지만, 이는 그것을 보여주면서 쾌감을 느끼기 위해서는 아니죠. 또한 마조히즘이나 사디즘을 가지고 있는 동물 역시 상상할 수 없습니다. 하지만 인간의 성욕은 이런 식의 성욕이 아닙니다. 육체 속에서 성적인 욕구가 발동할 뿐만 아니라 그러한 성욕, 성적인 욕구가 정신 속에서 표상될 수 있습니다. 성적인 기관이 팽창하는 것은 그저 성적인 욕구의 본능적인 표현이지만, 그러한 욕구가 정신 속에 들어왔을 때는 전혀 다른 것이 될 수 있다는 것입니다.

충동이란 정신 속에 있는 신체적인 자극의 대표자를 말합니다. 신체적인 욕구의 자극을 정신 속에서 대표해주는 기능을 한다는 것이죠. 마치 주미한국대사가 미국이라는 나라에서 한국을 대표해주는 사람이듯이, 충동은 정신이라는 나라에서 신체적인 욕구의 자극을 대표하는 기능을 한다는 것이죠. 이러한 개념이 함축하는 것은 신체적 욕구의 자극이 신체의 차원에만 머무는 것이 아니라 정신 속에 표상되어 다양하게 변주될 수 있다는 것입니다. 그렇게 되면 정신 속에는 육체에 대한 도식, 육체에 대한 이미지, 육체에 대한 표상들이 있을 텐데 바로 이러한 표상을 중심으로 성적인 활동이 전개됩니다. 입, 항문, 눈, 근육 등이 성적인 용도로 사용될 수 있다면, 이는 인간의 정신 속에서 그 기관들이 성적인 기관을 대신할 수 있기 때문입니다. 신체적인 욕구라고 할 수 있는 성욕이 정신 속으로 들어와서 모든 기관들을 성적인 기관으로 확장할 수 있게 되면서 인간의 성적인 활동은 굉장히 다채로워지게 됩니다.

물론 첫 번째 패러다임에서도 성욕이 신체적인 차원에만 머물지는 않았습니다. 『정신분석의 탄생』을 보면 성욕은 일차적으로 신체적인 흥분을 통해서 표현되지만 정신적인 층위를 관통하면서 정신적인 갈등을 일으킵니다. 프로이트는 가령 '성적인 심리그룹groupe sexuel psychique'이라는 표현을 사용했죠. '성적인 심리그룹'이란 성과 관련된 심리적인 영역, 성적인 표상군을 의미합니다. 하지만 초기의 체계에서 성적인 심리그룹은 에너지의 방출과 흐름이라는 관점에서만 접근됩니다. 요컨대 성적인 흥분이 신체적인 영역에 집중되는가 아니면 심리적인 영역에까지 미치는가, 만일 심리적인 영역에까지 미친다면 그 영역에서는 어떤 방식으로 방출되는가 등에 관심이 집중되었죠.

이러한 관점은 비록 프로이트가 성을 심리적인 영역이란 측면에서 접근하긴 했지만, 심리적인 영역을 성욕의 구조 그 자체 내에 포함시키는 데까지는 이르지 못했다는 것을 함축합니다. 프로이트는 성욕과 관련해 두 가지 영역을 구분해서 접근했을 뿐 아니라 심지어는 정신질환의 발생을 그 두 가지 영역 각각에서의 성적인 에너지의 축적과 연결시킵니다. 가령 육체적인 성적 긴장이 축적된 곳에서 불안 신경증이 나타나고, 심리적인 성적 긴장이 축적된 곳에서 멜랑꼴리가 나타난다는 식이죠. 성적인 심리그룹은 표상군으로 이뤄지지만, 프로이트는 그러한 표상의 질서가 성적인 충동 자체를 어떤 방식으로 구조화해내는지까지는 고려하지 못한 것이죠.

프로이트가 충동을 성적인 자극의 심리적 대표자로 규정한 것은 성욕이 더 이상 순수한 의미에서의 신체적인 차원에만 작동하는 것이 아니라 이미 그 자체로 표상의 질서를 함축하고 더 나아가서는 그것이 성욕의 구조 자체를 구성한다는 것을 의미합니다. 표상의 속성 자체가 성욕의 구조에 반영되면서 충동의 다양한 운명이라든가 충동의 형태들이 설명될 수 있는 가능성이 열리게 되죠. 바로 이것이 성욕에 접근하는 첫 번째 패러다임과 이후의 패러다임의 근본적인 차이입니다.

본능이 아닌 충동

충동을 정신 속에서의 육체적인 자극의 대표자라고 정의했는데, 사실 이러한 정의는 두 번째 패러다임에서는 등장하지 않습니다. 이러한 정의가 명시적으로 등장하게 된 것은 1905년에 발표된 『성욕에 관한 세 편의 에세이』 초판이 아니라 1915년 개정판에 추가된 부분, 그리고 1915년 「충동과 충동의 운명」에서입니다. 하지만 『성욕에 관한 세 편의 에세이』 초판에서부터 충동의 개념을 확인할 수는 있습니다. 충동에 대한 명시적인 규정은 없지만 그럼에도 불구하고 충동에 대한 개념이 전제되지 않고는 이해될 수 없는 논의들이 포함되어 있기 때문입니다. 용어 자체만 본다면 충동은 아주 드물게나마 『정신분석의 탄생』에서부터 이미 사용되었습니다. 하지만 용어는 존재했지만 개념은 존재하지 않는 상태였습니다. 따라서 개념이란 관점에서 진정한 충동은 두 번째 패러다임부터 존재했다고 할 수 있습니다.

앞서 언급했듯이 두 번째 패러다임에서 고려될 수 있는 충동은 본능과는 전혀 다릅니다. 충동은 본능이라고 번역될 수 없습니다. 프로이트가 사용한 용어는 'instinct'가 아니라 'drive'로 번역될 수 있는 독일어의 'trieb'라는 단어입니다. 본능이 오로지 신체적인 영역에서의 성적인 자극만을 함축한다면, 충동은 성욕 속에 그러한 자극을 대표하는 정신적인 영역이 필수적인 구성요소로 포함되어 있다는 것을 함축하죠. 그리고 충동이라는 개념에 정신적인 영역이 포함됨으로써 나올 수 있는 결과 중의 하나가 바로 성적인 것이 성적인 것 너머로 확장되는 것입니다.

충동이라는 용어를 통해 프로이트는 성적인 것을 성적인 것 너머로 확장시키는 계기를 마련했다고 했는데, 그렇다면 그러한 확장은 어떤 테제로 귀착될까요? 인간의 성욕은 원래 도착적일 수밖에 없다는 테제입니다. 곧 충동은 부분 충동이라는 것입니다. 부분 충동이 무엇인가요? 통합된 성 목적이나 통합된 성 대상이 아니라 부분적인 성 목적과 부분적인 성 대상을 겨냥하는 충동입니다. 여기서 부분적인 성 목적이란 성적인 결합이 아니라 빨기, 싸기, 때리기 등과 같은 성 목적에 고착되는 경우를 말합니다. 그리고 부분적인 성 대상이란 한 명의 통합된 인물이 아니라 젖가슴, 똥 등과 같은 대상을 말하죠. 따라서 충동이 부분 충동이란 것은 결국 충동이 구조적으로 도착적이란 것을 의미합니다.

부분 충동은 『성욕에 관한 세 편의 에세이』 초판부터 사용된 용어입니다. 원래부터 도착적인 성욕, 부분 충동으로 표현될 수밖에 없는 성욕으로 프로이트가 겨냥하는 것은 무엇일까요? 바로 유아에게도 성욕이 있다는 테제입니다. 성욕을 성적인 것 너머로 확장시키는 것의 이면에는 유아들이 하는 행위들 모두가 결국에는 성적인 쾌감을 만들어내는 행위들이라는 것입니다. 성적인 것이 성적인 것에 국한되지 않고 확장되면서, 즉 생존을 위해 봉사하던 기관들이 충동에 의해 투자되는 기관들이 되면서 유아 역시 성적인 활동을 할 수 있다는 생각에 이를 수 있게 된 것입니다.

성적인 것의 문을 넓히자 갑자기 세상이 달라 보이기 시작하겠죠. 아이들이 보이는 빠는 행위에 대한 집착, 대변에 보이는 지대한 관심, 출산에 대한 강한 호기심, 이 모든 관심들이 단순히 그냥 관심이 아니었다는 것입니다. 그리고 이제 아이들이 굉장히 다형적으로 도착적이다, 라는 테제에 도달하게 됩니다. 어른들의 도착은 단형적입니다. 이를테면 관음증적이면서 동시에 사디즘적이거나 페티쉬적이지 않죠. 병리적인 의미에서의 도착, 성인의 도착증은 단일 형태로 구성됩니다. 반면에, 유아들이 보이는 도착은 형태가 다양하면서도 복합적이죠. 손가락을 빨면서 항문에도 관심을 갖는 등 다형적이라고 할 수 있습니다.

바로 이 지점에서 유아 성욕설이라는 테제가 들어오고, 프로이트의 관점에 한 가지 중대한 변화가 발생합니다. 정신을 하나의 공간, 하나의 장(場)으로 보는 이전의 관점에서 한 걸음 더 나아가, 정신을 발달론적으로 고려하지 않을 수 없게 되었다는 것입니다. 유아는 다형적으로 도착적이고, 유아의 성욕은 통합되지 않은 부분 충동들의 활동으로 표현된다면 성인의 성욕은 오히려 유아의 성욕보다 훨씬 더 제한되고 억제된 양상을 띤다는 것이죠.

성인은 신경증이거나 도착증이라고 하더라도 형태가 단순합니다. 결국 유아의 성욕이 어떤 방식으로 발달을 하고 있다는 생각에 이르지 않을 수 없게 됩니다. 물론 두 번째 패러다임에서는 우리가 흔히 갖는 발달의 개념, 즉 나무가 자라듯이 연속적으로 성장하는 모습으로 성욕이 발달하는 과정을 찾아볼 수는 없습니다. 이후에 만나게 될 구강기, 항문기, 남근기, 성기기 등으로 이루어지는 성적인 조직화라는 개념은 아직 존재하지 않습니다. 인간의 성욕이 구강기, 항문기, 남근기, 성기기 등의 순서로 발전한다는 것은 나중에 남근이라는 개념이 출현하고 나서야 비로소 가능한 개념입니다. 사실 애초에 프로이트가 제시했던 것은 오히려 그런 식의 발달 개념, 소위 성적인 조직화 내지는 성적인 정상화라는 관점에서 이해될 수 있는 발달 개념이 아니라 오히려 망각이나 억압에 기초한 발달 개념입니다.

이는 아주 특이한 발달입니다. 앞서 이야기했듯이 유아의 성욕은 굉장히 풍요롭고 도착적이라고 할 수 있습니다. 성기 중심적이고 음지에서만 실현되도록 설계되어 있는 성인의 성욕보다 훨씬 더 풍요롭고 훨씬 더 도착적이죠. 이는 곧 유아의 성생활에 억압되고 망각되는 과정이 있다는 가정을 가능케 합니다. 유아에서 성인으로 성장하는 동안 성욕은 오히려 반대로 발달하고 있다는 것이죠.

유아기, 기억의 저편

유아의 성욕과 성인의 성욕 사이에는 어떤 근원적인 억압, 근원적인 망각이 있습니다. 프로이트는 이를 유아기 기억상실이라고 부릅니다. 『성욕에 관한 세 편의 에세이』를 보면 '유아기 기억상실'이라는 소장(小章)이 있습니다. 여기서 프로이트는 한 가지 특이한 사실에 주목합니다. 인간은 예닐곱 살 이전의 일들을 잘 기억해내지 못한다는 것이죠. 아이들을 보면 기억력도 굉장히 좋고 우리가 생각하는 것 이상으로 사고력이 매우 발달해 있습니다. 그런데 특이한 것은 그렇게 머리가 좋던 아이들이 성장해서는 하나같이 당시의 일을 기억하지 못한다는 것이죠.

가령 프로이트의 사례에 등장하는 꼬마 한스만 하더라도 매우 명민하고 영리한 아이입니다. 「다섯 살배기 꼬마 한스의 공포증 분석」을 보면, 1909년에 쓰인 본문 외에 나중에 첨가된 후기에 꼬마 한스가 어엿한 청년으로 성장해서 프로이트를 만나는 장면이 나오는데, 어렸을 때 일을 하나도 기억하지 못하더라는 언급이 나옵니다. 그 파란만장했던 유년시절이 망각 속에 완전히 잠겨 있더라는 겁니다. 사춘기 때 아이들만 해도 유년기에서 불과 몇 년밖에 지나지 않았는데도 그 시절의 일들을 기억해내지 못합니다.

여기서 프로이트는 그 시점에 어떤 본원적인 억압이 작동해서 이전의 기억들을 포맷해버리는 것이 아닌가 추정하게 됩니다. 유아기의 도착적인 성욕을 억압하는 과정이 있을 수 있다는 것이죠. 그리고 그러한 시점은 유아에게 도덕적인 감정, 수치심, 혐오감 등이 만들어지는 시점과 일치한다는 것입니다. 유아의 도착적인 성욕이 억압을 거쳐 성인의 성욕으로 발달한다는 이야기인 것이죠. 그렇다면 이때 성인의 성욕은 어떤 성욕일까요? 성욕이 억압돼 도착적인 부분이 사라진 제한된 성욕이겠죠. 하지만 완전히 사라지는 것이 아니라 어떤 잔여물을 남길 수밖에 없습니다. 그 잔여물이 바로 증상입니다.

```
                        억압
유아 성욕  ————————//————————▶  신경증
                     양심, 후회, 혐오
```

첫 번째 패러다임에서 증상이 어떤 사건의 표상이 억압되었다가 회귀하는 것과 연관이 있었다면, 두 번째 패러다임에서 증상은 곧바로 성욕의 억압과 연결됩니다. 억압된 성욕이 증상의 형태로 나타난 것, 그것이 바로 성인의 성욕이라는 것입니다. 요컨대 성인의 신경증 뒤에는 유아 성욕이 있다는 것이죠.

도착적인 성욕, 억압, 성인의 증상이라는 일련의 발달 과정에서 억압과 성인의 증상 사이에 성욕이 억압되어 있는 시기가 있는데 바로 잠복기입니다. 그렇다면 잠복기 다음이 뭘까요? 사춘기입니다. 사춘기란 봄이 오는 시기죠. 성욕이 다시 잠에서 깨어나는 시기입니다. 유아의 도착적인 성욕이 억압을 거쳐 잠복기에 들어갔다가 성인의 신경증으로 튀어나오는 것이죠. 마치 겨울잠을 자던 개구리가 튀어나오듯이 말입니다.

이런 의미에서 프로이트는 '신경증은 도착증의 음화다'라고 이야기합니다. 음화란 필름 현상에서 네거티브를 말합니다. 사진을 찍으면 필름에서 환한 부분은 검게 나오고 어두운 부분은

환하게 나오죠. 도착증이 환한 부분이라면 그 부분은 신경증에서 어둡게 나옵니다. 도착증이 뒤집어지면 신경증이 된다는 뜻이죠. 다시 말하면, 성인의 신경증을 분석해보면 유아기의 성생활이 나온다는 이야기입니다.

지금까지 어떻게 충동이라는 개념과 함께 성적인 발달이라는 개념이 들어오게 되었는지 살펴보았습니다. 사실 두 번째 패러다임에서 이야기하는 발달 개념은 우리가 생각하는 발달하고는 거리가 멉니다. 일단 발달이 목적론적이지 않습니다. 목적론적이지 않다는 것은 어떤 정상성을 향해 진화해가는 모습이 아니라는 것이죠. 인간의 성욕은 두 개의 단계를 거쳐서 발달하는 것처럼 기술됩니다. 이 부분은 사실 첫 번째 패러다임에서 히스테리 증상이 만들어지는 과정과 아주 흡사하죠.

유혹설에서 증상은 어떤 식으로 만들어졌나요? 사후결정론을 생각해보면 증상은 두 단계를 거쳐서 만들어진다고 할 수 있습니다. 처음에 사건의 표상이 발생하는 단계가 있죠. 성적인 것이 개입하는 단계입니다. 그런데 그 표상은 아직 성적인 의미가 결정된 사건이 아니죠. 그것의 성적인 의미는 나중에 사춘기 때 성욕이 출현하는 과정을 통해서 사후에 결정됩니다. 사실 성적인 사건의 자리에 유아의 성욕만 위치시켰을 뿐이지 어떻게 보면 증상이 두 단계를 거쳐서 만들어진다는 주장은 성욕의 발달 과정과 아주 흡사하다고 할 수 있습니다. 하지만 그럼에도 불구하고 분명한 차이가 있습니다. 사후결정론에서는 시간이라는 개념은 있지만 아직 발달이라는 개념은 없습니다. 정신은 그저 기억들이 축적되는 공간일 뿐입니다. 반면에 성욕의 발달 과정은 표상의 차원에서의 기억의 축적에 머물지 않고 육체적인 수준에서 성감대가 발달하는 과정을 포함하기 때문에 이전까지는 볼 수 없었던 다양한 개념들이 들어오게 됩니다.

퇴행과 고착

그렇다면 어떤 개념들이 들어올까요? 유아기 성욕이 억압되어 뒤집어진 것이 성인의 신경증이라면, 성인의 신경증은 억압되었다가 되돌아온 유아기 성욕이라고 할 수 있겠죠. 그렇다면, 결국 성인의 신경증이란 유아기로 되돌아가는 것이라고도 볼 수 있습니다. 여기서 '퇴행régression'이라는 개념이 들어오게 됩니다. 퇴행이란 앞으로 나아가야 하는데 뒷걸음질을 치는 것입니다. 그렇다면 왜 퇴행을 할까요? 뭔가 이전 단계에서 벗어나지 못하고 그것에 이끌리고 있기 때문이겠죠. 이전 단계에 붙어서 거기서 빠져나오지 못하는 것, 이것을 '고착fixation'이라고 합니다. 좀 더 정확히 말하자면 유아기에 고착되어 있다고 할 수 있습니다. 이렇게 퇴행과 고착이라는 개념이 들어오게 되고, 발달, 퇴행, 고착 등이 한 세트처럼 작동하기 시작합니다. 나중에 구강기와 항문기라는 개념이 들어오면서 구강기에 대한 고착이니 항문기에 대한 고착이니 하는 개념들이 들어오게 되죠. 『성욕에 관한 세 편의 에세이』 초판에는 그런 식의 개념이 없습니다. 그냥 퇴행과 고착만이 있을 뿐이죠. 사실 용어 자체만 놓고 보면, 퇴행과 고착은 1905년에 도입된 것이 아닙니다. 첫 번째 패러다임에서도 퇴행과 고착이라는 용어가 있었죠. 하지만 전혀 같은 의미가 아닙니다. 가령 첫 번째 패러다임에서의 퇴행은 시간적인 발달 속에서의 퇴행이 아니라 지형학적인 퇴행이라고 할 수 있습니다.

앞서 첫 번째 패러다임의 특징이 정신을 기억의 공간처럼 보는 것이라고 이야기했습니다. 정신을 정보를 받아들이는 기계 장치처럼 묘사하고 있죠. 그러한 장치에는 여러 가지 역할 분담이 있고, 그 역할에는 나름의 순서가 있습니다. 그런데 어떤 경우에는 역할이 순서대로 안 되는 경우가 있겠죠. 가령 지각과 의식으로 이루어진 인식의 메커니즘에서는 뭔가를 지각하면 그렇게 지각된 자료를 의식으로 넘겨줘야 되는데 그 정보가 의식으로 나아가지 못하고 지각으로 뒷걸음질 치는 경우가 있습니다. 이렇게 퇴행해서 만들어진 것이 '환각hallucination'이라는 주장이 나오게 됩니다. 정보가 지각으로 뒷걸음질 친다는 것은 리비도가 지각에 과다하게 투자된다는 것을 함축합니다. 그런데 리비도가 지각에 과다하게 투자되면, 그 정보가 객관적으로 현실이냐와는 상관없이 의식에 의해 현실적인 것으로 판단되느냐의 여부와 상관없이 현실적으로 느껴지게 될 수밖에 없게 되겠죠. 이것이 환각인 것입니다. 이때의 뒷걸음질은 발달론적인 퇴행이 아닙니다. 하나의 공간 속에서의 기능적인 퇴행이지 발달 단계에서 어떤 단계로의 퇴행이 아닙니다.

고착 역시 마찬가지입니다. 이전부터 고착이라는 용어를 사용했지만, 그전의 고착은 병인론적인 표상에 대한 고착을 가리킵니다. 발달 단계에서의 고착이 아니라 특정한 표상을 잘 소화시키지 못하고 그것에 달라붙어 있는 것이 바로 첫 번째 패러다임에서 제시되는 고착입니다. 발달이 아닌 지형학을 전제로 한 고착이죠. 요컨대 지형학적인 고착이 표상에 대한 고착이라면, 성적인 충동의 발달 단계에서의 고착은 리비도적인 고착이라고 할 수 있습니다. 리비도적인 고착이란 쾌락을 얻는 방식에 고착되어 있는 것입니다. 표상은 발달이라는 개념을 연루시키지 않습니다. 어떤 특정한 표상에 고착되었다고 해서, 그 고착이 발달론적으로 어떤 시기에 이루어진 것이라는 식으로 생각할 수 없죠. 표상이란 내가 가지고 태어난 것이 아니죠. 표상은 늘 다른 사람들이 사용했던 것이고 또 여전히 다른 사람들이 사용하고 있는 중이죠. 그렇기 때문에 표상은 그 의미가 열려 있을 수밖에 없습니다. 시니피앙이 다른 시니피앙과의 연관 속에서만 작동할 수 있듯이, 표상은 늘 다른 표상에 의해 뒤집어질 수 있는 것입니다. 표상은 늘 어떤 의미 효과에 열려 있기 때문에 언제든 재구성될 수 있고, 그 때문에 표상에서는 고유한 시간을 추정해낼 수 없습니다. 따라서 프로이트는 표상 뒤에 어떤 사건이 있는지, 그것이 실제로 일어난 것인지를 물을 수밖에 없었던 것입니다.

반면에 리비도에 대한 고착, 쾌락을 즐기는 방식에 대한 고착의 경우에는 리비도의 속성상 이미 발달을 전제로 할 수밖에 없습니다. 발달이 전제되어 있다는 것은 성적인 활동이 그것을 즐기는 당사자의 신체 발달이나 능력과 무관하지 않다는 것을 의미하죠. 그렇기 때문에 발달의 시간을 전제하지 않을 수 없습니다. 게다가 쾌락을 즐기는 방식으로서의 리비도적인 활동이라고 하면 뭔가에 꽂혀 헤어 나오지 못한다는 것이 전제되어 있습니다. 우리는 한번 쾌락을 얻게 되면, 그 쾌락을 얻는 방식에 쉽게 들러붙어서 헤어 나오지 못하는 경우가 일반적입니다. 충동은 자신이 어떻게 쾌락을 얻는지 알게 되면, 그러한 방식을 포기하지 않는 거죠.

사실 리비도 역시 『성욕에 관한 세 편의 에세이』에서 처음 제시된 개념은 아닙니다. 충동이라는 용어와 달리 리비도라는 용어는 이전의 『정신분석의 탄생』에서부터 등장합니다. 하지만 그전까지의 리비도는 쾌락을 얻는 방식이라는 관점보다는 에너지적이고 양적인 관점에서 접근된 개념이었습니다. 오히려 에너지의 이동, 흐름, 축적 등이라는 측면에서만 고려되었다는 것입니다. 발달과 고착의 과정 속에서의 리비도 개념은 프로이트가 성욕을 본격적으로 단순한 에너지의 이동이 아니라 쾌락을 추구하는 활동으로 확장하면서 이루어진 하나의 변화입니다. 요컨대 똑같이 성욕이나 리비도나 흥분이라는 용어가 나오더라도 뉘앙스가 전혀 다르다는 것입니다. 그전까지는 정동의 축에 해당하는 어휘들은 마치 흥분과 긴장이 축적되고 방출되는 식의 개념 속에서 작동합니다. 무슨 기계적인 반사 신경 회로처럼 작동하죠. 쾌락을 탐닉하고 어떤 방식에 꽂혀 있는 인격체적인 개념이 별로 없었습니다. 리비도의 투자니 쾌락이니 하는 문제가 에너지의 법칙이 아니라 주체적인 양상을 띠게 된 것은 두 번째 패러다임의 특징이라고 할 수 있습니다.

패러다임이 바뀌면서 여러 가지 새로운 개념들이 들어오게 되는데, 그 중에서는 유아 성욕이나 충동처럼 완전히 새로운 용어에 담긴 새로운 개념도 있고, 리비도나 고착이나 퇴행 등과 같이 용어 자체는 옛날부터 사용했는데 새로운 개념을 담게 되는 경우도 있습니다. 똑같은 용어라고 하더라도 용법이 완전히 다른 것은 이미 패러다임이 바뀌었기 때문이겠죠. 지금까지 패러다임의 변화를 거시적인 측면에서 이야기했습니다. 다음 강의에서는 좀 더 미시적인 차원에서 두 번째 패러다임에서 어떤 일이 벌어지고 있는지 살펴보겠습니다.

5강

프로이트의 고고학

1905년 『성욕에 관한 세 편의 에세이』를 기점으로 기억, 무의식, 외상, 사건, 양적인 것 등으로 이루어진 패러다임은 충동, 성욕, 고착, 퇴행 등으로 이루어지는 패러다임으로 바뀝니다. 그리고 이런 패러다임의 변화에 따라 새로운 테제가 제시됩니다. '신경증은 도착증의 음화다.' 여기서 도착증이란 유아의 다형적인 성욕을 가리키죠. 성인의 도착증, 즉 병리적인 질환으로서의 도착증을 말하는 게 아닙니다. 유아 성욕의 양태, 충동의 양태를 가리킨다고 할 수 있습니다. 그렇기 때문에 1905년의 프로이트는 아직 엄밀한 의미에서의 도착증이 무엇인지, 신경증과 나란히 하나의 병리적인 범주로서 이야기할 수 있는 도착증이 무엇인지 명확히 인식하지 못했다고 할 수 있죠.

프로이트가 페티시즘과 같은 도착증의 고유한 구조, 도착증적인 충동과 구별되는 도착증적인 포지션에 대해 이야기할 수 있게 되는 것은 말년에 이르러서입니다. 가령 본격적으로 페티시즘을 다룬 「페티시즘」이라는 논문은 1927년에 출간됩니다. 1905년의 프로이트는 충동의 양태들에서 도착적인 면모만 발견했을 뿐이지만, 어쨌든 두 번째 패러다임에서 도착에 대해 본격적으로 이야기하기 시작했다는 점은 분명한 사실입니다. 가령 프로이트의 저술에서 마조히즘, 사디즘, 페티시즘, 관음증, 노출증 등의 구체적인 도착증적 현상에 대한 본격적인 언급은 1905년 이후의 일이라고 할 수 있습니다. 그전에도 도착증에 대한 언급이 등장하기는 했습니다. 하지만 주된 초점은 히스테리 병인론에서 아이를 유혹하는 성인에 맞춰져 있었습니다. 반면 1905년에 성적인 충동을 끌어들이면서 프로이트는 인간의 도착적인 성욕에 대해 관심을 갖게 됩니다. 물론 이때 인간의 도착적인 성욕이란 바로 유아기 성욕을 말하죠. 즉, 신경증은 도착증의 음화다, 성인의 신경증의 배후에는 유아기의 성적 활동이 있다는 거죠. 신경증으로 점철된 성인의 제한된 성적 활동은 유아기의 도착적인 성적 활동의 음화라는 뜻이죠.

유년의 선사시대

여기에 우리가 주목할 것이 있습니다. 성인의 신경증 너머에 유아기의 도착적인 성욕이 있다는 테제에서 바로 '유아적인 것 infantile'이라는 용어입니다. 성인의 정신 깊숙한 곳에는 유아적인 것이 있다는 주장입니다. 어른에게는 유아기의 흔적이 있다는 거죠. 요즘 '내면 아이'라는 용어가 유행하는데 새로운 용어 같지만 프로이트가 이야기한 '유아적인 것' 혹은 '유아 신경증'이라는 용어를 패스트푸드처럼 가공해서 만든 것이 바로 '내면 아이'라는 용어입니다. 지금은 일반화된 생각이지만 당시에는 아주 독창적이고 놀라운 생각이 아닐 수 없었습니다.

물론 유아적인 것이라는 용어 역시 『히스테리 연구』에서부터 이미 사용되고 있던 용어입니다. 첫 번째 패러다임에서 프로이트는 성인의 히스테리의 배후에서 무엇을 발견했나요? 유아기의 경험을 발견했죠. 그 경험은 성인과의 만남이라는 하나의 사건이었습니다. 따라서 첫 번째 패러다임에서 주로 '유아적'이라는 말은 '경험'이라는 말과 같이 등장하죠. 어쨌든 경험이건 사건이건, 프로이트는 성인의 히스테리 증상 속에서 유아적인 것을 꿰뚫어보고 있으며, 이런 점에서 유아적인 것의 중요성은 초기부터 강조되어왔다고 할 수 있습니다. 하지만 이 경우에 유아적인 것은 늘 경험이나 사건과 같은 용어들과 함께 사용되었다는 점에서, 유아적인 것은 구조적인 것이 아니라 우발적인 것이라고 할 수 있겠죠. 우발적인 것이란 그럴 수도 있고 안 그럴 수도 있는 것, 일어날 수도 있고 아닐 수도 있는 것이죠.

이렇게 우발적인 것으로만 취급되던 유아적인 것이 본격적으로 프로이트의 이론 속에서 핵심적인 기능을 맡게 되는 것은 『성욕에 관한 세 편의 에세이』에서부터라고 할 수 있습니다. 여기서 유아적인 것은 더 이상 우발적인 것이 아니라 구조적인 것이죠. 구조적인 것이란 누구나 다 어쩔 수 없이 겪게 되는 것입니다. 필연적인 것이죠. 즉, 우리는 모두 원래 다형적으로 도착증적이었다는 것입니다. 마치 빙하기처럼 유아 성욕은 억압되어 얼어붙습니다. 그러한 빙하기가 지난 다음에는 빙하가 녹아서 바다 위를 떠다니겠죠. 바다 위로 드러난 부분이 바로 성인의 신경증이고, 바닷속에 잠겨서 보이지 않는 부분은 유아기의 성욕이라고 할 수 있죠.

이제 유아적인 것이라는 용어가 프로이트의 사유 체계 속에서 작동하기 시작합니다. 여기서 주목해야 할 것은 유아적인 것이라는 용어가 들어오면서 프로이트의 관점에 발달론적인 시간 내지는 목적론적인 시간의 관념이 들어오기 시작한다는 점입니다. 좀 더 구체적으로 말하자면, '본원적인 것', '근원적인 것', '근본적인 것', '원초적인 것', '일차적인 것'이라는 개념들이 들어오기 시작한다는 것입니다. 본원적인 것이란 뿌리 깊숙이 내재된 어떤 것 혹은 지금 형태로 발달하기 이전의 원초적인 것을 말합니다. 아울러 기원과 관련된 수식어들이 프로이트의 언어로 들어오기 시작합니다.

물론 그전에도 비슷한 수식어들이 있었지만 그전까지는 주로 지형학적으로 어떤 원인, 기원의 위치에 있는 것들을 지칭하기 위해 사용되었습니다. 가령 신경증의 기원이라고 하면 무엇을 말할까요? 유년기의 성적 체험입니다. 이때의 기원이란 발달론적인 시간 개념보다는 인과론적 개념이라고 할 수 있죠. 또 '일차적인 것'이라는 표현이 사용되지만 이때의 '일차적인'이란 지형학적인 용법으로 사용되었을 뿐이죠. 발달론적인 과정 속에서의 시초가 아니라 동시대적인 차원 속에서의 단계들을 의미합니다. 가령 '일차 과정processus primaire'이 '이차 과정processus secondaire'과 동시에 일어날 수 있습니다. 여기서 일차 과정이란 에너지와 표상의 자유로운 이동을 말하고, 이차 과정이란 이러한 이동에 발생하는 제약을 말합니다. 그렇기 때문에 여기서 '일차적'이라는 말은 근원적인 것, 근본적인 것 등과 같이 발달론적인 시간 속에서 작동하지 않습니다. 일차 과정과 이차 과정은 시간적으로 선후의 의미가 있는 것이 아니기 때문에 양립 불가능한 것이 아니란 이야기죠. 가령 꿈이 만들어지는 것은 일차 과정이 이차 과정에 의해 제약되는 과정 속에서 이루어진다고 할 수 있습니다.

반면에 두 번째 패러다임 이후에 '일차적'이라는 말은 똑같이 일차적이라 번역되더라도 다른 뉘앙스를 갖습니다. 여기서

'일차적'이라는 말은 '최초의' 내지는 '첫 번째'라는 의미가 강하죠. 가령 '일차적 나르시시즘narcissisme primaire'이라고 하면, 이것은 '이차적 나르시시즘narcissisme secondaire'에 앞서 유아기에 있었던 최초의 나르시시즘을 말합니다. 이차적 나르시시즘은 일차적 나르시시즘을 포기한 다음 이후에 대상들에게 리비도를 투자하는 과정 속에서 발생하는 나르시시즘을 의미합니다. 따라서 일차적 나르시시즘과 이차적 나르시시즘은 동일한 시간 속에서 작동할 수 없습니다. 즉, 발달론적인 시간 속에서만 작동할 수 있는 개념입니다.

일차적 나르시시즘과 이차적 나르시시즘이란 용어는 나르시시즘이라는 용어가 들어오는 세 번째 패러다임에서 등장합니다. 하지만 이미 두 번째 패러다임에서부터 일차적, 이차적이라는 용어는 새로운 개념, 발달론적인 시간 개념 속에서 작동하기 시작합니다. 이것에 주목해야 하는 이유는 정신분석학적인 저술에서 가장 많이 접하게 되는 어휘들 중 하나가 바로 근원적인 것, 원초적인 것, 근본적인 것 등이기 때문입니다. 정신분석은 근원에 대한 탐구라는 점에서 학파를 막론하고 가장 많이 접할 수 있는 것이 바로 이 용어들인 것이죠.

여기서 정말 중요한 것은 이런 용어들이 프로이트의 언어로 유입되면서 프로이트의 사유 방식 자체가 변화하게 되었다는 사실입니다. 그전까지 프로이트는 사건을 조사하는 탐정이었습니다. 그는 늘 어떤 사건이 배후에 있는지를 조사했습니다. 하지만 사건을 조사하기 위해선 그 사건에 대한 기억을 뒤져야 한다는 점에서 방법론적으로는 문헌학적이고 역사학적이라고 할 수 있죠. 문헌학적이란 '쓰인 것', '기록된 것', '지워진 것'의 차원에 입각해 분석이 진행된다는 것을 의미합니다. 그런 의미에서 분석은 문헌과 사료에 입각한 역사 탐구와 유사하다고 할수 있습니다. 기억에서 지워져 있지만 어쨌거나 그것은 주변의 기억들을 통해 재구성되는 것이라고 할 수 있죠.

반면에 두 번째 패러다임부터 새롭게 부각되는 프로이트의 모습은 '기억된 것', '축적된 것', '기록된 것'이 아니라 기억 저너머에 있는 '원초적인 것', '본원적인 것'을 탐사하는 모습입니다. 기억 저 너머에 있는 원초적인 것, 본원적인 것이란 단지 일어났지만 지워져버린 어떤 사건의 기록이나 기억을 말하는 것이 아니라, 기억 이전의 유년기적인 활동, 지금은 망각 속에 잠들어 있기 때문에 그것이 남긴 흔적을 통해서만 추정할 수 있는 도착적인 성활동을 말합니다. 비유를 하자면, 기억 이전의 유년기적인 활동이란 역사학 이전의 선사시대에 해당하는 시기라고 할 수 있겠죠. 우리는 모두 어떤 본원적인 억압에 의해빙하기로 들어가기 이전의 선사시대를 가지고 있다는 것입니다. 사실 유년기의 성생활은 필연적인 것이지만 그럼에도 불구하고 한 번도 기록되지 않은 것이라고 할 수 있습니다. 그 누구도 기억해내지 못한다는 겁니다. 역사 이전의 차원이죠. 증상은 바로 그렇게 쓰이지 않은 것의 잔여물이라고 할 수 있습니다.

역사 이전의 시기, 기억이 기록되기 이전의 시기, 유년의 선사시대를 탐사한다는 점에서 프로이트가 두 번째 패러다임부터 보여주는 모습은 내면의 어두운 지층을 탐사하는 고고학자입니다. 기록된 것, 기억된 것, 발생한 것 등을 중심으로 맴도는 언어에서 원초적인 것, 본원적인 것, 근본적인 것 등을 중심으로 맴도는 언어로 이동하고 있는 것이죠. 이런 언어의 변화, 관

두 번째 패러다임

점의 변화, 패러다임의 변화가 1905년에 이루어지고 있는 것입니다. 단순히 새로운 용어들이 추가되었다는 뜻이 아닙니다. 패러다임이 변화를 하고 있다는 것인데, 우리는 이런 패러다임의 변화를 좀 더 들여다볼 필요가 있습니다.

쾌락의 고고학

성인에게는 망각된 유년기라는 선사시대가 있습니다. 망각된 유년기의 활동이란 곧 유년기의 도착적 성생활을 가리키는 것이겠죠. 여기서 유년기의 도착적인 성생활이란 아직 내적인 정화 시스템에 의해 걸러지지 않은 성적 충동의 만개를 의미합니다. 성적인 충동이 억압을 겪지 않고 하나의 목적과 대상에 종속되지 않은 형태로 작동하는 단계를 말합니다.

앞서 프로이트가 『성욕에 관한 세 편의 에세이』에서 성적인 것을 성적인 것 너머로 확장하고 있다고 이야기하면서 '성적 목적'이라는 표현과 '성적 대상'이라는 표현을 사용했습니다. 성적 목적이란 우리가 성적인 활동의 목적이라고 간주했던 것을 말하죠. 가령 우리가 통상적으로 성적 활동이 겨냥하는 지향점이라고 생각하는 것은 바로 성적인 결합, 성기의 결합이죠. 반면에 유아들의 성적인 활동의 목적은 성기의 결합이 아닙니다. 아무리 요즘 아이들이 성적으로 조숙하고 개방적이라고 해도 우리는 성관계를 갖는 아동들을 상상할 수 없습니다. 아동의 성적 활동의 목적은 성기 결합이 아니라 빨고, 물고, 뜯고, 싸는 데 있습니다. 성 목적이 성기적이지 않은 겁니다. 성적인 것이 성기적인 것을 넘어서 확장되는 한 가지 경우인 것이죠.

대상 역시 마찬가지입니다. 아이들에게 성적인 대상은 어른들이 지향하는 성적인 대상보다 훨씬 더 풍부합니다. 어른들의 성적인 활동이 주로 이성의 어떤 대상, 좀 더 정확히 이야기하면, 그 대상의 성기를 겨냥하는 반면에 아이들의 성적인 활동은 가령 빨고, 물어뜯고, 쌀 수 있는 대상들, 혹은 만지거나 때리거나 쳐다볼 수 있는 대상을 겨냥한다는 겁니다. 부분 충동들이 겨냥할 수 있는 부분 대상들을 대상으로 삼는다는 거죠. 이런 점에서 유아 성욕은 목적과 대상이라는 측면에서 다형적이고 그런 점에서 유아 성욕은 다형적으로 도착적입니다.

여기서 이런 식의 유아 성욕, 원초적이고 초보적인 단계의 성적 활동으로 거슬러 올라가면 최초의 성적 활동의 양상이 드러나겠죠. 프로이트가 모든 성적 활동에는 발달 과정이 있다고 생각하면서 최초의 단계라고 상정한 것이 있는데, 바로 '자가성애auto-érotisme'입니다. 전력을 공급받지 않고 스스로 전력을 만들어내는 것을 자가발전이라고 한다면 쾌락을 공급받지 않고 스스로 쾌락을 만들어내는 시스템을 자가성애라고 할 수 있습니다. 어떻게 쾌락을 공급받지 않으면서 스스로 쾌락을 만들어낼까요? 자신의 몸을 가지고 문지르거나 만지는 방식으로 쾌락을 만들어내는 것입니다. 가령 아이가 자기 손가락을 빨면서 즐거워하는 것이죠. 구강 활동이라든가 항문 활동을 통해 쾌락을 만들어내는 것이 전형적인 자가성애입니다. 이것은 근원적인 활동입니다. 어떤 발달의 단계에서 최초의 단계가 된다는 것이죠. 만일 어른이 이런 활동을 하게 된다면, 가령 어른이 손가락을 빨면서 좋아한다면 우리는 이것을 퇴행이라고 하겠죠. 유년기로의 퇴행인 것입니다.

자가성애는 앞서 언급한 일차적 나르시시즘과는 다른 개념입니다. 자가성애는 1905년 프로이트가 충동이라는 개념과 함께 도입한 개념이고, 나르시시즘이라는 개념은 나중에 1914년에 발표한 「나르시시즘 서론」이라는 글에서 본격적으로 도입됩니다. 그렇다면 자가성애와 나르시시즘은 어떻게 다를까요?

자가성애가 외적인 대상에 의존하지 않고 스스로 쾌락을 만들어내는 활동을 말한다면 나르시시즘은 자신을 대상으로 하는 성적인 활동을 말합니다. 자가성애는 스스로 쾌락을 만들어내지만 그렇다고 해서 자신을 대상으로 삼는 단계는 아닙니다. 자가성애는 외부 대상 없이 자신의 신체를 도구로 삼아 쾌락을 만들어내는 것일 뿐 자신을 대상으로 리비도를 투자하거나 자신을 충동의 대상으로 삼는 게 아니죠. 엄밀히 따지면 자가성애는 아직 대상이라는 개념을 함축하지 않습니다. 주체와 대상의 구별이 일어나기 전의 차원이죠. 반면 나르시시즘에서는 일단 자신을 대상으로 보는 관점이 성립되어 있습니다. 대상으로서의 자신이 좋기 때문에 나르시시즘이지, 단순히 자신의 육체를 가지고 쾌락을 만들어내서 나르시시즘인 게 아닙니다. 쉽게 말하면 이런 것입니다. 아이가 손가락을 빨면서 즐거워한다, 이건 내 손가락이어서 즐거운 게 아니죠. 그냥 뭔가를 빨 수 있어서 즐거운 것뿐입니다. 이 시점에서 아이에게는 자기 육체라는 관념이 없습니다. 어떻게 보면 손가락은 나의 육체에 통합되지 않은 기관으로 남아 있죠. 아이는 마치 어머니의 젖가슴을 빨듯이 손가락을 빨고 있는 것입니다. 그런데 여기서 한 걸음 더 나아가 "아! 내 손가락 참 이쁘네"라고 생각하며 즐거워한다면 이것은 더 이상 자가성애가 아닙니다. 나의 손가락이지만 손가락을 도구 삼아 빨면서 즐거워하는 것과 거울을 보며 자신의 손가락을 빠는 모습에 감탄하는 것은 전혀 다른 차원의 행위입니다.

자가성애라는 개념의 반대는 '이타성애allo-érotisme'입니다. 이타성애는 '이성애hétéro-sexualité'가 아닙니다. 이성애는 이성을 대상으로 하는 성적 활동이고, 이타성애란 자가성애가 아닌 성적 활동, 타자의 몸을 도구로 해서 하는 성적 활동을 가리키는 말입니다. 자가성애에서 이타성애로 발전하는 과정이 결국 성욕이 발달하는 과정일 텐데요. 프로이트가 이런 식의 성욕의 발달을 이야기하면서 같이 이야기할 수밖에 없는 주제가 바로 성욕이 어떻게 출현했는가라는 문제입니다. 유아 성욕이 다형적으로 도착적이고 자가성애적이라면 이러한 성욕이 어떻게 유아에게 출현했는가, 라는 문제를 제기할 수밖에 없다는 것이죠.

앞서 인간의 성욕과 동물의 성욕이 어떻게 다른지 이야기하면서 인간의 성욕은 동물의 성욕과 달리 굉장히 풍요롭고 다양하고 변화무쌍하다고 했습니다. 그렇다면 우리는 어떻게 인간에게 그런 성욕이 출현했는가라고 물을 수 있겠죠. 바로 이 지점에서 프로이트가 도입하는 개념이 '의탁étayage'입니다. 의탁이란 기대고 의지한다는 뜻입니다. 성적인 충동이 다른 활동, 생명 유지를 위한 자기보존적인 활동에 의탁해 발생한다는 것입니다. 가령 아이가 처음부터 손가락을 빠는 게 좋아서 손가락을 빨았던 건 아니겠죠? 처음에는 젖을 빨다가 젖이 없어서 손가락을 빨았던 겁니다. 그리고 젖을 빨았을 때에도 젖을 빨면 좋을 거라고 생각해서 그렇게 했던 게 아니겠죠. 배가 고파 생존을 하기 위해 빨았던 겁니다. 먹고살기 위해 빨다 보니 왠지 거기서 쾌감이 느껴지게 된 것이죠. 배설을 해야 살 수 있기 때문에 배설을 한 것인데 하다 보니까 왠지 거기서 쾌감이 느껴진 것입니다. 처음에는 성적인 활동이 아니라 자기보존적인 활동이 있었습니다. 성적인 활동이 자기보존적인 활동으로부터 파생된 것이죠.

자기보존적인 활동이 어느 순간 성적인 활동이 될 수 있다는 사실로부터 도출될 수 있는 결과는 자기보존이라는 영역이 성적인 활동에 의해 영향을 받으면서 자기보존적인 활동 자체에 지장이 생길 수 있다는 것입니다. 가령 「심인성 시각 장애에 대한 정신분석적 견해」(1910)에서 언급한 히스테리적 시각 장애나 거식증이 그런 경우라고 할 수 있습니다. 눈이나 구강은 애초에 자기보존적인 활동을 위한 기관이었죠. 그런데 그곳에서 성적인 쾌감이 파생되어 나오면서 자기보존적인 활동과 성적인 쾌감 사이에 갈등이 발생하게 됩니다. 시각적인 마비나 거식은 자아가 성적인 쾌감을 거부하기 위해 아예 기관의 활동을 유예시키면서 발생한 결과인 것이죠.

의탁은 프로이트의 가장 모호한 개념 중 하나라고 할 수 있습니다. 틀렸다고 볼 수 없지만 맞다고도 볼 수 없기 때문에 제대로 이해하기 위해선 다른 개념들을 덧대서 재해석할 필요가 있습니다. 실제로 의탁이라는 용어는 현대 정신분석학에 의해 다양한 방식으로 재해석됩니다.

일단 의탁에 대해 이야기한 것은 두 번째 패러다임이 어떤 방식으로 전개되는지 이야기하기 위해서입니다. 그리고 지금까지 자가성애를 설명한 것은 유아기 성욕이 목적과 대상이라는 측면에서 아주 도착적이라는 이야기를 하기 위해서였습니다. 여기서 주목할 것은 목적과 대상이라는 개념입니다.

대상의 논리학

1905년에 충동 개념이 들어오면서 충동의 '목적but'과 '대상objet'이라는 용어가 프로이트의 사유가 분절되는 데 아주 중요한 축으로 떠오르기 시작합니다.

일단 대상이라는 개념이 들어오는데, 일차적으로 들어오는 것은 충동의 대상입니다. 그전까지 프로이트의 사전에는 충동의 개념도 없었지만 대상이라는 개념도 없었습니다. 그런데 충동의 대상이나 사랑의 대상이 아주 중요한 개념으로 떠오르기 시작하죠. 이러한 개념의 등장은 프로이트뿐만 아니라 정신분석학의 역사에서도 아주 중요한 전환점이라고 할 수 있습니다. 정신분석학에는 여러 흐름이 있는데 현재 가장 큰 줄기 중 하나가 대상관계 이론입니다. 그리고 대상관계 이론의 대상이라는 개념의 출발점이 바로 『성욕에 관한 세 편의 에세이』입니다.

프로이트에게 대상이라는 개념의 전제는 각각의 성적인 충동에 고유한 대상들이 존재할 수 있다는 것입니다. 가령 구강 충동에서 대상이 되는 것은 손가락과 같이 빨 수 있는 대상들일 것이고, 항문 충동에서는 똥과 같이 쌀 수 있는 대상들이겠죠. 즉, 모든 대상들의 배후에 이런 원초적인 대상이 있을 수 있다는 것입니다. 우리가 만나게 될 대상들이 우리의 충동이 고착되어 있는 어떤 대상에 의해 결정되어 있다는 것입니다. 마치 내가 지금 빨고 있는 누군가의 입술 뒤엔 나의 손가락이 있고, 나의 손가락 뒤에는 어머니의 젖가슴이 있는 것처럼, 일련의 대상들의 집합이 가능하며 그러한 집합 뒤에는 대상의 원형이 자리 잡고 있다는 것입니다.

$$\frac{\{ \text{대상}^1, \text{대상}^2, \text{대상}^3, \cdots \text{대상}^n \}}{\text{원초적인 대상}}$$

이렇게 일련의 대상의 연쇄 뒤에 충동의 대상이 위치한다는 것은 어떤 대상이건 원초적인 대상을 대체할 수 있다면 충동의 대상이 될 수 있다는 것을 함축합니다. 젖가슴이 없을 때 아이가 장난감을 빠는 것은 장난감이 젖가슴을 대체하기 때문일 텐데, 젖가슴을 대체할 수 있는 것들은 무궁무진합니다. 구강 충동은 무엇이건 젖가슴으로 만들 수 있다는 이야기인 것이죠. 바로 이런 의미에서 프로이트는 충동의 대상은 중요하지 않다고까지 이야기하게 됩니다.

이러한 충동의 대상에서 한 걸음 더 나아가면 사랑의 대상이 있습니다. 여기서 '대상선택choix d'objet'이라는 개념이 들어오게 됩니다. 각자에게 각자만의 사랑의 대상이 있으며, 그러한 대상의 선택이 다른 모든 사랑의 대상과의 만남 속에서 반복되고 있다는 것이죠. 그렇기 때문에 우리는 항상 동일한 방식으로 사랑을 하게 되고 동일한 방식으로 실패하게 된다는 것입니다. 프로이트가 1910년부터 집필한 '사랑의 심리학'이라는 연작이 있습니다. 첫번째와 두 번째 논문이 1910년 「남자들의 대상선택 중 특이한 한 유형」과 1912년 「사랑의 영역에서 일어나는 가치저하의 보편적 경향에 관하여」라는 글이죠. 프로이트는 이 두 글에서 남자들은 오이디푸스 콤플렉스의 영향으로 인해서 쾌락과 사랑이 분리되는 방식으로 대상선택을 하는 것이 보편적이라고 이야기합니다. 요컨대 남자들은 사랑과 성의 분리로 인해서, 사랑하는 대상은 욕망하지 못하고 욕망하는 대상은 사랑하지 못하게 된다는 이야기이죠. 우리가 염두에 둘 것은 남자들에게 나타나는 고유한 대상선택이 무엇이냐가 아니라 이런 식의 대상선택이라는 개념이 작동할 수 있게 된 것은 1905년에 충동이라는 개념과 더불어 대상이라는 개념이 프로이트의 이론 속에서 나름의 기능을 차지하고 있기 때문이라는 사실입니다.

그전까지 프로이트의 체계 속에서 중요했던 것은 대상이 아니라 어떤 특정한 대상과 있었던 사건이나 그 사건의 기억이었습니다. 사건 속에 여러 인물들이 있을 수 있지만 그저 그 사건의 등장인물일 뿐 대상이라고 할 수 없었습니다. 충동의 대상, 리비도의 투자 대상, 사랑의 대상이라는 개념보다 어떤 장면, 어떤 기억, 어떤 사건 속의 인물이라는 개념이 더 강했죠.

$$\text{대상} \quad < \quad \text{장면}$$
$$\text{대상} \quad > \quad \text{장면}$$

여기에는 관점의 전환이 있습니다. 첫 번째는 장면이 대상을 규정합니다. 사건의 장면, 사건의 기억이 대상이 나에게 어떤 의미를 갖는지 규정합니다. 유혹설에서 대상이 작동하는 방식이 그렇습니다. 반면에 두 번째는 대상이 장면을 규정합니다. 나에게는 고유한 대상이 있다는 것이죠. 어떤 대상과 관계를 맺든지 간에 나만의 고유한 대상에 의해 영향을 받습니다. 그러한 고유한 대상과의 관계가 모든 관계들의 근원 속에서 반복되는 것이죠. 이 경우에 사사로운 장면들, 소소한 에피소드들은 그 특정한 대상과의 관계 속으로 용해되어버립니다. 바로 이런 의미에서 프로이트는 우리가 만나게 될 모든 대상들은 잃어버린 대상의 재발견일 뿐이라고까지 이야기하게 됩니다. 첫 번째 패러다임에서는 볼 수 없는 아주 독특한 사유의 방식이 두 번째 패러다임부터 시작되고 있는 것입니다. 대상이 하나의 키워드로 작동하면서 프로이트의 사유에 하나의 길이 만들어지고 있다면, 목적이란 용어 역시 프로이트의 사유가 펼쳐질 수 있는 또 하나의 길이라고 할 수 있습니다.

충동은 어디에 쓰이는가

인간 활동의 배후에 성욕이 자리 잡고 있다는 것이 1905년 이후의 프로이트의 입장이라면, 이러한 입장이 설명해야 하는 것이 있습니다. 어떻게 인간에게 성적인 활동이 아닌 다른 활동이 가능할 수 있는가? 이는 성적인 충동을 성적이지 않은 목적으로 이용함으로써 가능할 것입니다. 리비도를 탈성화시키게 되면 성적이지 않은 어떤 힘을 만들 수 있겠죠. 그 힘을 성적이지 않은 용도로, 가령 예술 창작이나 문화적인 활동에 사용할 수 있게 될 때 우리는 그것을 '승화sublimation'라고 부릅니다.

이제 성욕과 더불어 승화라는 개념이 프로이트의 체계에 들어오기 시작합니다. 이때 승화라는 개념이 들어오는 입구는 바로 성 목적이라는 개념입니다. 프로이트는 승화를 어떤 식으로 정의할까요? 승화는 성적인 목적과 관련해서 억제되기 때문에 성적인 충동을 다른 목적에 투자하는 것이라고 말합니다. 여기서 프로이트가 승화라는 개념을 설명하기 위해 동원하는 표현을 잘 들여다보면, 항상 목적과 관련된 두 가지 메커니즘이 언급됩니다. 하나는 성적 목적과 관련된 억제이고, 또 하나는 성적 목적의 전환이죠. 성적인 목적과 관련된 억제란 성적인 충동이 성적인 목적을 위해서는 투자될 수 없는 것을 말합니다. 성적인 목적을 위해서는 투자될 수 없다, 그렇다면 다른 목적을 위해서는 투자될 수 있다는 거죠. 이렇게 성적 목적이 전환되는 것입니다. 성충동이 다른 목적을 위해 투자될 수 있다는 것은 성충동이 억압되는 경우와는 다르다고 할 수 있습니다. 성충동의 억압은 충동, 좀 더 정확히 말하자면 정신 속에 있는 육체적 자극의 대표자에 대한 억압이라고 할 수 있죠. 이 경우에는 충동이 꼼짝 못하게 됩니다. 반면 성적인 목적과 관련해 억제된 성충동이란 충동 그 자체가 아니라 목적에 대해 제한이 가해지는 경우입니다. 쉽게 말하자면 이런 것입니다. 문 앞에서 성충동이 어슬렁거릴 때 성충동에 대해 가할 수 있는 첫 번째 조치는 뭘까요? 성충동을 쫓아버리는 것이겠죠. 좀 더 정확히 말하면, 성충동 자체를 쫓아버리는 것이 아니라 정신 속에서 성충동의 자극을 대표하는 어떤 부분을 쫓아버리는 것이죠. 앞서 이야기했듯이 억압은 정동이 아니라 표상에 대해 작용하기 때문입니다. 이것이 억압의 메커니즘이라면 승화는 어떨까요? 성충동을 위해 문을 열어놓으면서 조건을 답니다. 다른 목적으로만 사용해야 한다고 말입니다. 이게 바로 승화입니다. 목적의 억제와 전환이라는 개념이 전제되어 있는 것이죠.

목적의 억제와 전환 속에서 성충동이 통과된다는 것은 무엇을 의미할까요? 어쨌거나 성충동이 지금 만족을 얻고 있다는 것입니다. 전혀 성적이지 않은 활동을 통해서 성적인 충동이 만족되고 있는 것이죠. 그렇기 때문에 승화는 억압과는 전혀 다른 것이라고 할 수 있습니다. 어떻게 보면 억압을 우회하는 방법이라고 할 수 있죠. 요컨대 승화는 억압하지 않고 성충동을 만족시키는 메커니즘인 것입니다. 어떤 식으로든 성적인 충동이 만족되고 있기 때문에 굳이 다른 데서 만족시킬 필요 없어집니다. 예술 활동과 성적인 활동 사이에 연속성이 있는 것이죠. 동일한 에너지가 투자되기 때문에 예술적인 활동이 성적인 리비도의 만족을 방해하지 않습니다. 성적인 행위를 하지 않아도 예술을 통해서 나름 만족을 얻을 수 있는 것입니다.

이것을 성적인 충동이 억압되는 경우와 비교하면 쉽게 이해할 수 있습니다. 충동이 억압되면 어떻게 될까요? 만약에 예술이 충동을 억누른다면 어떻게 될까요? 그만큼 충동이 만족되지 않기 때문에 욕구불만이 쌓이겠죠. 그렇게 되면 오히려 성적인 충동을 만족시키기 위해 더 기를 쓰고 노력하게 되겠죠. 양지에서 안 되면 음지를 찾을 것입니다. 쉽게 말하자면 승화가 하나를 하면 굳이 다른 하나를 하지 않아도 되는 경우라면, 억압은 하나를 하면 오히려 다른 하나가 더 하고 싶어지는 경우입니다. 즉, 승화는 예술로 성행위를 대체할 수 있게 해주는 반면, 억압은 그 어떤 행위도 성행위를 대체할 수 없기에 어떤 방식으로든 만족을 가능케하는 다른 방법을 찾도록 만들죠. 가령 증상이 바로 그런 방법 중의 하나입니다. 전통적으로 예술이 성적인 것 주변을 배회하고, 예술이 실패하는 곳에서 성적인 것이 활개를 친 것 역시 승화라는 개념이 어떤 것인지 가늠할 수 있게 해줍니다.

성적인 대상과 성적인 목적이라는 개념이 프로이트에게 어떤 파장을 만들어내는지 보았습니다. 애초의 출발점은 '신경증은 도착증의 음화다'라는 테제였죠. 유아가 가지고 있는 다형적으로 도착적인 성욕이 목적과 대상이라는 측면에서 도착적이다, 라는 테제가 목적과 대상이라는 개념을 통해 프로이트의 사유에 어떤 식으로 길을 만들어가는지 보았습니다.

충동은 지식을 좋아해

지금까지 주로 『성욕에 관한 세 편의 에세이』에서 나타난 변화들에 대해 이야기했는데, 우리는 두 번째 패러다임에서 프로이트가 좀 더 멀리까지 나아가는 것을 지켜볼 수 있습니다. 어떤 방식으로 더 멀리까지 나아가고 있을까요? 두 번째 패러다임의 키워드로서 충동이라는 용어를 제시했는데, 충동과 밀접한 연관을 맺으면서 충동만큼이나 중요한 키워드가 있습니다. 바로 '환상fantasme'이라는 용어입니다.

첫 번째 패러다임에서 두 번째 패러다임으로의 전환을 소위 유혹설에서 성욕설로의 전환이라고 요약했습니다. 이를 다른 말로 유혹설에서 환상설로의 전환이라고 말할 수 있습니다. 진짜로 있었던 일인 줄 알았는데 알고 봤더니 환상이라는 것입니다. 사실 환상이라는 용어는 프로이트가 초창기부터 사용했고 심지어는 프로이트 이전부터 사용되던 용어라고 할 수 있습니다. 따라서 어떤 의미에서는 환상이 두 번째 패러다임을 특징짓는 키워드라고는 할 수 없을지도 모릅니다. 하지만 첫 번째 패러다임에서 등장하는 환상과 두 번째 패러다임에서 등장하는 환상은 개념적으로 많은 차이점을 가지고 있습니다. 첫 번째 패러다임에서 등장하는 환상이란 용어를 보면, 우리가 흔히 상식적으로 생각하는 환상과 많이 다르지 않습니다. 공상, 몽상, 허구, 『히스테리 연구』라든가 『꿈의 해석』에 등장하는 환상이 바로 이런 환상입니다. 따라서 아직 엄밀한 의미에서 정신분석학적 개념은 아닙니다. 가령 환상이란 눈 뜨고 꾸는 꿈이나 다름없는 활동인 것입니다. 결국 꿈이라든가 환각이라는 개념들과 함께 곁다리로 이야기될 수 있는 개념이라고 할 수 있고, 또 그렇기 때문에 아직 다른 개념들을 떠받드는 근본 개념이라고 볼 수 없습니다.

환상이라는 용어가 두 번째 패러다임을 특징짓는 키워드로 작동한다고 한다면 이는 환상이라는 용어에 보다 제한적이고 체계적인 내용이 담기기 시작했으며, 무엇보다 그 용어가 두 번째 패러다임의 다른 개념들을 지탱하는 기둥 역할을 하기 시작했다는 뜻입니다. 그렇다면 환상이라는 용어가 어떤 식으로 변모하고 있을까요?

1905년 이후 프로이트는 이전까지 피상적으로 사용한 환상이라는 용어에 존재론적이고 근본적인 의미를 담기 시작합니다. 환상을 단순히 공상 수준의 활동이 아니라 인간 존재 혹은 나중에 소위 주체성이라 부르는 것을 떠받치고 규정할 수 있는 근원적인 활동으로 격상시킨다는 것입니다.

환상이란 표상으로 이뤄지는 생각의 일종이며 그런 점에서 지적인 활동이라고 할 수 있습니다. 그런데 아주 특별한 지적 활동입니다. 어떤 점에서 특별하냐면, 단순히 이성이 수행하는 추상적인 사고가 아니라 인간의 충동에서부터 시작된 지적 활동이라는 점입니다. 환상은 지적 활동이면서도 동시에 충동을 만족시키는 활동이라는 것이죠. 머리로 하는 활동인데 성행위나 다름없는 활동인 셈입니다. 한마디로 환상은 머리로 하는 성행위라고 할 수 있습니다.

앞서 인간의 충동이 동물의 본능과 어떻게 다른지 이야기했는데, 하나 더 추가하자면 동물의 본능은 그 목적이나 대상이 굉장히 제한되어 있다고 할 수 있습니다. 본능이 지적 활동으로 확장될 수 없습니다. 동물은 환상을 통해 만족을 얻을 수 없다는 이야기죠. 반면에 인간은 환상을 통해 성적인 충동을 만족시킬 수 있습니다. 행위로 만족을 얻을 수 없으면 머리로라도 일정한 만족을 얻을 수 있는 것이죠. 성적 대상이 없어 자신의 몸을 가지고서라도 만족을 얻는 것이 자가성애라고 하면, 적당한 대상이 없어 자신의 머리로 만족을 얻는 것이 바로 환상입니다.

성적인 충동이 지적 활동으로까지 펼쳐진다는 주장, 이것이 또한 『성욕에 관한 세 편의 에세이』를 통해 이루어지는 또 하나의 성적인 것의 확장이라고 할 수 있습니다. 그런데 앞서 프로이트가 두 번째 패러다임에 환상이라는 개념을 들여놓는 방식이 아주 독특하다고 이야기했습니다. 사실 여기서 프로이트가 끌어들이는 것은 환상이 아니라 충동입니다. 정확히 말하자면, 프로이트는 충동에는 '인식애적인 충동pulsion épistémophilique'이 있다고 주장합니다. 적당한 말이 없어서 일단 인식애적인 충동이라고 번역했는데 원래는 지식을 좋아하는 충동입니다. 지식을 대상으로 하는 충동인 것이죠.

지식을 좋아하는 충동, 물론 이 충동은 당연히 성적인 충동입니다. 성적인 충동 중에는 구강 충동이나 항문 충동이 있듯이 인식애적인 충동이 있을 수 있다는 것입니다. 입이나 항문으로 충동 활동을 하듯이 머리로 하는 충동 활동이 있다는 것이죠. 그런데 이것이 단순히 지식욕은 아닙니다. 여기서 지식을 좋아하는 충동이란 뭔가를 알고자 하는 것이라는 점에서 지적인 욕구이긴 한데, 그것이 곧 성적인 충동의 일종인 경우입니다. 곰곰이 생각해보면 아주 특별한 충동이고, 굉장히 변태스러운 충동입니다. 성적인 대상과 무관한 어떤 대상으로 성적인 쾌감을 만들어낼 때 우리는 이를 '변태스럽다'고 합니다. 가령 우리가 신고 다니는 냄새나는 구두와 섹스를 하는 경우가 그런 경우죠. 지식을 좋아하는 충동 역시 어떻게 보면 마찬가지입니다. 아는 것이 힘이 아니라 아는 것이 섹스가 되는 경우입니다. 뭔가를 알고자 하는 욕구가 곧 성적인 충동의 연장선상에서 작동하는 것입니다. 지식이 곧 성적인 충동의 대상이 되는 경우죠. 프로이트는 그런 경우에 대해서 아주 구체적으로 이야기합니다.

프로이트는 유아는 성적인 충동에 입각해서 세계를 볼 수밖에 없다고 말합니다. 모든 것을 자신의 충동에 입각해서 해석하고 바라본다는 것이죠. 가령 구강적인 활동에 탐닉하는 아이의 눈에는 세계가 뭘로 보일까요? 빨 수 있는 것으로 보이겠죠. 아이는 뭐든지 입에다 넣으려고 합니다. 그게 뭐든지 입에 넣고 빨죠. 날카로운 것이건 위험한 것이건 개의치 않습니다. 그 순간만 놓고 보면 아이는 하나의 거대한 입이고, 세계는 하나의 거대한 젖가슴이나 다름없습니다. 이게 바로 아이가 세계를 보는 관점, 유아적 세계관입니다. 아이는 이런 자신의 관점을 시험하면서 열심히 탐구를 합니다. 가령 그것이 빨 수 있는 대상인지 아닌지, 그것이 깨물 수 있는 대상인지 아닌지를 탐구합니다. 미적인 것의 여부는 전혀 중요하지 않죠. 일단 뭐든지 흔들어보고 깨물어보고 빨아보는 게 아이가 하는 일이죠. 이것은 어떤 의미에서는 일종의 지적인 탐구 활동입니다. 자신의 충동을 만족시킬 수 있는 대상인지 아닌지를 알기 위해 끊임없이 세계를 빨아대는 것이라고 할 수 있습니다.

요컨대 프로이트는 유아의 성적인 활동에는 지적인 요소가 내재되어 있다고 주장합니다. 가령 아이는 대상이 나타나면 굉장한 호기심으로 바라봅니다. 흔들어도 보고 이리저리 뒤집어도 보고 또 깨트려보기도 하죠. 말을 할 줄 아는 아이라면 그것에 대해서 물어보겠죠. 인간에게 그토록 호기심이 많은 시기도 없습니다. 그런데 그러한 호기심은 무엇을 위해 봉사할까요? 쾌락을 위해 봉사한다는 거죠. 충동을 위해 봉사한다는 겁니다. 구강 활동을 하는 아이에게는 세계가 빨 만한 대상인지가 궁금한 것이고, 항문 활동을 하는 아이에게는 세계가 쌀 만한 대상인지가 궁금하겠죠. 성기적인 활동에 빠져 있는 아이에게는 모두가 자기처럼 성기가 달려 있는지 궁금하겠죠. 그렇기 때문에 이 시기의 아이들은 장난감이 있으면 일단 그것에 고추가 달렸는지 안 달렸는지를 확인하려고 드는 거겠죠.

결국 성적인 것에 대한 탐구 역시 성적인 활동이 될 수 있습니다. 바로 이것이 지적인 활동이 성적인 충동을 만족시키는 한 지점이라고 할 수 있습니다. 하지만 바로 그렇기 때문에 지적인 활동이 어려운 사람도 있는 것이죠. 가령 먹는 것이 지나치게 성적인 쾌감과 연결되어 있게 되면 먹는 행위에 대해 억제가 발생할 수 있는데, 이런 경우가 바로 거식증이죠. 마찬가지로 생각하는 것이 지나치게 성적인 쾌감과 연결되면 오히려 반동 형성적으로, 다시 말해 그에 대한 반작용으로 생각하는 행위에 대해 억제가 발생할 수도 있습니다. 생각하는 것이 어려워지고 지적인 활동이 둔해지는 거죠. 이는 그만큼 지적인 활동을 성적인 것으로, 즉 성화(性化)시킴으로써 발생하는 부작용이라고 할 수 있습니다. 아이들이 사춘기 때 성욕이 급격하게 발달하면서 성적인 것에 대해 탐구하는 시기가 있죠. 그런 시기에 너무나 과도하게 지식에 리비도를 투자하게 되면 어떻게 될까요? 지적인 활동이 왕성해질 수도 있지만, 정반대로 지적인 활동에 대한 억제가 발동될 수 있습니다. 마치 강박증자들처럼 계속 반복적인 사고만 하게 되는 거죠. 그렇게 되면 다른 사고, 창의력을 요하는 사고는 할 수가 없게 되겠죠.

어쨌거나 이 모든 것이 지식 역시 성적인 충동의 장(場)이 될 수 있다는 생각에서 비롯된 결과입니다. 여기서 프로이트는 지식에 대한 욕망 역시 바로 이러한 인식애적인 충동으로부터 시작된 것이 아닌가, 라고 묻고 있습니다. 자연에 대한 과학적인 탐구와 성기에 대한 아이들의 관심과 탐구는 적어도 그 기원, 그 출발점이 성적인 충동이라는 점에서 그렇게 다르지 않을 수도 있다는 것이죠.

여기서 중요한 것이 하나 있는데 인식애적인 충동은 승화로서의 지적인 활동과는 전혀 다르다는 것입니다. 승화의 경우, 지식 활동은 성적인 충동을 만족시키긴 하지만 성적인 활동은 아닙니다. 성충동을 승화시킴으로써 성충동을 성적이지 않은 활동에 투자할 수 있도록 해주는 기제라고 할 수 있죠. 이 경우 사고 자체는 성적인 활동이 아니라고 할 수 있습니다. 말 그대로 순수한 의미에서의 지적인 활동이죠. 다만 그 동력을 성적인 에너지로부터 끌고 온 것입니다. 과학이라는 활동은 성적인 충동에 기원을 두고 있다는 점에서 앞서 언급한 성적인 활동으로서의 지식 활동과 공통적이지만, 승화된 성욕이 투자되는 활동이라는 점에서는 후자와 다를 수 있겠죠. 승화는 사고 자체가 성적인 활동이 아니면서 성적인 충동을 만족시키는 경우이죠. 반면 인식애적인 충동에서는 사고 자체가 성적인 활동인 동시에 성적인 충동을 만족시키는 경우라고 할 수 있습니다.

어쨌거나 승화와 인식애적인 충동이 성적인 충동을 만족시키는 데 공통점이 있다면, 이 두 가지 유형의 지적인 활동 말고 다른 활동이 있을 수 있다는 가능성 역시 고려해야 합니다. 바로 사고하는 것이 곧 성적인 활동을 제어하고 관리하고 통제하는 데 쓰이는 경우입니다. 성적인 충동을 만족시키는 것이 아니라 억압하는 것으로서의 지적 활동이 가능한 것이죠. 생각이 쾌락에 대한 댐으로 작용하는 경우가 있을 수 있다는 것입니다.

어쨌거나 지금까지 지식과 성적인 충동이 어떤 방식으로 접속될 수 있는지 이야기했습니다. 이러한 논의는 1905년 판 『성욕에 관한 세 편의 에세이』에는 없고 1915년 판에 등장합니다. 1905년 판에서는 성적인 충동이라는 개념이 확장되고 있지만 지적인 활동으로까지 펼쳐지지는 않습니다. 1905년 판은 성인의 신경증을 분석한 결과입니다. 반면 지금 이야기한 내용은 아이들을 구체적으로 관찰하지 않고는 이해하기 어려운 부분입니다. 1905년에는 이에 대한 부분이 없다가 이후 꼬마 한스를 분석하면서 바로 아이들의 지적 활동에 대해 이해하는 계기가 마련된 것이죠. 그리고 나서 쓰인 것이 「쥐인간-강박신경증에 관하여」로 쥐인간이라고 하는 강박증자에 대한 분석입니다. 1909년에 쓰였는데 바로 여기서 프로이트는 생각을 성욕화하는 것이 어떤 것인지 이야기하게 됩니다. 아울러 한 걸음 더 나아가 승화와 지적 활동 사이의 관계에 대해 탐구를 하는데, 그 결과가 바로 1910년에 출간된 『레오나르도 다 빈치의 유년의 기억』입니다. 그리고 프로이트는 이 모든 성과를 『성욕에 관한 세 편의 에세이』 1915년 판에 추가하게 됩니다. 그래서 현재 출간된 『성욕에 관한 세 편의 에세이』에는 「유아기의 성 탐구」라는 별도의 소장(小章)이 있습니다. 그 소장 전체가 1915년에 추가된 부분이라고 할 수 있습니다. 어쨌든 이런 식의 논의는 역시 1905년에 프로이트가 인간의 본원적인 활동으로 성욕이라는 개념을 도입함으로써 가능해진 것입니다.

환상을 이야기하다가 갑자기 인식애적인 충동에 대해 이야기한 것은 바로 이 지점이 프로이트가 공상이나 상상력의 차원이 아닌 존재론적인 차원을 갖는 환상이라는 개념을 들여놓는 입구가 되기 때문입니다. 1908년에 프로이트가 꼬마 한스를 분석하는 과정에서 유아들의 지적인 탐구를 이해하게 되었다고 했는데, 프로이트는 유아들의 지적인 탐구에 대해 연구하던 중에 유아들이 갖는 몇 가지 전형적인 사고들을 발견하게 되고, 그러한 결과를 체계적으로 발표하게 됩니다. 바로 1908년에 쓰인 「어린아이의 성이론에 관하여」라는 글입니다.

아이들의 이론들

앞서 아이가 자신의 충동에 입각해 세계를 바라보고 해석한다고 했습니다. 그 과정 속에서 아이는 질문을 제기하고 스스로 해답을 만들기도 합니다. 물론 자신의 충동에 입각해 세계를 바라보고 해석하는 과정 속에서 비롯된 것이기 때문에 그러한 질문의 속성은 성적인 것이고 대답 역시 성적인 것이라고 할 수 있습니다.

아이들이 스스로 제기한 성적인 질문에 대해 스스로 답한 성적인 대답, 이것을 프로이트는 '유아기 성이론'이라고 불렀습니다. 그러한 답들이 나름 그럴듯한 하나의 이론이라는 것이겠죠. 프로이트는 아이들이 어떤 전형적인 의문을 가지고 있다고 봤습니다. 더도 말고 딱 세 가지 의문을 지적합니다. 첫 번째, 아이는 어디에서 나오는가? 두 번째, 부모들이 하는 저 이상한 행위들은 도대체 무엇인가? 세 번째 저들, 여자들도 남근을 가졌는가? 실제로 아이들이 흔히 하는 질문으로, 아이들에게는 굉장히 중요한 의문이라고 할 수 있습니다.

가령 첫 번째 질문은 그냥 하는 질문이 아닙니다. 자신의 존재에 대한 질문인 동시에 자신과 경쟁 관계에 있는 존재에 대한 질문이죠. 동생의 출현은 아이에게 굉장히 혼란스러운 것입니다. 그전까지 독차지했던 대상, 다시 말해 어머니를 나눠줘야 하기 때문입니다. 삶이 아주 불길해지는 것이죠. 이제부터는 자신의 모든 소유물을 나눠야 합니다. 동생이 뭔지 모르는 아이 입장에서는 자신의 쾌락의 원천을 나눠주거나 빼앗기는 것은 아주 비통한 일입니다. 그렇기 때문에 일정 시기 동안 동생을 괴롭히거나 적대감을 보이는 것이죠. 이처럼 일생일대의 난적인 동생의 출현은 매우 충격적인 사건이 아닐 수 없습니다. 따라서 아이는 자신의 쾌락을 위협하는 이 불청객이 도대체 어디서 왔는지 질문을 던집니다. 혹은 동생의 출현이 아니더라도 어느 순간에 아이는 엄마 아빠의 저 이상한 관계를 보면서 자신이 어디서 왔는지 묻지 않을 수 없게 됩니다.

프로이트는 이러한 질문에 대해 아이들이 나름대로의 이론을 가지고 있다고 보았습니다. 즉, 아이 자신이 나름대로 지식을 구성한 것입니다. 대표적인 것은 항문에서 마치 똥이 나오듯이 아이가 나온다는 이론이죠. 탄생에 대한 항문적 이론이라고 부를 수 있습니다. 이러한 이론이 성적 경험에 입각했다고 하는 것은 그것이 아이들의 충동이 작동하는 가장 첨예한 지점들과 맞물려서 작동하기 때문입니다. 항문적인 활동에 대한 집착과 맞물려 있는 이론이라고 할 수 있겠죠.

두 번째로, 아이들은 성인들의 애정 행각을 그 자체로 이해하지 못합니다. 한마디로 사랑이 무엇인지, 성이 무엇인지 모르는 것이죠. 아이들은 그런 장면에서 그것을 사랑의 행위가 아니라 정복 행위나 학대 같은 것으로 이해하기 쉽습니다. 혹시라도 어른들이 그런 행위를 하는 것을 보면, 아이는 아빠가 엄마를 괴롭힌다고 본다는 것입니다. 유년 시절에 엄마와 아빠의 성관계를 목격한 사람들이 흔히 하는 이야기입니다. 성교에 대한 사디즘적 이론이라고 명할 수 있겠죠. 이 역시 아이가 가지고 있는 어떤 충동에 입각해서 세계를 해석하는 것이라고 할 수 있습니다. 여기에서는 아이의 이론이 아이의 사디즘적인 충동과 맞물려 만들어지고 있다고 할 수 있겠죠.

 세 번째는 바로 성기, 좀 더 분명히 말하자면 남자 아이들의 성기와 관련된 이론입니다. 프로이트는 아이들, 특히 남아들은 자신의 남근에 매우 깊은 관심을 보이고 그것을 과대평가하는 경향이 있다고 보았습니다. 그것이 다른 모든 사람에게 존재하는 것이라고, 다시 말해 그것을 가지고 있지 않은 사람이 있다는 것을 알지 못할 뿐 아니라 그러한 사실을 믿으려고도 하지 않는다는 것이죠. 남아는 자신의 남근의 보편성을 믿는다는 것입니다. 그러면서 이 세상 사람들이 모두 다 자신처럼 고추를 가지고 있는지 묻는다는 거죠. 이 역시 아이들이 흔히 갖는 의문 중의 하나죠. 어린아이들이 자신의 성기를 자각하는 순간부터 세계를 그것의 관점에서 보기 시작한다는 것입니다. 그런 와중에 어떤 생각을 갖게 되느냐면, 여자도 역시 고추를 가지고 있지 않을까, 라는 생각을 하게 됩니다. 가령 엄마도 역시 고추가 있을 것이라고 믿는다는 것입니다. 고추 달린 여자, 남근적인 어머니에 대한 이론이라고 할 수 있겠죠. 여기서도 중요한 것은 세계를 자신의 충동, 성적인 충동이라는 관점에서 해석하고 있다는 사실입니다. 그러니까 이러한 이론이 구축되는 방식은 어떤 객관화된 자료가 아니라 자신의 경험, 특히 성적 경험에 입각한 것이죠. 물론 그러한 경험은 주관적인 바람이나 욕망과 분리될 수 없습니다. 그런 의미에서 이러한 이론은 환상과 멀지 않습니다.

어쨌든 초점은 유아기에는 어떤 물음이 존재하고 그 물음에 대해 답을 하려는 나름의 노력이 있다는 것입니다. 그런데 그 물음의 출발점도 아이 자신의 육체이고, 아이가 그에 대한 답을 찾는 과정도 바로 자신의 육체 속에서입니다. 일종의 사적 이론이라고 할 수 있죠. 과학에 의해 검증된 지식이 아니라 사적인 신념에서 비롯된 지식이라는 이야기입니다. 그런 면에서 믿음과 지식이 구분되지 않습니다. 하지만 그럼에도 불구하고, 그러한 지식이 없다면 아이는 세계 속에 뿌리를 내릴 수 없습니다. 이 수준에서의 지식의 핵심은 단순히 더 많이 아는 것이 아닙니다. 세계 속에서 당면한 수수께끼를 상징화함으로써 세계 속에 안착하고 세계와의 관계를 구성하는 것이 중요한 아이에게 이 지식은 세계 속에 자신을 위치시키는 데 발판이 된다고 할 수 있습니다. 이런 의미에서 이 이론은 단순한 공상의 수준이 아니라 존재론적인 차원에 위치한다고 이야기할 수 있습니다. 자신의 존재 가치, 자신의 근원에 관한 질문에 대한 답변이란 점에서도 존재론적이지만, 그러한 답변이 기능적으로 자신의 존재를 세계 속에 뿌리내리도록 해준다는 점에서 존재론적이라고 할 수 있습니다.

기원적 수수께끼

이제 아이들이 자신의 성적인 충동의 관점에서 만들어낸 이론들을 살펴보면서 아이들의 성적인 충동이 어떤 양태인지를 가늠해보겠습니다.

아이들의 질문은 어른이라면 쉽게 답할 수 있는 질문들입니다. 가령 아이는 어떻게 만들어질까요? 성기의 결합을 통해 만들어지겠죠. 하지만 아이들의 충동은 아직 성기적인 단계까지 발달하지 못했기 때문에 성기적인 충동의 관점에서는 답을 하지 못합니다. 사실 첫 번째 질문은 두 번째 질문과도 연관이 있습니다. 첫 번째 질문에 대한 정답은 사실 두 번째 질문 속에 등장하는 어른들이 하는 저 이상한 행위인 것이죠. 하지만 두 번째 질문에 대해서도 아이들은 그 행위가 뭔지 모르기 때문에, 그것을 때리고 괴롭히는 행위로만 보게 되죠. 세 번째 질문 역시 앞의 두 질문과 연장선상에 있습니다. 저들도 남근을 가지고 있을까, 라는 질문은 아이들이 두 번째 질문에 대해 제대로 된 답을 하지 못하는 것과 연관이 있죠. 고추에 대해 관심을 보이지만 정작 남녀의 성적인 차이에 대해선 전혀 알지 못한다는 것입니다. 결국 그렇기 때문에 아이는 남근이 달린 여자에 대한 이론을 만들어낸 것이겠죠.

결국 이 세 개의 의문은 공통적으로 하나의 무지에서 비롯된 것이며, 그런 점에서 결국 하나의 의문으로 귀착합니다. 바로 성적인 차이에 대한 의문입니다. 그리고 그러한 의문에 대해 아이가 자신의 성적인 충동의 관점에서 대답하면서 도착적이라고 할 수 있는 이론들을 구성해냅니다. 왜냐하면 아이는 다형적으로 도착적이기 때문이죠. 충동이 부분 충동이기 때문입니다.

요컨대 충동에는 성적인 차이를 표상할 만한 부분이 없습니다. 1905년의 『성욕에 관한 세 편의 에세이』에서 프로이트는 여성성과 남성성의 문제를 능동성과 수동성, 사디즘과 마조히즘이라는 요소로 이해하고 있습니다. 성적인 차이를 사디즘과 마조히즘이라는 관점으로 축소시키는 것은 굉장히 황당한 이 야기일 수 있지만, 이는 그럼에도 엄마와 아빠의 행위를 때리고 맞는 행위로 이해하는 아이들의 성이론과 일치한다는 점에서 어느 정도 충동과 관련된 진실을 함축한다고 할 수도 있습니다. 어떤 진실이냐면, 충동의 수준에서는 성적인 차이가 표상되지 않는다는 것입니다.

이것은 사실 프로이트 자신에게도 하나의 문제라고 할 수 있 습니다. 이후에 여성성에 대한 문제를 제기하면서 풀어야 할 숙 제인 것이죠. 이 문제가 두 번째 패러다임에서는 사디즘과 마조 히즘, 능동성과 수동성이라는 관점에서 접근되고 있는 것은, 물 론 충동 자체가 구조적으로 부분 충동이기 때문이기도 하지만 프로이트 자신이 아직 성적 차이를 만들어내는 무언가를 이해 하지 못했음을 의미하죠. 이 문제는 나중에 세 번째 패러다임에 서 오이디푸스와 거세의 조합이라는 관점에서 좀 더 세련되게 다뤄집니다.

요약하면, 아이의 세 가지 성이론은 성적인 차이에 대한 지식 의 부재와 그로부터 생존하기 위한 나름의 고육책이라고 할 수 있습니다. 성적인 차이란 인간이 이 세계 속에서 최종적으로 풀 어야 할 가장 어려운 수수께끼 중의 하나입니다. 왜 하나가 아 니라 둘일까요? 왜 어떤 인간은 남근이 달린 반면 또 다른 인간 은 그렇지 않을까요? 어쩌면 우리가 행하는 남자와 여자로서의 역할들, 마치 반드시 그렇게 해야 하는 것처럼 우리가 하고 있 는 가족 속에서의 역할들, 엄마 아빠로서의 역할들은 그러한 질 문에 대한 나름의 대답이라고 할 수도 있겠죠. 그리고 아이 역시 자신의 관점에서 이에 대답한 것이라고 할 수 있습니다.

유아 성이론
성적인 차이

이러한 아이의 대답, 아이의 성이론이 바로 환상의 원형, 원초적인 형태입니다. 첫 번째 패러다임에서와는 다른 환상 개념이라고 할 수 있죠. 단순한 공상이 아니라 나름의 견고한 체계를 갖는 하나의 이론인 것입니다. 앞서 환상이란 충동을 만족시키는 지적인 활동이라고 이야기했습니다. 충동의 관점에서 세계를 해석하고 의미를 만들어내는 활동이란 점에서 충동을 만족시키는 지적인 활동인 것이죠. 그런데 이러한 지적인 활동이 단순히 만족의 수준에만 머무는 게 아닌 것은 그것이 우리가 세계 속에서 만나게 되는 근원적인 질문에 대한 대답이기 때문입니다. 그리고 그러한 대답은 내가 이 세계 속에 뿌리내릴 수 있도록 해주는 것이란 점에서 나의 존재를 근거 지우는 활동입니다. 지금까지 환상의 원초적인 형태라고 할 수 있는 유아 성이론에 대해 이야기를 했는데, 이를 그대로 가족 구조에 적용한 것이 바로 1909년에 발표한 「가족 로맨스」라는 글입니다.

두 번째 패러다임 속에서의 환상이 어떤 것인지에 대해 이야기하기 위해 좀 돌아왔습니다. 성욕을 전면에 내세우는 패러다임 속에서 환상은 단순한 공상이 아니라 인간 존재를 근거 지우는 초석이 됩니다. 그리고 증상은 그렇게 초석으로서 깔려 있는 환상과의 갈등으로부터 발생한 파생물이라고 할 수 있습니다. 이는 오이디푸스 콤플렉스의 작동 방식을 이해하는 데 하나의 중요한 핵심이라고 할 수 있습니다. 오이디푸스 콤플렉스는 단순한 상상이나 공상이 아닙니다. 그것은 우리 각자가 이 세계 속에서 대답할 수 없는 것에 대해 대답하기 위해 만들어낸 사적인 지식입니다. 성적인 차이를 해석하면서 우리가 이 세계 속에서 어떤 방식으로 존재하는지에 대한 답으로 구성한 하나의 허구입니다.

요컨대 두 번째 패러다임에서 우리가 목격하는 환상은 더 이상 단순한 공상이나 몽상과 같은 허구적인 표상으로 그치지 않고 존재의 토대를 구성할 수 있는 표상으로 간주됩니다. 물론 이것이 환상의 끝은 아닙니다. 환상 이론의 출발점일 뿐이죠. 두 번째 패러다임에서 충동 개념이 정신분석 이론의 전면에 놓이게 되면서 개진된 환상에 대한 논의의 첫걸음입니다. 충동이 환상의 동력이란 점에서 충동에 대한 논의가 자연스럽게 환상에 대한 이론으로 귀착했던 것인데, 충동을 인간 존재의 근원적인 활동으로 접근하는 만큼 이때 환상을 바라보는 데 있어서 초점은 주로 환상의 근원적인 기능에 맞춰져 있다고 할 수 있습니다.

환상에 대한 이론이 좀 더 극적이고 역동적으로 개진되는 것은 세 번째 패러다임부터라고 할 수 있습니다. 세 번째 패러다임에서부터 자아의 방어 앞에서 펼쳐지는 충동의 다양한 작동 방식, 소위 충동의 운명이 해명되면서, 더 이상 환상이 어떤 기능을 하는가보다는 환상이 어떻게 작동하는가에 초점이 맞춰지기 시작하게 되죠. 더불어 오이디푸스 콤플렉스와 거세 콤플렉스가 본격적으로 도입되면서 환상에 대한 논의 또한 정교해집니다. 그렇다면 환상에 대한 논의가 어떻게 풍요롭게 발전하게 되는지 세 번째 패러다임을 살펴보면서 다뤄보겠습니다.

나르시시즘의 시대

6강

나르시시즘의 메타심리학

지금까지의 내용을 한마디로 정리하면 프로이트의 저술에는 최소 네 개의 패러다임이 있다는 것입니다. 첫 번째는 히스테리에 기초한 패러다임으로 기억, 표상, 무의식, 욕망 등이 키워드로 작동하는 패러다임이었고, 두 번째는 충동, 성욕, 환상에 기초한 패러다임이었습니다. 세 번째는 나르시시즘이라는 개념에 기초한 패러다임이라고 할 수 있습니다. 1911년부터 1920년까지로, 나르시시즘이라는 단어가 근본 개념으로 작동하는 시기입니다. 프로이트의 사유에 있어서 굉장히 풍성한 시기라고 할 수 있습니다. 프로이트의 핵심적인 저술이라고 알려진 글들이 대부분 이 시기에 쓰였습니다.

가령 「나르시시즘 서론」(1914)을 비롯해 일련의 메타심리학 논문들 중 가장 중요한 「충동과 충동의 운명」(1915), 「무의식에 관하여」(1915), 「항문 성애의 예로 본 충동의 변형」(1917), 그리고 정신분석 기술에 대한 논문들 중에서 가장 중요한 「전이의 역학」(1912), 「전이 사랑에 대한 소견」(1915)이 쓰였습니다. 여기에 임상적인 논문들 중에서 중요한 의미를 갖는 「신경증 발병의 유형들」(1912), 「강박신경증에 잘 걸리는 기질」(1913), 「애도와 멜랑꼴리」(1917), 마지막으로 아주 중요한 논문인 「아이가 매를 맞아요」(1919)가 쓰였습니다. 국내에서는 「매 맞는 아이」라고 번역되어 있는 이 논문은 세 번째 패러다임의 정점을 찍는 저술이라고 할 수 있습니다. 정신분석의 방법론이 어떤 식으로 변모하고 있는지, 또 앞으로 정신분석에 어떤 가능성이 열려 있는지를 가늠할 수 있는 아주 중요한 논문이라고 할 수 있습니다.

「아이가 매를 맞아요」 외에도 1910년대의 프로이트의 논문들은 아주 중요한 자료입니다. 프로이트를 공부하고자 한다면 가장 많은 시간을 할애해 가장 꼼꼼히 공부해야 할 부분이죠. 단순히 세 번째 패러다임의 주제들이 중요해서라기보다 프로이트의 언어 속에서 일관된 메타심리학적인 이론을 구성할 수 있게 해주는 핵심적인 요소들이 형성되는 시기이기 때문입니다. 어떤 경험으로부터 일관된 이론을 구축할 수 있도록 해주는 주요한 요소들이 제시되고 있습니다. 그러한 요소들은 프로이트뿐만이 아니라 프로이트 이후의 정신분석에 가능성을 열어주는 것이라고 할 수 있습니다. 가령 앞서 언급한 대상 혹은 대상선택이라는 용어는 두 번째 패러다임에 귀속된 용어이지만 거시적으로 볼 때는 프로이트의 정신분석, 더 나아가서는 대상관계 이론의 가능성을 열어놓는 아주 중요한 용어라고 할 수 있습니다. 단순히 대상이라는 용어가 그렇다는 것이 아니라 그 용어를 중심으로 프로이트가 생각하고 글 쓰고 추론하는 형태가 그렇다는 뜻입니다.

세 번째 패러다임의 저술들은 바로 이런 식의 핵심적인 요소들이 가장 폭발적으로 드러난다는 점에서 아주 중요한 저술들이라고 할 수 있습니다. 그 핵심 요소가 바로 앞으로 우리가 공부해야 하는 내용입니다. 다시 한 번 말하건대, 그 핵심적인 요소란 단순한 용어나 개념이 아니라 용어와 개념을 관통하는 어떤 공통적인 사유의 형식입니다. 그렇기 때문에 일단은 먼저 세 번째 패러다임을 조직하는 키워드들에 대해 이야기하겠습니다.

편집증자 슈레버

세 번째 패러다임을 주도하는 키워드에 대해 이야기하기 전에 언급되어야 할 것이 있는데, 바로 세 번째 패러다임의 물꼬를 트는 저술들입니다. 『레오나르도 다 빈치의 유년의 기억』과 「편집증 환자 슈레버」인데, 두 저술 모두 사례를 분석한 글입니다. 제가 계속해서 언급했듯이 정신분석학의 기원에는 환자들과의 만남이 있습니다. 개념은 바로 환자와의 만남에서 탄생한 것이죠. 그렇기 때문에 각각의 시대, 각각의 패러다임에는 그 패러다임을 각인하는 환자들이 있습니다. 첫 번째 패러다임에서는 안나 O와 그녀의 친구들이 있습니다. 물론 진짜 친구들은 아닙니다. 『히스테리 연구』에 등장하는 히스테리 환자들이죠. 두 번째 패러다임을 각인하는 환자들은 도라부터 시작해서 꼬마 한스가 있습니다. 그리고 1910년대의 저술, 세 번째 패러다임에 자신의 족적을 남긴 환자는 바로 슈레버입니다.

「편집증 환자 슈레버」는 정신병 사례입니다. 슈레버는 프로이트가 한 번도 만난 적이 없는 사람으로 이 논문은 프로이트가 슈레버의 자서전을 연구한 사례입니다. 임상은 환자와의 만남, 직접적인 대면을 통해서 가능한데, 사실 프로이트는 정신병자들을 만날 기회가 많지 않았습니다. 프로이트가 의사이기는 했지만 종합병원이나 정신병원에서 일하는 의사가 아니라 사설 캐비넷을 운영하는 의사였기 때문입니다. 지금도 외국에서는 정신과 의사들이 보통 자기 집의 방 하나를 병원으로 씁니다. 환자들이 집에 가서 치료를 받는 것이죠. 정신분석도 마찬가지입니다. 사설 클리닉을 운영하는 정신과 의사들은 정신병자들을 치료할 기회가 많지 않습니다. 지금도 그렇지만 정신병자들, 특히 중증 정신병자들은 대개 정신병원에 입원을 시키거나 감금을 시킵니다. 프로이트로서는 당연히 정신병자들을 만날 기회가 많지 않았던 거죠. 그가 1890년대에 정신병이라고 진단하고 치료했던 세 명의 환자들은 사실 신경증에 해당하는 경우였고, 그렇기 때문에 그가 정신분석을 이용해서 정신병을 치료한 경험은 전무하다고도 할 수 있습니다.

실제로 정신분석을 본격적으로 정신병에 적용한 사람들은 프로이트가 아니라 정신병원에 있던 프로이트의 제자들이었습니다. 1900년대 초반까지 정신분석 이론이 히스테리를 중심으로 펼쳐졌다면, 1900년대 중후반부터 정신병원에서 일하던 칼 아브라함이나 구스타브 융, 유진 블로이어 같은 정신과 의사들이 프로이트의 이론을 정신병자들에 직접 적용하면서부터 정신분석은 경계선을 점차 확장하기에 이르렀던 거죠. 가령 아브라함은 정신병 중에서도 조울증, 융이나 블로이어는 정신분열증에 대한 정신분석학적인 이해에 기여했습니다. 그런데 어쨌든 이런 제자들이 정신병에 대해 이야기를 하니까 이것에 자극을 받아서 프로이트는 직접 슈레버 사례를 연구하게 되는데, 그 결과가 바로 「편집증 환자 슈레버」입니다.

자아도 대상이다

정신분석이 정신병이라는 영역으로 확장되면서 정신분석으로 다양한 개념들이 들어오고 나가게 되는데, 그중 가장 중요한 개념이 바로 나르시시즘입니다. 그렇다면 정신병과 나르시시즘은 어떤 식으로 엮이게 될까요?

칼 아브라함은 정신병을 연구하는 가운데 아주 특이한 현상을 발견했습니다. 정신병을 앓는 이들은 세계에 대한 리비도가 모두 다 철회되어 분석을 진행할 수 없을 것 같다는 이야기였죠. 세계에 대해 리비도가 투자된다는 것은 외부 세계에서 사랑의 대상, 리비도의 대상을 발견할 수 있다는 것이죠. 그런데 정신병자들에게서는 이런 일이 발생하지 않는다는 것입니다. 외부 대상에 대해 투자되어야 할 리비도의 몫이 모두 철회되어 외부 현실에 전혀 반응하지 않는 것 같더라는 것입니다. 외부 현실에 반응하지 않는다면 당연히 분석에 대해서도 반응하지 않겠죠. 프로이트는 이는 아마도 외부에 투자되어야 할 리비도의 몫이 자아에 몽땅 투자되어 있기 때문에 발생한 일이 아니겠느냐고 답하게 됩니다. 정신병자에게서는 리비도가 자아에 몽땅 투자되어 있기 때문에 결국에는 과대망상이 발생한다는 것입니다.

리비도가 자아에 투자되면 어떻게 될까요? 자아를 하나의 대상으로 삼아 자아를 과대평가하겠죠. 대상에 리비도가 투자되면 그 대상은 뭔가 대단해 보일 것입니다. 가령 누군가에게 애정을 쏟게 되면 그가 뭔가 있어 보이게 되죠. 그가 정말 뭔가를 가지고 있어서가 아니라 그에 대해 투자된 리비도가 그를 있어 보이게 만드는 것이겠죠. 자아 역시 마찬가지입니다. 자아에 리비도를 쏟으면 자신이 자신에게 대단해 보이겠죠. 뭐든지 다 할 수 있을 듯한 기분이 듭니다. 그러다가 결국 눈에서 레이저도 나오고 자신이 쳐다보는 것만으로 사람을 살릴 수 있다거나 자신이 사실은 신의 아들이라거나 하는 이야기가 나오게 되는 것이죠. 아주 기이한 현상들이긴 하지만 어쨌든 이러한 망상들 속에서 프로이트가 한 가지 깨달은 것이 있습니다. 리비도가 자아에도 투자되는구나, 하는 깨달음입니다. 우리가 주목해야 할 것이 바로 이 점입니다. 단순히 나르시시즘이란 것이 어떤 개념인가가 중요한 게 아니라, 프로이트가 그것을 깨달았다는 것에 주목해야 합니다.

자아도 리비도의 대상이 될 수 있다. 그전까지는 전혀 생각지도 못한 새로운 발상입니다. 그전까지 자아는 무엇이었나요? 자아가 무엇이었건 간에 확실한 것은 자아가 리비도의 투자 대상은 아니었다는 것입니다. 자아는 리비도와 대립하는 것이었습니다. 첫 번째 패러다임에서 자아는 불쾌함을 만들어내는 표상을 밀쳐내는 조직이었고, 두 번째 패러다임에서 자아는 성충동과의 대립 관계 속에서 성충동에 대해 방어하는 조직이었죠. 그것도 처음에는 충동과 무관한 조직이었다가 나중에 1910년, 「심인성 시각 장애에 대한 정신분석적 견해」라는 글에서 프로이트는 자아에도 어떤 충동을 부여해서 자아 충동이라는 용어까지 만들게 됩니다. 자아가 본능적으로 성적인 충동에 대해 방어를 한다는 것이겠죠. 우리가 흔히 생존 본능이라고 하는 이것을 프로이트는 자아에 귀속시켰다는 것인데요, 이것을 '자기보존적 충동'이라고 합니다.

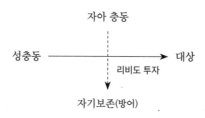

왜 이런 충동을 자아에게 부여했을까요? 이것은 곧 자아가 왜 성충동과 대립하는가라는 질문이겠죠. 왜 자아가 성충동과 대립할까요? 성충동이 불쾌하기 때문이라고 답할 수 있겠죠. 그렇다면 왜 성충동은 자아에게 불쾌한 것일까요? 처음부터 그랬던 것은 아니겠죠. 아이들은 성인과 달리 성에 대해 굉장히 개방적입니다. 대놓고 손가락을 빨고, 대놓고 자신의 성기를 자랑하죠. 결국 자아가 성충동과 대립한다면 성장하는 과정에서 뭔가가 자아에게 유입된 것이겠죠. 사회적인 가치라든가 윤리, 도덕 같은 것이겠죠. 그렇다면 왜 유입되었느냐를 물을 수밖에 없을 겁니다. 왜 유입되었을까요? 이에 대한 프로이트의 대답 중 하나가 바로 자기보존적 충동입니다. 자아가 형성되면서 자아가 현실에 맞게 적응하고자 한다는 것입니다. 생존하기 위해서라는 거죠. 자아에게는 자기를 보존하는 충동이 있기 때문에 그만큼 현실의 요구에 쉽게 순응할 수 있다는 것이죠. 그런 요구에 대한 순응 속에서 자신의 충동을 쉽게 제어하고 멀리할 수도 있다는 것입니다. 이렇게 해서 1910년에 자아 충동과 성충동 사이에 대립 구도가 만들어집니다. 어떤 의미에서 갈등의 대립 구도가 점점 더 내면화되고 있다고 할 수 있죠. 이는 프로이트의 생각 속에서 단순히 사회적인 요구와 성적인 충동 사이의 대립보다 자신의 생존을 향한 운동과 성충동 사이의 내적인 갈등이 점점 더 중요해지기 시작한다는 것을 의미할 수도 있습니다. 대립 구도가 점점 더 내면화되고 있건 아니건, 어쨌거나 이 모든 경우에 자아는 리비도와 갈등을 일으키는 역할을 합니다. 이것이 1910년까지의 상황이라면, 1911년 「편집증 환자 슈레버」부터, 특히 1914년에 나르시시즘이라는 개념을 본격적으로 정신분석학의 메타심리학 속에 통합시키게 되면서 결국 자아도 리비도의 대상이 될 수 있다고 이야기할 수밖에 없게 됩니다.

아주 새로운 생각이 아닐 수 없습니다. 그전까지는 자아가 리비도와 갈등만 일으키는 줄 알았더니 이제는 오히려 리비도의 대상이 될 수도 있다. 완전한 발상의 전환이죠. 자아가 리비도를 억누르는 작인일 뿐 아니라 리비도의 대상이 될 수도 있다. 이렇게 되면, 정신분석학의 개념의 지도에 다양한 변화가 불가피하겠죠. 그전까지는 자아를 오로지 성적인 충동과 대립적인 구도 속에서 이해했는데 이제 더 이상 그럴 수 없는 것입니다.

자아를 하나의 대상으로, 리비도의 대상으로 설정하게 되면 당연히 그전에 만들어놓은 이론적인 구성에 제약들이 발생하게 되겠지만, 오히려 그것이 프로이트에게는 하나의 기회가 됩니다. 더 많은 것들을 보고 그전까지는 설명할 수 없었던 첨예한 지점들을 해명할 수 있게 됩니다.

특히 방금 이야기한 대립 구도, 정신적 갈등이 만들어지는 대립 구도와 관련해서 그렇습니다. 앞서 자아와 성충동, 자아의 자기보존적인 충동과 성충동 사이의 대립에 대해 이야기했습니다. 이때 제기한 질문은 자아가 왜 성충동과 대립해야 하느냐는 것이었습니다. 프로이트가 1910년에 제시한 답변은 자아가 자기보존적인 충동을 가지고 있기 때문에 외부 현실에 적응하고자 하는 성향을 갖는다는 것이었죠. 충분히 이해할 수 있지만 썩 명쾌한 답변은 아니죠. 자아라는 것이 원래 그렇지, 라는 식의 답변에 불과합니다. 요컨대 자아라는 게 원래 보수적이다라는 겁니다. 보수적이라는 것은 몸을 사리는 것을 말하죠. 자아는 원래 몸을 사린다는 것입니다.

사실 이렇게 보수적인 자기보존적인 충동을 설정한 것은 결국 어떻게 보면 프로이트가 자신의 이론 속에 어떤 한계를 설정한 것이나 다름없습니다. 그 이상 더 나아갈 수 없을 것 같으니 그쯤에서 펜스를 설치한 것이랄까요. 19세기에 태어난 인간으로서 프로이트가 가질 수밖에 없었던 한계가 있을 것입니다. 자기보존적인 충동이라는 것이 그런 한계일 수 있다면, 이 한계를 넘어서는 돌파구의 역할을 해준 것이 바로 나르시시즘이라는 개념입니다.

이상의 병리학

그렇다면 이 한계를 어떤 식으로 넘어설까요? 발상의 전환을 통해서인데요, 왜 자아가 성충동과 대립하느냐에 대해 1910년 대에 프로이트가 찾아낸 답은 바로 자아가 스스로에게 잘 보이기 위해서라는 것입니다. 자신이 자신에게 잘 보인다? 자신이 다른 사람도 아닌 자신에게 잘 보이고자 한다면, 자신이 생각하는 어떤 이상적인 모습에 자신을 맞추기 위해서 노력한다는 이야기겠죠. 그러한 이상적인 모습은 어디에서 오는 걸까요? 타자의 관점, 가령 부모의 관점에서 사랑스럽게 보일 만한 지점으로부터 오겠죠. 그러한 모습을 정신분석에서는 '자아 이상idéal du moi'이라고 부릅니다.

자아가 자아 이상을 자신 안에 품고 있다는 것은 자아의 억압이 단순히 강요라든가 의무와 같은 형태로 이루어지는 것이 아니라 자신이 설정한 이상에 도달하기 위한 노력의 형태로 이루어진다는 것을 의미합니다. 이제 자아와 성충동의 대립은 외부로부터의 가치 주입이나 강요 혹은 생존해야 하는 어떤 욕구 때문이 아니라, 자아 이상에 도달했을 때 보장되는 나르시시즘 때문일 수 있다는 생각이 가능해집니다. 하나의 줄기에서 나온 리비도가 자아라는 어떤 특별한 대상을 경유하면서 스스로 그 리비도를 관리하고 자신을 규제하는 시스템을 만들어내는 것이죠.

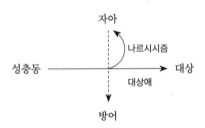

세 번째 패러다임

리비도가 자아를 대상으로 하면서 발생되는 자아 이상의 형성에는 다양한 기제들이 연루됩니다. 가령 동일시라는 기제가 연루될 수 있습니다. 자아 이상과의 동일시, 부모와의 동일시, 동일시라는 것 자체가 나의 이미지를 형성하는 것과 관련이 있기 때문에 나르시시즘과 연관이 있다고 할 수 있습니다. 동일시는 거울 속에 비치는 이미지 속에서 나를 확인하는 것과 같죠. 거울을 통해 나의 모습을 확인하듯이 누군가의 모습 속에서 자신의 모습을 보는 것입니다. 요컨대 다른 누군가를 나의 거울로 세우는 것, 그것이 바로 동일시입니다. 그런 의미에서 동일시는 나르시시즘적이라고 할 수 있겠죠. 그렇기 때문에 세 번째 패러다임에서 나르시시즘의 도입과 더불어 동일시에 대한 문제들이 폭발적으로 늘어나게 됩니다. 그러한 관점에서 쓰인 논문이 1917년의 「애도와 멜랑꼴리」입니다. 1914년에 「나르시시즘 서론」을 쓰고, 1917년에 그 구도를 그대로 대상의 상실에 적용하게 되죠. 「나르시시즘 서론」이 나르시시즘과 대상선택이 어떤 식으로 엮일 수 있는지 보여준다면, 다시 말해 내가 어떤 외부의 대상을 사랑하는 방식이 어떻게 나의 나르시시즘과 엮일 수 있는지 보여준다면, 「애도와 멜랑꼴리」는 내가 대상을 잃어버리고 슬퍼하는 것이 어떻게 나의 나르시시즘과 엮일 수 있는지 보여줍니다.

「나르시시즘 서론」: 나르시시즘 ◇ 대상선택
「애도와 멜랑꼴리」: 나르시시즘 ◇ 대상상실

프로이트는 멜랑꼴리를 잃어버린 대상과의 동일시 속에서

나타나는 자기비난이다, 라고 간단하게 규정합니다. 내가 상실한 대상과 자신을 나르시시즘적으로 동일시하면서 잃어버린 대상의 자리에 자신을 위치시키고, 그 대상을 원망하듯이 자신을 원망하는 것, 그게 바로 멜랑꼴리의 핵심이 아니겠느냐는 것입니다. 1914년의 논문에서 지금 내 앞에 있는, 내가 사랑하는 대상과 나의 나르시시즘이 어떻게 엮일 수 있는지가 관건이었다면, 1917년의 논문에서는 지금 내 앞에 없는, 내가 사랑하던 대상과 나의 나르시시즘이 어떻게 엮이는지가 관건이죠. 어쨌든 이 모든 문제의 중심에는 나르시시즘과 동일시라는 문제가 있습니다.

자아 이상의 형성에 나르시시즘과 동일시가 있다고 이야기했는데, 사실 이 과정에서 중요하게 고려해야 할 또 다른 개념이 있습니다. 자아 이상이 어쨌거나 나의 이상적인 모습, 타자가 보았을 때 사랑스럽다고 여겨지는 어떤 모습이라면 그러한 타자는 주로 부모들일 것입니다. 여기서 나와 부모의 관계 속에서 리비도가 분배되는 방식과 관련해 주목해야 될 개념이 바로 오이디푸스 콤플렉스입니다. 사실 자아 이상의 형성이라는 개념이 가리키고 있는 것은 오이디푸스에 대한 새로운 이해입니다. 나르시시즘이라는 관점에서 새롭게 해석된 오이디푸스 콤플렉스죠.

이 문제는 세 번째 패러다임에서 중요한 역할을 차지하는 또 다른 개념인 거세 콤플렉스와 하나의 세트를 이룰 수 있기 때문에 다음에 묶어서 이야기하도록 하겠습니다. 어쨌든 나르시시즘이 자아 이상이라는 문제를 끌고 들어오면서 다양한 개념들이 세 번째 패러다임을 휘젓게 됩니다. 여기서 나르시시즘이 어떤 형태로 전개될 수 있느냐에 따라 다양한 형태의 자아 이상이 만들어질 수 있고, 그러면서 자아가 자아 이상과 맺는 관계 역시 다양해질 수 있습니다. 신경증의 억압 기제뿐 아니라 가령 편집증의 관찰 망상이라든가 박해 망상 등이 바로 이런 자아 이상의 형성과 밀접한 연관을 맺게 되면서 훨씬 더 풍요로운 논의가 이루어집니다. 여기에 1923년에 죽음 충동과 연관되는 초자아라는 개념이 들어오게 되면 심리적 갈등이 만들어지는 구도는 훨씬 더 복잡해지게 됩니다.

지금까지 나르시시즘이라는 개념이 들어오면서 세 번째 패러다임에서 발생하는 개념적인 파장을 살펴보았습니다. 이러한 파장은 사실 매우 가시적이고 거시적인 변화라고 할 수 있습니다. 나르시시즘과의 연관성이 겉으로 드러나기 때문에 당연히 나르시시즘의 도입과 더불어 도드라지게 확인할 수 있는 변화인 것이죠. 요컨대 지금 말씀드린 변화는 일종의 큰 줄거리의 전환이라고 할 수 있습니다. 여기서 좀 더 세밀하게 접근해보면 변화가 훨씬 더 촘촘하고 세밀하다는 것을 알 수 있습니다.

리비도의 분배와 이동

겉으로 볼 때는 나르시시즘과 무관한 듯 보이지만 나르시시즘이라는 문제가 도입되지 않았다면 생각할 수 없는 개념들이 있습니다. 사실 이 부분이 앞서 이야기한 메타심리학의 핵심 요소에 더 가깝다고 할 수 있습니다. 어떤 것들일까요? 나르시시즘과의 관계에 있어 선이 분명한 것부터 시작해서 전혀 무관해 보이는 것들로, 하나하나 검토하면서 조금씩 나아가보도록 하겠습니다.

나르시시즘이란 일단 자아가 리비도의 대상이 될 수 있다는 관념을 함축합니다. 그런데 그 리비도는 원래 무엇을 대상으로 했던가요? 외부 대상을 향한다고 생각되던 리비도였죠. 결국 하나의 리비도가 두 가지 종류의 대상, 자아와 외부 대상에 투자될 수 있다는 것입니다.

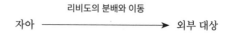

리비도의 분배와 이동
자아 ────────────────→ 외부 대상

이제 자아와 외부 대상 사이에서의 리비도의 분배와 이동에 관한 어휘들이 세 번째 패러다임에서 가동되기 시작하며 프로이트의 문장을 구성하기 시작합니다. 일단 이것은 1905년부터 형성된 두 번째 패러다임에서는 찾아볼 수 없던 새로운 관점이라고 할 수 있습니다. 두 번째 패러다임에서는 충동 개념이 들어오면서 고착이나 퇴행과 같이 발달론적인 어휘들이 들어오긴 했지만, 리비도의 분배에 관한 어휘들은 보이지 않았습니다. 리비도가 자아에 투자될 수 있다는 개념이 들어와서야 비로소 리비도의 분배라는 관점이 부각되었다는 것입니다. 이는 프로이트가 비슷한 현상이더라도 전혀 다른 방식으로 접근했다는 것을 의미합니다. 가령 두 번째 패러다임의 핵심 키워드로 대상 혹은 대상선택이 있다고 했습니다. 사실 1905년에 충동의 대상과 관련해서 프로이트는 충동에게서 대상은 중요하지 않다고 이야기했습니다. 좀 더 정확하게 표현하자면 어떤 대상이

어도 크게 상관은 없다는 것이었습니다. 애초에 구강 충동의 대상은 어머니의 젖가슴이었습니다. 그런데 그것이 없으니까 아이는 손가락을 빱니다. 손가락이 없으면 뭘 빨까요? 발가락을 빨겠죠. 발가락이 없으면 장난감을 빨 겁니다. 장난감이 없으면 문고리라도 빨아야겠죠. 크게 보면, 상관이 없는 거죠. 충동의 관점, 특히 그 목적인 쾌락이라는 관점에서 보면 그렇다는 겁니다. 그렇기 때문에 충동에서 대상은 중요하지 않다고 이야기한 것이죠. 젖가슴, 손가락, 발가락, 장난감 사이에 일종의 등식이 성립될 수 있다는 것입니다. 물론 여기서 젖가슴은 하나의 출발점, 애초에 잃어버린 대상이기 때문에 다른 대상과는 좀 다르긴 하겠지만, 어쨌거나 여기에는 일련의 대체가 가능합니다. 그렇기 때문에 충동의 대상이라는 개념이 들어오면서 대상의 대체라는 용어가 같이 묶여서 들어왔습니다. 만일 세 번째 패러다임에서의 리비도의 분배라는 관점에서 접근한다면, 전혀 다른 수사학이 동원될 수도 있었겠죠. 젖가슴에 투자되던 리비도가 철회되어 손가락에 투자되었다가 다시 철회되어 발가락에 투자되는 것처럼 기술되어야 했다는 거죠.

비슷한 현상이지만 이것을 대상의 대체라는 관점에서 보느냐 리비도의 분배라는 관점에서 보느냐는 전혀 다른 결과를 가져올 수 있습니다. 어쨌거나 두 번째 패러다임에서 프로이트가 이러한 현상을 리비도의 분배가 아니라 대상의 대체라는 관점에서 접근한 것은 무엇 때문일까요? 어차피 그 대상들이 같은 종류의 대상들로 묶일 수 있기 때문입니다. 젖가슴, 손가락, 발가락, 장난감은 그냥 대상이라는 하나의 용어로 정리해도 상관이 없기 때문입니다. 대상은 바뀌지만 어차피 리비도의 속성 자체가 바뀌지 않기 때문에 결국 그 대상은 같은 대상이나 마찬가지일 수 있다는 것입니다. 굳이 리비도의 분배라는 관점에서 접근해서 사태를 복잡하게 설명할 필요가 없었던 거죠. 그런데 문제는 자아가 더 이상 리비도와 대립하지 않고 리비도의 대상이 될 수 있다는 생각이 도입되면서부터입니다. 자아라는 대상은 여태까지 프로이트가 이야기했던 대상들과는 전혀 다른 대상입니다. 자아는 손가락이라든가 발가락이라든가 장난감이 서로 대체되는 것처럼, 그런 대상들과 쉽게 대체될 수 있는 대상이 아닙니다. 겉으로는 이러한 대상들의 컬렉션에 넣을 수 있는 듯 보이지만, 리비도의 대상으로 자아를 위치시키는 순간 리비도의 투자 방식 자체가 변질되기 때문입니다. 대상이 외적 대상에서 자아로 바뀌게 되면, 리비도의 투자나 분배가 구조적으로 바뀌게 된다는 것입니다. 단순히 대체라는 관점으로는 더 이상 설명할 수 없는 거죠.

자아에 리비도가 투자되면 그만큼 대상에 대한 리비도의 몫은 줄어듭니다. 만약에 리비도가 완전히 자아로 귀착되면, 세계에 대한 관심은 완전히 사라지게 되겠죠. 그다음부터는 어떤 대상을 들이대도 마음이 동하지 않게 됩니다. 그런 만큼 이는 단순히 대체의 문제가 아닙니다. 투자 방식이 서로 다르고, 심지어 어떤 경우에는 양립 불가능할 수도 있습니다. 그렇기 때문에 프로이트는 이것을 대체가 아니라 리비도의 분배라는 관점에서 접근한 것이고, 바로 그렇기 때문에 세 번째 패러다임에서 리비도의 분배와 관련된 어휘들이 쏟아져 나오기 시작한 것입니다. 「나르시시즘 서론」과 「애도와 멜랑꼴리」를 보면 이를 확연히 느낄 수 있습니다.

이전까지 프로이트는 정신적인 것을 양적인 문제로 희석시키는 경향이 있었습니다. 특히 병리적인 것을 설명하는 데 있어 정상적인 것과 병리적인 것의 차이는 질적인 차이가 아니라 양적인 차이라는 관점을 고수했습니다. 가령 신경증은 누구나 가지고 있고, 다만 정도만 조금씩 다를 뿐이라는 것이죠. 병리적인 것을 양적인 것으로만 접근할 수 있었던 것은 사실 정신병을 신경증과 구조적으로, 다시 말해 질적으로 구분하지 못했기 때문입니다.

세 번째 패러다임에서 리비도의 다양한 투자 방식을 구조적으로 구분해냄으로써 프로이트가 얻게 되는 것은 바로 병리적인 것에 대한 구조적인 접근이었습니다. 신경증과 정신병을 질적으로 구분해낼 수 있게 되었을 뿐 아니라 인간 정신을 기계적이 아니라 유기체적으로, 총체적으로 접근할 수 있게 되었습니다. 바로 이 점이 세 번째 패러다임에서 제시된 경제적 관점이 얻어낸 중요한 성과 중의 하나라고 할 수 있습니다.

지금까지 세 번째 패러다임의 리비도의 분배에 대한 논의가 두 번째 패러다임의 충동의 대상의 대체에 관련된 논의와 어떻게 다른지 살펴보았습니다. 비슷해 보이지만 보는 각도가 전혀 다르죠. 그런데 여기서 좀 더 거슬러 올라가 1890년대의 프로이트의 저술들을 보면, 리비도의 분배나 이동과 연관된 어휘들, 경제적인 관점이 전혀 없는 것은 아닙니다. 당연히 경제적인 관점은 프로이트의 초기 저술부터 정신을 이해하는 한 가지 중요한 축입니다. 그렇기 때문에 어떤 지점에서는 세 번째 패러다임이 첫 번째 패러다임과 많이 비슷하지 않느냐고 할 수도 있지만, 사실 그렇지는 않습니다. 첫 번째 패러다임에서도 경제적인 관점이 있지만, 이때는 관점의 초점이 주체와 대상 사이에서 이루어지는 리비도의 분배와 이동보다는 자극을 받은 육체나 정신 속에서 긴장이나 흥분의 양이 배분되는 방식에 맞추어져 있습니다. 특히 그러한 어휘들을 관통하는 관점은 정신을 하나의 기계처럼 보는 관점이었죠. 1890년대 저술에서는 하나의 신경회로에서 긴장이 발생하고 해소되는 방식에 초점이 맞춰져 있습니다. 대상에 대한 투자 과정 속에서의 리비도의 배분이나 이동이라는 관점은 없습니다. 자아와 대상, 자아와 세계 사이에서 리비도가 어떤 식으로 배분되는지에 대해서는 설명되지 않았죠.

1890년대의 경제적인 관점은 가령 근육에 긴장이나 흥분이 발생될 때 어떤 경우에는 긴장이 해소되고 어떤 경우에는 해소되지 않는지에 대한 논의를 그대로 정신에 적용하는 방식이었다고 볼 수 있습니다. 좀 더 미시적이면서 심리 내적이라고 할 수 있죠. 세계 속에서 리비도가 어떻게 분배되고 어떻게 투자되느냐와 같이 리비도의 분배와 관련된 상호심리적인 그림은 없었습니다. 그렇기 때문에 첫 번째 패러다임에서의 경제적인 모델은 앞서 언급한 병리적인 것의 질적인 차이들을 만들어내지 못했고, 모든 것을 양적인 수준으로 환원시켜버린 것입니다.

리비도의 분배가 상호심리적으로 설명되기 시작하고 리비도의 분배 양식의 차이에 따른 정신 구조의 변별성이 확립되는 것은 오로지 세 번째 패러다임에서라고 할 수 있습니다. 어쨌든 요점은 리비도의 투자와 분배가 세 번째 패러다임에서 핵심적인 문제로 떠오르기 시작했다는 것입니다.

이러한 관점의 이동에서 주축을 차지하고 있는 것이 바로 정신병에 대한 문제입니다. 방금 자아에 대한 리비도의 투자와 세계에 대한 리비도의 투자에 대해 이야기하면서 이들이 궁극적으로 양립할 수 없다고 이야기했는데, 이것이 가장 잘 드러나는 것이 바로 정신병이기 때문입니다. 정신병자들은 세계에 대한 리비도를 모두 다 철회해서 그것을 자아에 투자한 사람들이라는 것입니다. 이로써 리비도의 철회라는 개념이 쟁점이 되기 시작합니다. 이렇게 철회된 리비도가 자아에 투자되는 것, 그것이 바로 나르시시즘적인 퇴행인 것이죠.

정신병에서의 전이의 문제

프로이트가 처음으로 나르시시즘이라는 용어를 공식적으로 사용한 것은 1910년 『레오나르도 다 빈치의 유년의 기억』이라는 글에서였습니다. 그가 나르시시즘이라는 용어를 꺼내든 것은 정신병이 아니라 동성애, 특히 남성 동성애를 설명하기 위해서였던 것이죠. 유년기는 어머니가 자신을 사랑하던 시기, 어머니가 자신을 절대적으로 돌봐주던 시기입니다. 프로이트는 남성 동성애는 그 시기의 자신으로 되돌아가기 위해 자신과 동일한 성을 가진 어떤 대상을 선택해서 그 대상을 유년기의 자신의 자리에 올려놓고, 자신은 그러한 자신을 사랑했던 어머니의 자리에 올려놓는다고 생각하게 되죠.

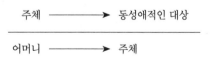

자신은 유년기의 어머니가 되고 자신의 대상을 유년기적인 자신의 자리에 올려놓음으로써 어머니에게 받았던 유년기적인 사랑을 지속한다는 것입니다. 레오나르도 다 빈치가 바로 그런 경우라고 할 수 있습니다.

어쨌든 이것이 나르시시즘이라는 용어를 사용한 최초의 관점, 최초의 시도였습니다. 앞서 『레오나르도 다 빈치의 유년의 기억』은 승화를 다룬다는 점에서 두 번째 패러다임에 귀속된 저술이라고 이야기했는데, 세 번째 패러다임을 예고하는 요소들도 있었던 거죠. 어쨌든 나르시시즘의 출발점이 성도착증, 특히 남성 동성애였다면 나르시시즘을 정신분석 이론 속에 통합할 수 있도록 해준 것은 정신병이었습니다. 왜냐하면 정신병에서 비로소 리비도의 투자 방식의 차이가 쟁점화되면서 그와 더불어 정신 구조의 다양성을 설명할 수 있는 가능성이 생겼기 때문입니다. 반면 『레오나르도 다 빈치의 유년의 기억』에서는 나르시시즘적인 문제틀이 들어가 있긴 했지만, 방금 이야기했던 리비도의 분배와 투자 방식의 차이에 대한 문제는 아직 다뤄지지 않았고, 그렇기 때문에 나르시시즘이라는 용어가 등장함에도 불구하고 두 번째 패러다임에 귀속된다고 볼 수 있는 것입니다. 물론 「편집증 환자 슈레버」에서도 나르시시즘과 동성애의 연관성을 엿볼 수 있습니다. 가령 프로이트는 슈레버의 정신병의 원인은 슈레버의 동성애 때문이라고까지 이야기하게 되죠. 물론 옳은 주장은 아닙니다. 주목해야 할 것은 슈레버 사례가 프로이트가 두 번째 패러다임에 속한 성도착증에 대한 문제에서 세 번째 패러다임에 속한 나르시시즘으로 도약하는 출발점이 된다는 점입니다.

여기서 정신병과 관련해서 언급해둬야 할 것이 있습니다. 바로 전이에 대한 문제입니다. 전이라고 하면 유아기적인 리비도의 투자가 현재의 분석가와의 관계 속에서 재현되는 것을 말하는데, 이미 여기서 전제되어야 할 것은 전이가 결국 리비도의 투자와 분배와 관련되어 있다는 점입니다. 그렇다면 여기서 대상에 투자되어야 할 리비도의 몫이 모두 자아에 투자되면 무슨 일이 벌어질까요?

첫째, 세계에 대한 관심이 사라집니다. 심지어 세계 종말에 대한 망상이 발생하기도 하죠. 물론 프로이트는 관심의 철회와 망상의 구성을 다른 수준에 위치시킵니다. 관심의 철회는 세계로부터 리비도가 철회됨을 말하고, 망상의 구성은 철회된 리비도를 세계에 재투자하고자 하는 시도를 함축하죠. 하지만 어쨌거나 세계 종말의 망상이 요청되는 것은 리비도가 철회되어 있기 때문입니다.

둘째, 세계에 대한 관심이 사라지면서 결국 전이가 발생하지 않습니다. 정신병자의 경우에는 정신분석을 해도 유년기의 리비도의 투자가 지금 현재 상황, 그러니까 분석가와의 관계 속에서 반복되지 않는다는 거죠. 리비도가 모두 다 자아로 집중되어 있기 때문입니다.

이것이 바로 아브라함이 의문을 제기한 정신병의 분석 가능성에 대한 프로이트의 답변이라고 할 수 있습니다. 결국 프로이트는 정신병자는 전이가 일어나지 않기 때문에 분석되지 않는다고까지 이야기하게 되죠. 그러니까 정신분석으로 치료할 수 없다는 것입니다. 물론 이는 어디까지나 프로이트의 관점입니다. 정신병에서는 전이가 일어나지 않는다, 뒤집어 이야기하면 프로이트가 가지고 있는 전이 개념은 아직 정신병에서 일어나는 모든 현상들을 설명할 수 없는 개념인 것입니다. 사실 프로이트 이후의 정신분석가들은 프로이트와 달리 정신병자들에게 전이가 불가능하다고는 말하지 않습니다. 물론 정신병에서 전이가 일어나느냐 아니냐를 따지기 전에 먼저 물어야 할 것은 어떤 전이 개념을 가지고 있느냐는 것입니다. 프로이트의 전이 개념으로 볼 때는 아직 안 되는 것이고, 다른 분석가들이 된다고 할 때는 다른 전이 개념을 가지고 있는 것이겠죠.

어쨌든 프로이트의 전이 개념으로는 정신병자들에게 전이가 불가능합니다. 왜 그럴까요? 그러한 전이 개념은 앞서 언급한 리비도의 분배 구조를 전제로 하기 때문입니다. 자아 리비도 투자와 대상 리비도 투자 사이에 양립 불가능한 리비도의 분배 구조를 전제로 하는 한, 정신병에서는 전이가 불가능하다고 볼 수밖에 없죠. 좀 더 정확히 말하면, 앞서 언급한 리비도의 분배 구조는 정신병은 분석되지 않는다는 테제와 딱 맞아떨어진다고 할 수 있습니다. 이는 프로이트가 정신병은 분석되지 않는다는 생각을 먼저 머릿속에 두고 리비도의 분배 구조에 대해 생각했기 때문입니다. 어떻게 보면 프로이트가 1910년대에 제시한 리비도의 분배 구조는 정신병의 전이 불가능성으로부터 도출해낸 성과라고 할 수 있는 것이죠.

일단 정신병에서 전이가 불가능하다는 식의 관점 때문에 전이에 대한 문제가 부각될 수밖에 없겠지만, 전이라는 현상 자체만 놓고 보면 그것이 언급되기 시작했던 것은 아주 이른 시기부터라고 할 수 있습니다. 『히스테리 연구』에서도 이미 전이에 대해 이야기를 하고 있습니다. 따라서 전이라는 용어 자체가 프로이트에게 등장한 것은 이미 첫 번째 패러다임에서부터입니다. 하지만 전이라는 개념을 정립하면서 전이에 대한 기술적인 저술들이 쓰인 것은 세 번째 패러다임에서부터라고 할 수 있습니다. 「전이의 역학」(1912), 「전이 사랑에 대한 소견」(1915)은 너무나 중요한 논문이라고 할 수 있습니다. 리비도의 투자와 분배라는 관점에서 전이 개념이 확립된 것은 세 번째 패러다임이라고 할 수 있는 것입니다.

전이의 유형학

프로이트는 첫 번째 패러다임에서부터 전이라는 용어를 사용했다고 했습니다. 그렇다면 가령 『히스테리 연구』에서 전이는 무엇을 가리킬까요? 앞서 첫 번째 패러다임의 키워드는 기억, 표상이라고 했습니다. 이때의 전이는 표상의 혼동, 기억의 혼동입니다. 잘못된 결합이라는 용어에 대해 이야기를 했죠? 표상이 잘못 결합하듯이 기억이 교착될 수도 있을 겁니다. 표상들이 서로 결합하거나 분리하듯이 기억 속에서 뭔가 잘못된 결합이 있을 수 있다는 것이죠.

가령 원래는 철수가 나를 때렸는데, 나는 영철이가 때렸다고 기억하고 있습니다. 표상이 잘못 결합된 경우라고 할 수 있습니다. 여기서 한 걸음 더 나아가면, 원래는 아버지가 이상한 눈으로 쳐다봤는데 분석가가 자신을 그렇게 쳐다본다고 여길 수도 있겠죠. 표상과 기억이 다른 대상에 붙어버릴 수 있다는 것입니다. 전이를 잘못된 결합 혹은 기억의 혼동이라고 이야기하는 것은 프로이트가 그만큼 정신분석학적인 의미에서의 전이가 어떤 현상인지 아직 깨닫지 못하고 있다는 뜻입니다. 왜 깨닫지 못할까요? 히스테리의 원인이 유혹이라는 우발적인 사건에서 비롯됐다고 생각한다면 그만큼 전이 역시 우발적인 것, 그러니까 우발적인 기억의 혼동처럼 보일 수밖에 없을 것입니다. 사실 전이를 하나의 정신분석적인 현상으로 바라볼 수 있게 된 것은 두 번째 패러다임에서부터라고 할 수 있습니다. 두 번째 패러다임에서 유년기적인 성생활이 문제가 되면서, 다시 말해 유년기의 성충동, 유년기의 환상 등이 문제가 되면서 전이는 우발적인 것이 아닌 구조적인 것으로서 쟁점화되기 시작합니다. 분석에서 발생하는 그런 식의 혼동이 우발적인 것이 아니라 구조적인 것일 수 있다고 생각하게 된 것입니다. 성인의 신경증 뒤에 유년기의 도착적인 성생활이 있다면, 결국 전이는 그러한 유년기적인 것의 회귀와 밀접한 연관이 있다고 볼 수 있겠죠.

요컨대 분석가를 아버지와 혼동하거나 어머니와 혼동하는 것은 단순한 표상의 혼동 내지는 기억의 혼동이 아니라는 것입니다. 거기에는 보다 근본적인 것이 걸려 있다는 것이죠. 유년기적인 것이 원초적인 것, 일차적인 것으로서 모든 기억의 뿌리 속에 자리 잡고 있다면, 정신분석은 바로 그러한 원초적인 유년기를 불러내는 것이고, 그 점에서 결국 분석가는 원초적인 유년기의 대상과 혼동될 수밖에 없다는 것입니다.

이런 맥락에서 두 번째 패러다임에서 전이는 어떤 식으로 개념화되고 있을까요? 대상이라는 관점, 대상의 혼동이라는 관점에서 개념화됩니다.

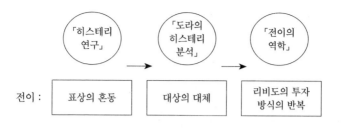

『성욕에 관한 세 편의 에세이』 이후 전이는 표상의 혼동이라는 관점에서 한 걸음 더 나아가 대상의 대체라는 관점에서 접근됩니다. 가령 「도라의 히스테리 분석」에서 전이의 초점은 자극과 환상이 복제되는 가운데 과거의 대상이 현재의 대상, 분석가에 의해 대체된다는 것에 맞춰집니다. 대상과 표상은 다른 차원에 속합니다. 표상이 일종의 기억이라면, 대상에 대한 리비도의 고착은 오히려 그러한 기억의 한가운데에서 표상될 수 없는 어떤 구심점을 포함하고 있죠. 따라서 이 경우 전이는 단순히 표상의 이동이 아니라 표상의 질서로 완전히 환원되지 않는 요소가 반복되면서 나타나는 대상의 대체입니다.

두 번째 패러다임에서 전이가 대상이라는 관점에서 이야기된다면 세 번째 패러다임에서는 어떻게 이야기되고 있을까요? 바로 리비도의 분배라는 관점에서 이야기가 됩니다. 앞서 우리가 대상의 대체라는 문제틀과 리비도의 분배 양식이라는 문제틀의 차이를 이야기했는데, 바로 그 차이가 이 문제, 전이라는 문제와 관련해서도 작동합니다. 이전의 유년기적인 리비도의 투자 방식이 지금 현재의 대상과의 관계 속에서 반복된다는 것이죠. 단순한 표상의 혼동이나 대상의 대체가 아니라 리비도의 투자 방식이 재생되는 것이 문제의 핵심입니다.

이런 식의 전이 개념이 확립되면서 비로소 '전이 신경증^{névrose} de transfert'이라든가 '유아기 신경증^{névrose infantile}'이라는 개념이 성립되기 시작합니다. 전이 신경증이란 넓은 의미에서 리비도의 나르시시즘적인 분배에 기초한 나르시시즘적인 신경증, 즉 정신병과 대립되는 것으로서 리비도가 외부 세계에 분배되는 것에 기초한 신경증, 가령 히스테리나 강박 신경증, 공포증 같은 신경증을 말합니다. 여기서 좀 더 한정적으로 이야기하자면, 전이 신경증은 전이 하에서의 신경증을 말합니다. 그러니까 환자의 신경증이 전이에 의해 재구성될 때 그것을 바로 전이 신경증이라고 합니다. 가령 히스테리 환자가 와서 자신의 증상에 대해 이야기를 한다, 이때의 증상은 분석 밖에서 이루어지는 증상이라고 할 수 있겠죠. 그런데 어느 순간 전이가 일어나면 그러한 증상이 밖에서가 아니라 분석 속에서, 그러니까 분석가와의 관계 속에서 재생될 수 있다는 것입니다. 이때의 신경증을 바로 전이 신경증이라고 부릅니다. 그런데 그러한 전이 신경증에 의해 재생되는 증상을 거슬러 올라가면 바로 유아기 신경증이 있다는 것입니다.

전이 신경증

———

유아기 신경증

정신분석에서 이야기하는 유아기 신경증이란 성인의 신경증 배후에 있는 유아기 콤플렉스를 말합니다. 이를테면 오이디푸스적인 갈등을 말합니다. 가령 늑대인간은 성인이지만 그의 신경증은 유아기 신경증에서 비롯됐다고 할 수 있는 것입니다.

두 번째 패러다임의 테제가 '신경증은 도착증의 음화다'라고 했는데, 세 번째 패러다임부터 프로이트가 주장하는 것은 '성인의 신경증은 유아기 신경증의 음화다'라는 테제입니다. 첫 번째 테제가 오로지 성적 충동의 다형성에만 초점을 맞추고 있다면, 1910년대에 개진된 다양한 개념들, 전이, 오이디푸스 콤플렉스, 거세 콤플렉스 등의 개념들은 좀 더 복잡하고 정교한 개념들이라고 할 수 있습니다.

정신분석 치료의 진화

전이에 대한 설명이 좀 길어졌는데, 여기서 중요한 것은 전이라는 개념이 세 번째 패러다임에서 확립되면서 정신분석 그 자체에 대한 관점, 즉 정신분석의 치료 과정이나 치료 목적에 대한 나름의 비전 역시 수정되면서 재확립되었다는 사실입니다. 그렇다면 어떤 식으로 이루어졌는지 한번 살펴보겠습니다.

첫 번째 패러다임에서 두 가지 축에 대해 이야기했습니다. 첫번째 축은 기억, 표상, 관념의 축, 소위 시니피앙의 축이라고 이야기했습니다. 두 번째 축은 정동의 축, 양의 축, 에너지의 축입니다. 이 두 가지 축 중에서 처음에 프로이트가 관심을 기울였던 것은 두 번째 축인 정동의 축이었습니다. 정신분석 치료의 출발점은 카타르시스 요법이었습니다. 억눌린 정동을 해소하는 것, 어떤 사건의 표상이 유발한 불쾌한 정동을 청소하는 것이바로 카타르시스 요법입니다. 이때까지만 해도 정신분석이라고 볼 수는 없고 일종의 정신분석의 전사라고 할 수 있습니다.

카타르시스: 방출과 해소 → 자유연상: 기억의 복원/내러티브 재구성 → 해석: 무의식의 형성물 → 전이를 다루기: 환상의 구성

그러다가 프로이트가 본격적으로 정신분석을 발명할 수 있었던 것은 첫 번째 축을 강조하면서부터입니다. 소위 자유연상이라는 근본 원칙을 제시하면서 정신분석이 시작되었던 것이죠. 자유연상이란 자유롭게 표상을 굴리는 작업입니다. 그렇다면 이러한 자유연상을 통해서 프로이트가 도달하려고 했던 것은 무엇일까요? 잃어버린 기억의 고리를 찾는 것이겠죠. 여기서 중요한 것은 일종의 내러티브의 재구성입니다. 우리의 기억 속에는 빠진 고리들이 있습니다. 초기의 정신분석은 바로 그 고리들을 복원하면서 자신의 삶을 어떤 하나의 내러티브 속에서 재구성하는 것이라고 할 수 있습니다. 이때의 정신분석은 결국 억압된 기억의 복원과 내러티브의 재구성이라는 목표가 있는 것이죠. 『꿈의 해석』을 기점으로 여기에 한 가지가 더 추가되는데 바로 '해석interprétation'이라는 작업입니다. 그전까지 분석은 기억 속의 빠진 고리는 무엇인가에 초점이 맞춰져 있었습니다. 환자가 분석 속에서 기억의 연쇄를 제시하면, 그때 무슨 일이 있었는가를 빠진 기억이라는 관점에서 추적하는 것이죠. 일종의 탐정놀이라고 할 수 있죠. 그런데 『꿈의 해석』을 기점으로 환자가 연상을 하면 분석가는 그것을 해석하기 시작합니다. 정신의 표상이 사건이 아니라 무의식적인 욕망을 중심으로 구축된다면 분석가는 환자의 연상 속에서 그 뒤에 깔려 있는 무의식적인 욕망이 무엇인가를 추적하게 됩니다. 소위 무의식의 형성물

들인 꿈, 말실수, 증상 등을 해석하는 것이죠. 이것이 바로 정신분석 실천이 진화하는 세 번째 단계라고 할 수 있습니다.

두 번째 패러다임에서 성욕과 환상이 강조되고, 세 번째 패러다임에서 전이라는 개념이 부각되면서 문제의 핵심은 전이를 다루는 것이 됩니다. 전이를 어떤 식으로 다루느냐가 정신분석의 성패를 가르는 중요한 문제가 될 뿐 아니라 전이라는 현상을 중심으로 치료를 하는 것이 정신분석의 본질이 되는 것입니다.

요컨대 정신분석을 다른 심리 치료와 구별해줄 수 있는 것은 정신분석은 전이라는 현상과 더불어, 그리고 전이 속에서 치료를 한다는 점입니다. 전이 속에서, 전이에 대해 조작을 가함으로써 치료를 한다는 것이죠. 전이가 억압된 유년기의 신경증을 재생하는 것이라면, 이렇게 전이를 통해 다루게 될 것은 결국 유년기의 무의식적인 환상이며 정신분석은 그러한 무의식적인 환상을 구성하는 것이 됩니다. 분석 과정의 목표가 전이를 통해 환상을 구성하는 것이 되죠. 이렇게 정신분석 자체에 대한 관점이 변화를 겪게 되는데, 이러한 변화는 어쨌거나 패러다임의 전환 속에서 수반되는 하나의 필수적인 결과라고 할 수 있습니다. 경험이 바뀌면 개념이 바뀌고, 개념이 바뀌면 결국 분석에 대한 관점이 바뀌게 되는 것입니다.

충동과 충동의 운명

지금까지 나르시시즘이라는 개념이 세부적인 수준, 특히 분석의 실천이라는 수준에서 어떤 파장을 만들어내는지 살펴보았습니다. 이제는 좀 더 멀리 나아가 실천이 아니라 이론, 특히 메타심리학적인 이론에서 어떤 세부적인 변화가 발생하는지 알아보겠습니다. 사실 지금부터 하는 이야기들이 지금까지 한 이야기들보다 더 중요합니다.

일단 출발점은 여전히 하나입니다. 나르시시즘이라는 개념이 들어오고, 현상을 설명하는 방식이 리비도의 분배와 투자라는 관점으로 집중된다는 것이죠. 이때 이런 관점의 전환과 더불어 어떤 개념들이 만들어질까요? 리비도가 대상에게 투자되었다가 철회되어 자아에게 투자된다는 개념입니다.

이런 현상은 흔히 일어날 수 있습니다. 누구나 나르시시즘을 갖고 있기 때문입니다. 그런데 이것이 극단적이 되면 정신병이 일어난다는 것입니다. 극단적인 결과라고 할 수 있는 정신병에 대한 이야기는 접고 좀 더 광범위한 수준에서 이야기를 해본다면, 이런 메커니즘의 결과로 나타날 수 있는 현상은 리비도가 분배되는 과정 속에서 충동의 형태, 충동이 작동하는 방식이 바뀔 수 있다는 것입니다. 다시 말해, 리비도가 주체와 외부 대상 사이에서 분배되는 다양한 과정은 주체와 외부 대상 사이의 관계 양상이 변화하는 과정입니다. 가령 리비도 투자가 주체에서 외부 대상으로 이동하게 되면, 외부 대상의 자리에 주체가 위치하게 되면서 충동이 만족되는 방식이 바뀔 수 있게 되겠죠. 결국 주체와 외부 대상의 관계를 결정짓는 것은 바로 충동의 형태이므로, 리비도가 분배되는 과정은 또한 충동의 형태가 변환되는 과정이라고 할 수 있습니다.

가령 충동의 형태가 어떻게 바뀔 수 있을까요? 두 가지 수준에서 이야기할 수 있습니다. 하나는 태의 전환입니다. 능동태에서 수동태로의 전환이 발생할 수 있습니다. 어떤 경우일까요? 사디즘적인 형태의 충동에서 마조히즘적인 형태의 충동으로 바뀌는 경우입니다. 혹은 관음증에서 노출증으로의 전환이 발생할 수 있습니다. 물론 그 반대 방향의 전환 역시 가능하겠죠. 사디즘적인 형태의 충동에서 마조히즘적인 형태의 충동으로 바뀐다고 했는데, 가령 때리는 데서 쾌락을 얻다가 때릴 사람이 없으면 어떻게 될까요? 스스로를 때리도록 유도하면서 쾌락을 만들어내겠죠. 관음증에서 쾌락을 얻다가 여의치 않으면 어떻게 될까요? 스스로를 누군가에게 보여주면서 쾌락을 얻는다는 거죠. 이것이 태의 전환입니다.

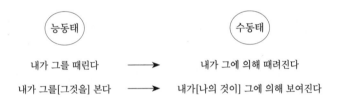

프로이트는 이것을 문장의 형식으로 압축합니다. 사디즘은 '내가 그를 때린다', 마조히즘은 '나는 그에 의해 때려진다'입니다. '그가 나를 때린다'가 아니라 '내가 그에 의해 때려진다'입니다. 태를 고려하지 않으면 이해가 되지 않죠. 그렇다면 관음증은 '나는 그를 본다'겠죠. 좀 더 정확히 말하면, '나는 그의 것을 본다'입니다. 내가 보는 것은 '그'가 아니라 '그의 무엇'이죠. 노출증은 뭘까요? '내가 그에 의해 보여진다'라고 할 수도 있지만, 여기서도 여전히 분명히 해야 합니다. 노출증은 '그것이 그에 의해 보여진다'입니다. 여기서 '그것'이란 나의 성기를 말하죠. 어쨌거나 이런 식으로 문장이 전환되는 것처럼 충동의 형태가 바뀔 수 있다는 것입니다.

태의 전환이 첫 번째 전환이라면, 두 번째 형태 변화는 자기 자신으로의 회귀입니다. 가령 마조히즘은 주체 자신으로 되돌려진 사디즘이 아니겠느냐는 겁니다. 외부의 대상에 대해 가하는 사디즘을 자기 자신에게 되돌릴 때 마조히즘이 발생한다는 것이죠. 또 노출증은 관음증을 자기 자신으로 되돌린 것이 아니겠느냐는 것입니다. 여기서 동일한 현상에 대해 두 가지 기제를 귀속시켜 설명하고 있는 듯 보이지만 동일한 현상이 아닙니다. 첫 번째에서 문제의 쟁점은 태의 전환입니다. 두 번째에서는 태의 전환은 일어나지 않습니다. 여기서 문제는 대상을 교체하는 것이라고 할 수 있습니다. 외부 대상 대신 나를 올려놓은 겁니다. 가령 강박증자들이 보이는 자기파괴적인 성향이 바로 그런 경우라고 할 수 있습니다. 강박증자들이 보이는 자신을 괴롭히는 행위들, 이것은 사디즘일까요, 마조히즘일까요? 앞의 태의 전환이라는 측면에서는 설명이 잘 안 되죠. 스스로 고생한다는 점에서는 마조히즘처럼 보이지만 궁극적으로는 능동형이기 때문입니다. 이는 수동태로의 전환이 아니라 사디즘을 자기 자신으로 되돌린 것에 지나지 않다는 것입니다. 그렇기 때문에 프로이트는 태의 전환과 자기 자신으로의 회귀를 구분한 것이죠.

두 가지 유형의 충동 변환에 대해 이야기했는데, 이러한 변환을 프로이트는 '충동의 운명destin de la pulsion'이라고 불렀습니다. 1915년 「충동과 충동의 운명」이라는 논문에서 제시된 네 가지 운명 중 두 가지라고 할 수 있습니다. 「충동과 충동의 운명」에서 프로이트가 제시한 네 가지 운명은 반대 방향으로의 전환, 주체 자신으로의 회귀, 억압, 승화입니다. 반대 방향으로의 전환이 바로 앞서 이야기한 태의 전환입니다. 억압과 승화는 그 글에서 논의되고 있지 않습니다.

앞서 성욕이 들어오면서 승화가 같이 들어왔다고 이야기했습니다. 억압과 승화는 사실 세 번째 패러다임이 아니라 두 번째 패러다임에서 제시된 운명입니다. 따라서 그리 새로운 게 아니죠. 새로운 것은 바로 태의 전환과 자기 자신으로의 회귀입니다. 프로이트가 갑자기 이러한 전환에 대해 이야기한 것은 당연히 나르시시즘이라는 개념의 도입과 더불어 자아도 리비도의 투자 대상이 될 수 있다고 생각했기 때문입니다. 이런 생각을 하지 않았다면 절대로 그런 식의 전환에 대해 이야기할 수 없었을 것입니다.

실제로 프로이트는 「충동과 충동의 운명」에서 사디즘에서 마조히즘으로의 전환에 대해 논의할 때면 거기에 나르시시즘의 기미가 있다는 식으로 이야기합니다. 물론 여기서 주의해야 할 것은 사디즘에서 마조히즘으로의 전환이니 관음증에서 노출증으로의 전환이니 하는 것들이 도착증에만 국한된 이야기가 아니라는 것입니다. 여전히 병리적인 범주로서의 도착증이 문제가 아니라 충동의 형태로서의 도착이 문제인 것입니다. 그렇기 때문에 이러한 논의는 도착증에만 해당되는 것이 아니라 신경증자들이 보이는 충동의 분절에도 유효하다고 할 수 있습니다. 반면 뒤집어 이야기하면 이러한 논의만으로는 도착증의 구조를 설명할 수 없다는 것이죠. 지난 강의에서 이야기를 했지만 도착증의 구조에 대한 논의는 더 이후에 가능해지게 됩니다.

어쨌든 이렇게 제시된 충동의 두 가지 변환 형태는 나르시시즘이라는 문제틀과 연동돼서만 생각할 수 있기 때문에 두 번째 패러다임에서는 전혀 볼 수 없는 생각입니다. 물론 두 번째 패러다임에서도 충동의 변환에 대해 이야기합니다. 하지만 이때는 목적과 대상이라는 수준에서의 변환이었습니다. 목적의 변환은 승화와 관련된 것이고 대상의 변환은 앞서 언급한 테제, 즉 충동에 있어서 대상은 중요하지 않다는 테제와 연관이 있습니다. 어쨌든 충동은 대상이나 목적을 바꿔서라도 자신이 겨냥하는 것, 즉 만족을 얻어낸다는 것이 두 번째 패러다임에서 제시된 주장이라면, 세 번째 패러다임에서 프로이트가 주장하는 내용은 충동은 태를 바꾸거나 방향을 뒤집어서라도 자신의 목표에 도달한다는 것입니다. 충동이 그리는 이런 식의 변환의 양상들, 마치 문법적인 변환처럼 작동하는 변환의 양상들은 매우 중요합니다. 이것은 단순히 하나의 관념이나 개념으로 끝나지 않습니다. 프로이트의 사유 전반에 스며서 다른 개념들이 형성되는 방식에 지대한 영향을 미치게 됩니다. 그렇다면 과연 어떤 방식으로 영향을 미칠까요?

지금까지 충동의 수준에서 나타나는 변환에 대해서 이야기했는데 프로이트는 이 과정에서 충동의 작동을 문장으로 축소시켜서 이해하고 있습니다. 그리고 프로이트는 이와 같은 방법을 다른 곳에도 적용합니다. 일단 첫 번째는 망상입니다. 정신병자의 망상이죠. 「편집증 환자 슈레버」에서 프로이트는 슈레버의 망상을 슈레버의 동성애적인 충동을 부정하는 방식으로 설명합니다. 가령 슈레버의 동성애적인 충동을 문장화하면 어떻게 될까요? '나는 그를 사랑한다'겠죠. 이러한 충동을 뒤집어 투사하는 방식으로 망상이 만들어진다는 것입니다. 충동을 뒤집는다? 여기서는 반대 방향으로 뒤집거나 반대의 성으로 뒤집는 것을 말합니다. 투사란 자신이 가지고 있는 것인데 그것을 남이 가지고 있다고 전가하는 것입니다. 내가 상대를 미워할 때, 투사를 하면 상대가 나를 미워한다고 생각하게 되겠죠. 또 연인이나 부부 사이에서도, 자신이 다른 누군가를 욕망하면서 자신의 연인이 오히려 바람을 피우는 것은 아닌가 의심하는 것 역시 투사라고 할 수 있습니다.

그렇다면 정신병자의 망상은 구체적으로 어떤 식으로 만들어질까요? 일단 기본적인 충동의 문장은 이렇습니다. '나는 그를 사랑한다.' 동성애적 충동입니다. 이것을 반대로 뒤집으면 어떻게 되죠? 이 경우에는 태를 뒤집는 것이 아니라 내용을 뒤집죠. '사랑한다'를 '미워한다'로 뒤집죠.

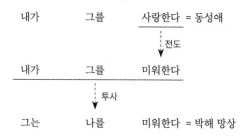

'나는 그를 사랑한다'를 '나는 그를 미워한다'로 뒤집게 됩니다. 그런 다음에 이것을 투사합니다. 내가 그를 미워하는 것이 아니라 그가 나를 미워하는 것으로 투사하는 겁니다. 이렇게 되면 '박해 망상^{délire de persécution}'이 만들어지죠. 여기서 한 걸음 더 나아가 '나는 그를 사랑한다'라는 문장에서 '그'라는 목적어 대신에 '그녀'를 넣는 거죠. '나는 그녀를 사랑한다.' 이것을 외부로 투사하면 내가 그녀를 사랑하는 것이 아니라 '그녀가 나를 사랑한다'가 되죠. '에로토마니아 망상^{délire érotomaniaque}'입니다.

프로이트는 이런 식으로 정신병에서 망상이 만들어지는 방식을 설명합니다. 망상은 충동을 반대 방향으로 뒤집어 그것을 외부로 투사하는 방식으로 만들어집니다. 프로이트가 정신병적인 망상이 만들어지는 과정에 대해 이야기하면서 충동을 반대 방향으로 뒤집는 것에 대해 언급했는데, 「충동과 충동의 운명」에서 이야기되던 충동의 변환과 매우 유사한 형태라고 할 수 있습니다. 다만 여기서 분명히 짚어야 할 것이, 일단 「충동과 충동의 운명」에서 제시된 충동의 변환, 그러니까 태의 전환이나 자기 자신으로의 회귀는 어쨌거나 외부 대상에 대한 리비도 투자를 전제로 한다는 것이죠. 그러니까 대상 리비도 투자와 관련된 충동의 변환이라는 겁니다. 반면에 슈레버 사례에서 망상이 만들어지는 과정에서의 충동의 변환은 나르시시즘적인 리비도 투자와 관련이 있습니다. 그러니까 대상에 대한 리비도가 철회되어 자아로 몽땅 귀속되면서 발생하는 리비도 투자 방식과 관련된다는 것입니다. 요컨대 「충동과 충동의 운명」은 대상 리비도 투자와 관련된 것이고, 「편집증 환자 슈레버」는 나르시시즘적인 리비도 투자와 관련된 것이라고 할 수 있습니다.

지금 우리는 「충동과 충동의 운명」에서 충동이 변환되는 방식이 프로이트가 개념들을 만들어가는 데 어떤 식으로 영향을 미치는지 이야기하고 있습니다. 그 첫 번째를 망상의 수준에서 찾았다면 두 번째는 환상에서 찾을 수 있습니다. 바로 1919년의 「아이가 매를 맞아요」가 그 내용이라고 할 수 있습니다. 프로이트는 환자들이 환상을 가질 때, 그 환상이 여러 가지 형태로 변환된다고 이야기합니다. 그리고 이것을 아이들의 매 맞는 환상을 통해서 추론해냅니다. 여기서 여태까지 자신이 충동의 변환과 관련해서 제시했던 모든 지식을 동원해서 충동의 변환보다 더 복잡한 환상의 변환에 대해 이야기하게 되죠. 이 부분은 앞서 생략했던 오이디푸스 콤플렉스와 거세 콤플렉스와 연동되어 있습니다.

7강

나르시시즘의 문제들

세 번째 패러다임에 나르시시즘이라는 개념이 추가되면서 많은 변화가 발생했습니다. 일단 심리적인 갈등에 대한 도식이 바뀌었습니다. 자아 이상이라든가 동일시라는 개념이 들어오면서 심리적인 갈등이 이전과는 다른 방식으로 전개됩니다. 자기보존적인 충동과 성적인 충동의 대립이 자아 리비도와 대상 리비도의 대립으로 바뀐다는 점도 지적했습니다. 1910년대의 저술에서는 정신분석학의 모든 개념들이 바로 이 두 가지 투자 방식, 즉 자아 리비도와 대상 리비도 사이의 대립 속에서 전개됩니다. 정신병에서의 전이의 문제뿐 아니라 전이 일반의 문제부터 치료에 대한 관점의 변화까지 다양한 수준에서 개념들이 자아 리비도와 대상 리비도 사이의 대립을 통해 설명되기 시작하죠. 이러한 변화의 양상 뒤에는 일관된 하나의 경향이 있는데 바로 프로이트가 점점 리비도의 분배와 이동이라는 관점으로 경험을 재단하기 시작한다는 것입니다.

앞서 리비도의 분배라는 문제가 어떻게 프로이트로 하여금 패러다임을 전면적으로 수정하도록 만들었는지 살펴보았습니다. 똑같은 현상을 읽어도 그것을 대상의 대체라는 관점으로 보느냐 리비도의 분배라는 관점으로 보느냐는 전혀 다른 결과를 만들어낼 수 있습니다. 가령 이러한 관점의 이동 덕분에 프로이트의 이론에 핵심적인 축이 되는 중요한 발견이 이뤄지는데, 그것은 바로 충동의 운명이 그려지는 궤적 속에서 충동이 마치 문법적인 변환을 하듯이 변신할 수 있다는 것입니다.

충동이 변신한다, 가령 문법적인 태의 전환과도 같은 반대 방향으로의 전환이라든가 목적어의 자리에 주어를 위치시키는 자기 자신으로의 회귀와 같은 형태 변환이 바로 그것입니다. 사디즘에서 마조히즘으로의 전환, 관음증에서 노출증으로의 전환. 굉장히 중요한 이야기이고, 다양한 논의를 이끌어낼 수 있는 테제입니다.

가령 인간의 성욕이 어떻게 동물의 성욕과 다른지, 충동이 어떻게 본능과 다른지에 대해서도 이야기할 수 있을 것입니다. 단순히 성욕이 본능의 수준에 있는 것이라면 이런 식의 변환은 일어나지 않겠죠. 예를 들어 우리는 사디즘적인 공격성을 동물의 공격성과 종종 혼동하는데, 이것은 전혀 혼동의 여지가 없습니다. 인간의 공격성은 앞서 이야기한 변환의 질서를 따르는 반면, 동물의 공격성은 절대로 이런 식으로 변환되지 않습니다. 사자가 사슴을 잡아먹으려고 공격하다가 여의치 않다고 해서 스스로를 자해하지는 않습니다. 반면에 인간은 공격성을 외부로 표출할 수 없을 때 그것을 내부로 전환시킬 수 있습니다. 이러한 전환이 가능하기 때문에 공격성 역시 본능이라고 하지 않는 것입니다. 멜랑꼴리도 이런 경우 중의 하나입니다. 앞서 멜랑꼴리를 리비도의 분배와 동일시라는 관점에서 이야기하면서 멜랑꼴리에는 상실된 대상과의 동일시를 통해서, 상실된 대상에 대한 공격성을 자기 자신에 대한 공격성으로 되돌리는 과정이 있다고 말했습니다. 이러한 동일시에 함축된 것은 자기 자신으로의 회귀입니다. 대상에 대한 공격성을 자기 자신에 대한 공격성으로 뒤집어버리는 과정이죠. 이 역시 충동의 변환이라는 관점에서 설명될 수 있습니다. 실제로 프로이트는 1915년에 「충동과 충동의 운명」을 쓰고, 같은 해에 「애도와 멜랑꼴리」를 집필하는 과정에서 멜랑꼴리에서 발생하는 충동의 변환에 대해 이야기하게 됩니다. 이처럼 '충동의 운명'이라는 표제 아래 놓일 수 있는 충동의 변환은 프로이트의 사유를 관통하는, 심지어는 정신분석학을 관통하는 핵심적인 발견이 될 수 있습니다. 하지만 아직 왜 그런가에 대해서는 이야기하지 않았습니다. 이를 설명하기에 앞서 우선 오이디푸스 콤플렉스에 대해 먼저 이야기하겠습니다.

나르시스트 오이디푸스

나르시시즘이라는 개념이 들어오면서 여러 가지가 변했다고 이야기했는데, 그중 하나가 오이디푸스 콤플렉스입니다. 앞서 나르시시즘이 들어오면서 자아 이상과 동일시라는 문제틀이 부각되기 시작했다고 했는데, 이러한 문제틀이 부각되는 과정 속에 오이디푸스 콤플렉스가 끼어 있습니다. 자아 이상과 동일시가 형식적인 프로세스를 가리킨다면, 그러한 프로세스로 채워지는 것이 바로 오이디푸스 콤플렉스이기 때문입니다. 가령 유아에게 자아 이상과 동일시 과정에서 실질적으로 문제가 되는 것은 바로 오이디푸스 콤플렉스입니다. 왜냐하면 유아에게 자아 이상과 동일시는 결국 부모라는 대상들을 중심으로 펼쳐지기 때문입니다. 물론 이것은 나르시시즘이라는 개념이 들어오면서 더불어 오이디푸스 콤플렉스라는 개념 역시 변화를 겪는다는 것이 전제됩니다.

오이디푸스 콤플렉스라는 용어가 출현한 것은 1909년의 「가족 로맨스」라는 저술이지만 개념 자체는 그보다 훨씬 더 오래되었습니다. 『정신분석의 탄생』에 실린 「플리스에게 보낸 편지」에서부터 시작해 『꿈의 해석』을 보면 오이디푸스 콤플렉스라는 용어는 없어도 그러한 용어에 담길 만한 개념을 충분히 찾을 수 있습니다. 하지만 프로이트가 1910년대에 이야기하게 될 오이디푸스 콤플렉스는 이전까지 프로이트가 생각했던 오이디푸스 콤플렉스가 아닙니다. 그전까지의 오이디푸스 콤플렉스는 우리가 흔히 생각하는 개념과 다르지 않습니다. 반대 성의 부모를 사랑하고 같은 성의 부모와 갈등을 일으키는 것, 가령 엄마를 사랑하고 아버지를 미워하는 것, 아버지를 죽이고 어머니를 차지하고자 하는 소망입니다. 프로이트가 이러한 개념의 오이디푸스 콤플렉스로 들어갈 수 있도록 해준 것, 그것은 어머니에 대한 욕망이 아니라 아버지에 대한 죄책감입니다. 아버지만 보면 왜 죄책감이 들까요? 아마도 아버지를 미워하고 죽이고 싶은 마음이 있었기 때문이라는 거죠. 이것이 바로 프로이트가 처음 오이디푸스 콤플렉스를 생각하는 방식이었습니다. 하지만 1910년대 오이디푸스 콤플렉스에서 문제의 핵심은 더 이상 부친 살해에 대한 욕망이 아닙니다. 그 뒤에는 뭐가 있느냐면, 또한 내가 그처럼 되고 싶은 나르시시즘적인 욕망이 있다는 것입니다. 그처럼 위대해지고 싶은 바람, 누구보다도 더 강한 아버지를 갖고 싶은 바람, 그리고 궁극적으로는 그의 자리에 내가 오르고 싶은 바람이 있다는 것이죠. 오이디푸스 콤플렉스 속에 나르시시즘이라는 개념이 들어가게 되는 것입니다. 이것이 바로 1910년대에 프로이트가 제시하는 오이디푸스 콤플렉스입니다.

오이디푸스는 아버지처럼 되고 싶은 욕망과 어머니를 대상으로 갖고 싶은 욕망 사이에서 갈등을 일으킵니다. 그리고 그 갈등의 해결은 언젠가는 나도 아버지처럼 '되는' 것을 약속 받는 대신에 어머니를 포기하는 방식으로, 일종의 나르시시즘적인 기약의 형태로 이루어지게 됩니다. 요컨대 오이디푸스적인 갈등도 나르시시즘에서 비롯되고, 그 갈등의 해결도 나르시시즘에 의해 이루어지죠. 단순히 '어머니를 좋아하니 아버지가 미워지겠지' 혹은 '아버지를 좋아하니 어머니가 미워지겠지'가 아닙니다.

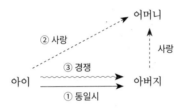

오이디푸스적인 갈등이 나르시시즘에서 비롯된다, 아버지처럼 되고 싶으니까 어머니를 차지하고 싶은 것입니다. 어머니에 대한 사랑보다 더 앞서서 아버지와 동일시하는 단계가 있을 수 있다는 것이죠. 그러다가 어머니가 좋아지면 역설적이게도 자신이 되고 싶었던 아버지와 갈등을 일으키게 된다는 것입니다.

바로 이쯤에서 '양가감정ambiralence'이라는 개념이 등장하게 되죠. 그가 되고 싶다는 것은 자신이 그만큼 그를 사랑한다는 것인데, 결국 그가 되고 싶기 때문에 그와 갈등을 해야 하는 관계가 되어버립니다. 이렇게 갈등을 하게 되면 결국 언젠가는 어머니라는 대상을 포기해야겠죠. 그런데 어떤 보상을 받는 조건 하에 포기를 한다는 거죠. 그러니까 나중에 아버지처럼 될 수 있다는 기대 하에서 포기를 한다는 것입니다. 갈등의 해결 역시 나르시시즘에 의해 이루어지는 것이죠. 이렇게 오이디푸스 콤플렉스의 개념 속에 나르시시즘이 들어오면서 그에 대한 생각이 바뀌게 되었는데, 이러한 오이디푸스 콤플렉스 속에서 어머니라는 대상을 포기하게 되는 과정에 또 다른 중요한 개념이 등장하게 됩니다. 바로 거세 콤플렉스입니다.

남근적 나르시시즘

앞서 오이디푸스적인 대상의 포기가 언젠가는 그처럼 될 수 있다는 기대 속에서 이뤄질 수 있다고 했습니다. 이러한 약속은 일종의 포기의 조건이라고 할 수 있겠죠. 보상을 조건으로 포기를 한다는 겁니다. 그런데 이것은 말 그대로 포기의 조건이지 왜 포기를 해야 하느냐에 대한 답은 아닙니다. 그렇다면 그 답은 무엇일까요? 바로 거세 콤플렉스입니다. 왜 포기를 해야 할까요? 두려우니까 포기해야 한다는 것이죠. 무엇이 두려울까요? 거세될까 봐 두렵다는 것입니다. 요컨대 오이디푸스적인 대상선택은 거세 위협으로 인해서 포기가 되었다는 것입니다. 지금 이야기한 것은 남자 아이의 경우입니다. 여자 아이는 또 다릅니다.

바로 이 지점이 거세와 오이디푸스가 엮이는 지점입니다. 앞서 이야기했듯이 오이디푸스 콤플렉스와 거세 콤플렉스라는 개념은 프로이트에게서 동시적으로 나타나지 않았습니다. 일단 오이디푸스 콤플렉스에 대해 이야기하고 나중에 거세 콤플렉스를 이야기하게 되죠. 두 가지가 따로따로 제시되다가 어떤 지점에서 꽉 맞물리게 됩니다. 1924년 「오이디푸스 콤플렉스의 해소」라는 논문이 바로 그 두 개가 연동되기 시작하는 논문입니다. 그전까지는 거세 콤플렉스에 대한 논의가 있었지만 오이디푸스와 같이 이야기된 적이 없습니다. 서로 별다른 연관성이 없는 것처럼 제시되었죠.

거세 콤플렉스라는 용어는 1908년 「어린아이의 성이론에 관하여」라는 논문에서 처음 등장합니다. 아이가 자신의 충동에 입각해서 현실을 해석하고 이론화한다, 이때 성에 대한 세 가지 이론이 있을 수 있다고 했습니다. 첫 번째는 탄생에 대한 항문적 이론, 두 번째는 성교에 대한 가학적 이론, 세 번째는 남근의 보편성에 대한 이론입니다. 여기서 세 번째 이론이 바로 거세 콤플렉스와 관련이 있습니다. 아이는 성적인 차이를 알지 못하고 모든 사람에게 남근이 있다고 믿는다는 것이었죠. 이러한 믿음은 어떻게 만들어졌을까요? 그것은 이러한 믿음의 배후에 무언가가 있기 때문이겠죠. 여성의 성기가 불러일으키는 어떤 정동이 있는 거죠. 남근이 없는 것에 대한 혐오감, 남근이 없어질지도 모른다는 위협 또는 남근이 있었으면 하는 선망 같은 것이 있을 수도 있겠죠. 남근이 없는 것에 대한 혐오감이나 위협을 거세 불안이라고 하고, 남근이 있었으면 하는 바람을 남근 선망이라고 합니다. 남자의 거세 불안과 여자의 남근 선망, 이 둘을 합쳐 거세 콤플렉스라고 하죠. 이것이 프로이트가 1908년 논문에서 처음으로 제시한 거세 콤플렉스입니다. 꼬마 한스의 분석에서 비롯된 결과라고 할 수 있죠. 꼬마 한스가 어머니에게 남근이 부재한다는 사실을 알게 되면서 느끼는 정동들을 분석하면서 프로이트는 거세 콤플렉스의 존재를 가정하게 됩니다.

처음에 제시된 거세 콤플렉스는 해부학적인 사실에 대한 반응이라고 할 수 있습니다. 그 당시까지만 하더라도 문제는 남근 자체가 아니라 남근이 있느냐 없느냐라는 해부학적인 문제였습니다. 다시 말해, 프로이트에게 남근이라는 개념이 정립되기 이전에 거세 콤플렉스라는 개념이 먼저 도입되었던 것이죠. 왜 이런 일이 벌어졌을까요? 프로이트는 개념에서 출발한 것이 아니라 경험에서 출발했기 때문입니다. 환자들을 분석해보니 그들에게는 유년기에서 비롯된 어떤 공포감이나 선망이 있더라는 겁니다. 그 공포감이나 선망은 남근이 있느냐 없느냐라는 해부학적인 사실과 관련되어 있다는 거죠. 이것이 바로 출발점이었기 때문에 프로이트는 남근이 무엇인지, 남근이 어떤 역할을 하는지에 대해 이야기하기 전에 먼저 거세 콤플렉스에 대해 이야기했던 것입니다. 그러니까 초기에는 단순히 현상학적인 개념이었죠. 환자들의 정동에 대한 현상적인 기술이라고 할 수 있습니다. 그러다가 그러한 거세 콤플렉스가 하나의 분석적인 개념이 되는 것은, 한 걸음 더 나아가 '왜 거세 콤플렉스가 나타났는가', 그러니까 '남근이 없다는 사실이 왜 그렇게 공포스러운가' 혹은 '왜 남근이 선망을 낳는가'라고 질문을 던지게 될 때죠.

이 문제에 대해 하나의 해답을 제시해준 것이 나르시시즘입니다. 왜 거세 콤플렉스가 나타나는가? 왜 거세가 그토록 파국적인 결과를 낳을 수 있는가? 왜냐하면 그만큼 남근이라는 기관이 나르시시즘적으로 투자되어 있기 때문이라는 것이죠. 남근이 나르시시즘이 투자되는 중요한 기관이기 때문에 그만큼 남근의 부재는 강렬한 공포심이나 선망을 만들어낼 수 있다는 것입니다. 가령 중년의 남성들은 남근이 제대로 작동하지 않는 것에 대해 굉장히 두려워하죠. 그만큼 그들이 남근을 과대평가하고 있기 때문이겠죠. 마치 남근이 곧 자기 자신인 듯 리비도를 투자하는 거죠. 남근이 잘릴 수 있다는 불안감은 결국 나르시시즘이 훼손될 수 있다는 불안감입니다. 나르시시즘적인 자신감은 남근에 대한 나르시시즘적인 투자와 무관하지 않은 것이죠.

프로이트에게 이 모든 일은 결국 나르시시즘이라는 개념의 도입을 통해 가능해집니다. 1908년의 「어린아이의 성이론에 관하여」에서 남근과 거세 콤플렉스는 나르시시즘과 무관하다가 1918년에 발표한 「처녀성의 금기」라는 글에서 이들은 나르시시즘과 연관되기 시작합니다. 이때 거세란 곧 나르시시즘적 상처인 것이죠. 요컨대 거세 콤플렉스의 근원에는 나르시시즘이 자리 잡고 있다는 것입니다. 이것이 1910년대 나르시시즘이라는 관점에서 재해석된 거세 콤플렉스입니다.

발달의 단계들

앞서 이러한 거세 콤플렉스가 새롭게 정립되는 과정이 남근이라는 개념의 성립과 밀접한 연관이 있다고 이야기했습니다. 일단 충동의 경제 속에서 남근이 하나의 중요한 대상으로서 작동할 수 있다는 생각이 들자 프로이트는 성기기라는 개념을 제시하게 됩니다.

성기기란 충동의 경제가 성기를 중심으로 작동하기 시작하는 단계를 말합니다. 이러한 성기기라는 개념이 전제하는 것은 뭘까요? 전성기기라는 개념이겠죠. 성기를 중심으로 작동하는 단계 이전의 단계가 바로 전성기기입니다. 가령 구강기라든가 항문기라든가 하는 단계들이 전성기기라고 할 수 있습니다.

1905년 판 『성욕에 관한 세 편의 에세이』를 보면 충동의 원천으로서의 구강과 항문에서 흘러나오는 충동으로 구강 충동과 항문 충동이 있습니다. 그것들이 1910년대에 들어오자 마치 발달의 단계처럼 엮이게 됩니다. 구강기 다음에 항문기가 오고 그다음에 성기기가 온다는 식이죠. 처음부터 충동이 이런 식으로 발전한다고 생각했던 것이 아닙니다. 처음에는 구강 성애, 항문 성애만이 있었죠. 구강 충동을 중심으로 하는 성적 활동, 항문 충동을 중심으로 하는 성적 활동만이 있었습니다. 가령 항문 충동은 강박증자에 대한 분석, 쥐인간의 분석 자료에서 도출된 것이고, 구강 충동은 히스테리와 멜랑꼴리 환자들의 분석 자료로부터 도출된 것이라고 할 수 있죠. 그러다가 1915년에 『성욕에 관한 세 편의 에세이』를 수정하는 과정에서 단계론적인 발달을 언급하면서 소위 말하는 프로이트의 단계론적 발달이라는 개념이 확립됩니다.

어쨌든 이것은 두 번째 패러다임에서는 볼 수 없는 개념입니다. 두 번째 패러다임의 주요 특징 중의 하나인 '발달'에 대해 이야기하면서, 정신을 지형학적으로 보는 관점에서 발달 과정 속에 위치시키는 관점이 부각되기 시작했다고 했습니다. 하지만 이때 단계라는 개념은 없었습니다. 초기의 발달 개념, 다시 말해, 두 번째 패러다임에서 제시된 발달 개념은 굉장히 단순했습니다. 유아 성욕이 성인의 성욕, 혹은 사춘기의 성욕으로 발달한다는 것이 핵심 내용이죠. 사실 발달이라는 말 속에는 억압이라는 말이 숨어 있습니다. 유아 성욕이 성인의 성욕으로 발달한다고 했을 때, 그냥 발달하는 게 아닙니다. 발달은 발달인데, 억압을 통한 발달입니다. 그렇기 때문에 '신경증은 도착증의 음화다'라든가 '성인의 성욕은 유아 성욕의 음화다'라는 테제가 두 번째 패러다임의 발달 개념과 연동되어 있는 것입니다.

이러한 발달의 반대항은 무엇일까요? 퇴행이겠죠. 발달이 앞으로 가는 것이라면, 퇴행은 뒷걸음질 치는 것입니다. 발달이 억압이라면, 퇴행은 억압의 반대라고 할 수 있겠죠. 결국 유아기의 요소가 억압을 피해 지속되는 것이 퇴행입니다. 이것이 두 번째 패러다임 속에서의 발달 개념입니다.

세 번째 패러다임으로 넘어가면서 발달에 대한 논의는 훨씬 더 복잡하고 정교해집니다. 일단 구강기, 항문기, 성기기라는 식의 단계들과 이에 따른 단계적인 발달이 상정됩니다. 물론 프로이트에게서 남근기라는 개념은 좀 더 나중에 등장합니다.

리비도의 등식들

두 번째 패러다임과 세 번째 패러다임을 각각 대표하는 두 편의 논문을 비교해보면, 동일한 문제를 어떻게 다른 식으로 접근하는지 분명하게 볼 수 있습니다.

1908년에 발표된 「성격과 항문 성애」라는 논문이 있습니다. 여기서 항문 성애는 그저 도착증적인 성욕의 구성 요소일 뿐 단계라는 개념은 없습니다. 이 논문에서 프로이트는 성격이 충동의 승화라든가 충동에 대한 '반동형성formation réactionnelle'을 통해 형성된다고 보고 있습니다. 자아가 성적인 충동과 갈등을 일으킬 때 자아에게는 두 가지 길이 있다는 것이죠. 하나는 그 충동을 승화시키는 것이고 다른 하나는 그 충동에 대한 반작용으로 그것을 막는 댐을 자아 속에서 강화시키는 것입니다. 가령 항문 성애, 다시 말해 항문 충동이 승화되면 어떤 성격이 만들어질 수 있을까요? 인색함이라든가 완고함 같은 성격이 만들어진다는 것이죠. 그러니까 성인의 인색함이나 완고함은 유년 시절의 항문적인 성활동을 승화시킨 것에 다름 아니라는 것입니다. 반면 항문 성애에 탐닉했던 사람은 그것에 대한 반동형성으로 깔끔을 떨거나 청결함을 유지하려는 성격을 가질 수 있다는 식이죠. 1908년에 제시된 견해는 이 정도입니다.

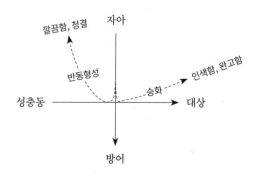

하지만 10년이 지난 후, 1917년에 발표한 「항문 성애의 예로

본 충동의 변형」을 보면 다양한 개념들이 들어와 있습니다. 일단 단계론적인 발달 개념이 있고, 남근과 거세 콤플렉스라는 개념도 있습니다. 1910년대의 남근과 거세 콤플렉스는 나르시시즘이라는 개념에 기초한 것이기 때문에, 결국 여기서 제시되는 단계론을 관통하는 것은 나르시시즘입니다.

1908년의 논문과는 전혀 다른 개념의 조합을 볼 수 있죠. 일단 단계론적인 발달이라는 개념이 눈에 띄는데, 사실 1917년의 논문에서 제시되는 발달은 우리가 생각하듯이 그렇게 단순하지 않습니다. 개론서에서 제공하는, 소위 표준적인 이해라고 하는 것들을 보면 여러 단계들이 마치 연속적으로 일직선상으로 발달하는 것처럼 그려지는데 전혀 그렇지 않다는 것입니다.

프로이트에게는 사실 우리가 상식적으로 생각하는 단계론, 몇 살에서 몇 살까지는 구강기, 몇 살에서 몇 살까지는 항문기, 이런 식의 관념이 없습니다. 이것은 나중에 프로이트의 제자들이 프로이트를 읽기 쉽게 재단해놓은 것입니다. 따라서 막상 프로이트를 읽어보면 단계적인 발달론이 등장하지만 그렇게 간단하지 않습니다. 「항문 성애의 예로 본 충동의 변형」을 보면 단계들이 서로 교차하면서 소급적인 덧쓰기 같은 것이 작동합니다. 복잡한 방식의 덧쓰기죠. 가령 항문기의 대상은 뭘까요? 똥입니다. 아이들은 똥을 굉장히 좋아합니다. 그런데 이렇게 똥을 중심으로 하는 항문기적인 활동이 말 그대로 물리적인 똥, 진짜 똥을 통해서만 이루어지는 게 아닙니다. 아이의 무의식 속에서는 이 똥이 다른 대상들로 대체될 수 있습니다. 가령 선물이라든가 돈이라든가, 심지어는 아기와 같은 것으로 대체될 수도 있습니다. 항문기적 등식이라고 할 수 있겠죠. 아이의 입장에서 똥은 자신이 만들어낼 수 있는, 스스로의 힘으로 만들어낼 수 있는 최초의 대상입니다. 그렇기 때문에 아이들은 똥을 누면서 굉장히 좋아합니다. 그러면 아이들은 그것을 가지고 뭘 하느냐? 의기양양해하면서 엄마에게 보여줍니다. 이때 똥은 선물이 될 수 있는 거죠. 마치 우리가 첫 월급을 받아서 어머니에게 내의를 선물하듯이, 아이는 자신이 만든 최초의 산물인 똥으로 어머니에게 선물을 할 수 있다는 것이죠. 똥은 곧 창조물이면서 선물이 될 수 있겠죠. 그렇다면 똥을 누군가에게 주고 싶지 않은 아이는 어떻게 할까요? 그것을 배설하지 않고 가지고 있으려고 할 것입니다. 선물을 하지 않고 자신이 움켜쥘 수 있다는 점에서 똥은 또한 돈이 될 수도 있습니다. 똥이 돈과 같은 대상이 되면서 아이는 장차 구두쇠 같은 사람이 될 수도 있겠죠. 앞서 성격이 충동의 승화로부터 만들어진다고 이야기했는데, 이러한 과정 속에서 대상의 대체가 일어나고 있다고 할 수 있습니다.

이런 식으로 똥은 다양한 대상들로 대체될 수 있습니다. 그리고 이것이 항문기적인 등식이라고 한다면 이러한 등식이 이후에 남근이라고 하는 대상과 연동될 수 있다는 사실에 주목해야 합니다. 아주 중요합니다. 성기기적인 충동이 남근을 중심으로 작동한다면, 이때의 남근 역시 일련의 대체물이 가능할 수 있겠죠. 남근은 무엇으로 대체가 될 수 있을까요? 가령 남근을 가지고 있지 않은 사람이 만일 그것을 가지고 싶다면 무엇으로 그것을 대체할 수 있을까요? 남근을 대체할 수 있는 사물들, 무수히 많겠죠. 가령 자동차는 남자에게 남근을 대체하는 사물이 될 수 있습니다. 왠지 크고 좋은 차를 타면 자기의 기관이 우수한 것인 듯 착각하죠. 그렇기 때문에 도로에서 추월을 당하면 기분이 굉장히 나빠질 수 있습니다.

그렇다면 여자의 경우 남근에 대한 선망은 어떤 식으로 충족될 수 있을까요? 프로이트는 어쩌면 아기라는 것이 여자에게 자신에게 없는 그 남근을 대체해주는 것이 아닐까 생각했습니다. 어머니와의 관계에서 내가 손해를 본 것 같고 뭔가 덜 받은 듯한 느낌이 들어 불평을 하다가 어느 순간에 결혼해서 아기를 갖게 되면 불평이 싹 사라지더라는 것입니다. 이유가 무엇일까요? 일단 결혼을 하면 남자를 얻게 되죠. 남자 역시 남근의 등가물이 될 수 있겠죠. 아기를 갖게 되는 것 역시 자신에게 없는 무언가를 보상해주는 등가물이 될 수 있습니다. 여기서 중요한 것은 일종의 등식이 존재할 수 있다는 사실입니다. 이러한 등식 속에서는 대상이 대체될 수 있다는 것이죠.

그렇다면 두 번째 패러다임에서 제시된 충동의 대상의 대체와 지금 이야기한 등식에서의 대상의 대체는 같을까요? 충동의 대상의 대체란 충동이 자신의 만족을 얻기 위해서 대상을 대체하는 것을 말합니다. 가령 젖꼭지가 없으면 손가락으로, 손가락이 없으면 발가락으로 대상을 바꿔서라도 목표에 도달하겠다는 것이죠. 한편 앞서 제시한 등식에서는 남근이 남자나 아기와 등가물이 되죠. 똥은 선물이나 돈과 등가물이 됩니다.

젖가슴	=	손가락	=	발가락
남근	=	남자	=	아기
똥	=	선물	=	돈

첫 번째 등식은 쾌락을 얻기 위한 등식입니다. 충동은 대상을 바꿔서라도 목표에 도달하는데 그 목표는 쾌락입니다. 그렇기 때문에 이 등식은 충동의 수준에서 작동하는 것입니다. 반면, 남근이 남자와 아기로 대체될 때 그것의 목표는 무엇일까요? 쾌락이 아닙니다. 여기에는 쾌락 이상의 뭔가가 개입되어 있습니다. 프로이트는 욕망이라는 용어를 사용합니다. 다시 말해, 욕망의 수준에서 작동하는 등식인 것입니다.

여기서 충동과 욕망은 다른 것입니다. 충동은 말 그대로 쾌락을 추구하는 활동입니다. 비슷한 쾌락을 주기만 한다면 대상은 아무래도 상관이 없죠. 반면, 욕망은 쾌락을 추구하는 활동이 아닙니다. 욕망은 내가 가지고 싶은 것, 얻고 싶은 것을 얻는 것과 관련되어 있죠. 다시 말해 욕망은 내가 가지고 있지 않은 것, 혹은 내가 가지고 있지만 남이 보기에는 가지고 있지 않은 것이나 마찬가지인 것과 관련됩니다.

욕망 속에서 대상들의 대체가 가능하다면, 이것은 어떻게 가능한 걸까요? 나의 욕망이라는 관점에서 가능할 것입니다. 욕망이라는 관점에서 가능하다는 것은 대상들이 내 욕망에 의해 구성되는 현실 속에서 대체될 수 있다는 것입니다. 쉽게 말하자면, 나의 무의식 속에서, 나의 상상력 속에서 대체될 수 있다는 것이죠.

	구강기	항문기	남근기	
환상의 대상		똥=선물=아기	남근=남자=아기	의미론적인 등식
충동의 대상	젖가슴=손가락	똥		쾌락의 등식

나의 상상적인 세계 속에서는 남근이 남자나 아기로 대체될 수 있다는 것입니다. 혹은 똥이 선물이나 돈으로 대체될 수 있다는 것입니다. 이것은 의미론적인 대체입니다. 그러니까 나의 무의식 속에서는 남자나 아기가 남근을 의미할 수 있다는 거죠. 나의 무의식 속에서는 선물이나 돈이 똥을 의미할 수 있다는 것입니다. 물론 여기서 준거가 되는 의미는 욕망할 만한가 아닌가가 되겠죠. 반면에 충동의 수준에서 발생하는 대상의 대체는 이런 식의 대체가 아닙니다. 무의식이나 상상력과는 무관하죠. 아이가 손가락을 빨다가 발가락을 빠는 것은 무의식이나 상상력의 개입 때문이 아닙니다. 손가락이 주는 쾌락이 발가락이 주는 쾌락과 등가적이기 때문입니다. 의미론적인 대체가 아니라 쾌락의 대체가 전제되어 있는 거죠.

의미론적인 대체에서는 대상이 곧 상징입니다. 아기는 남근의 상징인 거죠. 마치 비둘기가 평화의 상징인 것처럼, 아기는 남근의 상징이 될 수 있다는 겁니다. 그렇기 때문에 아기가 남근을 대체할 수 있게 되는 거죠. 반면 충동의 수준에서 작동하는 대체의 공식은 이런 식의 상징 관계가 아닙니다. 젖가슴을 손가락으로 대체했다고 해서, 손가락이 젖가슴의 상징이라고는 말할 수 없죠. 여기에는 의미론적인 관계가 아니라 쾌락이라는 효과만 있습니다. 이것은 굉장히 중요한 구분입니다. 욕망의 수준에서 작동하는 등식, 무의식의 수준에서 작동하는 등식, 이것이 결국 환상 속에서 작동하는 등식입니다. 환상이 욕망의 현실이라는 점에서 말이죠. 요컨대 환상 속에서 충동의 대상이 여러 가지 형태로 대체되거나 변환될 수 있다는 것이 바로 「항문 성애의 예로 본 충동의 변형」이라는 논문의 핵심 테제입니다.

환상의 변환

여기서 염두에 두어야 할 것은 이러한 등식이 어쨌든 어떤 단계로부터 출발한다는 사실입니다. 똥, 선물, 돈 등으로 이루어진 항문기적인 등식은 항문기에서 출발하고, 남근, 남자, 아기는 남근기에서 출발한다는 것입니다. 쉽게 말하자면 남자와 아기는 원래 다른 것이죠. 하지만 그들은 남근의 개입으로 인해 어떤 지점에선 같은 것처럼 작동할 수 있습니다. 선물과 돈 역시 마찬가지입니다. 원래는 같은 것이 아니지만 의미론적으로 등가적일 수 있죠. 그것이 같은 것이 될 수 있는 것은 무엇 때문인가요? 똥 때문입니다. 그렇다면 이러한 등식의 출발점이 되는 대상들은 어디서 온 것일까요? 각각의 단계들에서 비롯된 것이죠. 똥은 항문기, 남근은 남근기. 충동의 질서와 환상의 질서가 만나는 지점이 있다는 것이죠. 그러니까 쉽게 말하자면, 충동이 하부구조라면 욕망과 환상은 상부구조인 셈이죠. 발달이란 것이 단순히 항문적인 성적 활동에서 생식기적인 성적 활동으로 이행하는 것이 아니라는 겁니다. 충동이 발달하면서 환상 속의 등식들이 구성되는 방식이 같이 따라 움직이는 거죠. 마치 각각의 단계들이 이 상부구조의 수준에서 소급적으로 덧쓰이는 것처럼 움직입니다.

	구강기	항문기	남근기	
환상의 대상		똥=선물=아기	남근=남자=아기	소급적인 결정
충동의 대상				충동의 발달

예컨대, 만일 남근기로 이행하게 되면 그전에 항문기에서 작동했던 이 등식들이 다시 재편될 수 있습니다. 처음에 우리는 아기를 남근의 등가물로 상정했습니다. 하지만 아기가 남근의 등가물로 상정되는 것은 남근기에 도달한 결과인 것이고, 사실 아기가 하나의 등가물로 사용되는 것은 항문기에서도 가능한 일이죠. 항문기에서는 아기가 똥의 등가물이 될 수도 있다는 건데요, 그것이 어떻게 가능할까요? 가령 앞서 이야기했던 유아기 성이론에서 탄생에 대한 항문적 이론이라는 게 있습니다. 아기는 어디서부터 오는가? 항문을 통해 나온다는 것이 탄생에 대한 항문적 이론이죠. 이 경우에 아기는 무엇일까요? 항문적인 충동의 관점에서 탄생을 이론화한 것이라고 할 수 있습니다. 그런데 남근기로 오면서 아기는 원래 똥을 상징하는 것이었는데 남근을 대신하는 대상으로 사용됩니다. 그러니까 그 의미가 소급적으로 결정된 것이죠. 애초에는 똥의 상징이었는데 남근의 상징으로 전환된 것이라고 할 수 있죠. 하지만 퇴행을 하게 되면 아기는 다시 남근에서 똥으로 후퇴를 하게 됩니다. 이러한 소급적 결정이 가능한 것은 이러한 등식이 의미론적인 등식이기 때문입니다. 그리고 이런 식의 변환과 후퇴는 환상 속에서 나타납니다. 즉, 충동의 발달 과정이 환상 속에 흔적들을 남기고 그 흔적들은 다시 환상 속에서 고유한 방식으로 결합하게 되는데, 바로 이렇게 해서 소급적인 결정이 나타나게 되는 것이죠.

심지어 남근을 중심으로 펼쳐지는 거세 콤플렉스 역시 마찬가지라고 할 수 있습니다. 항문기에서도 어떤 일정한 두려움 같은 것이 있을 수 있겠죠. 어떤 두려움일까요? 앞서 돈이 똥의 상징이 될 수 있다고 했습니다. 돈을 움켜쥐고 놓지 않는 것, 돈을 잃을까 봐 두려워하는 것, 이것은 항문기적인 관점에서는 똥을 잃을까 봐 두려워서 배 속에 움켜쥐고 있는 것이라고 할 수 있습니다. 하지만 남근기에 도달하고 나서 남근이 모든 등식을 관통하는 화폐로 작동하게 되면, 항문기에서 똥을 잃을까 봐 두려워하는 마음이 결국 남근을 잃을까 봐 두려워하는 거세 불안이라는 의미를 갖게 됩니다. 소급적으로 다른 의미를 갖게 된다는 것이죠. 이 경우에 결국 똥은 남근을 상징하는 것이 되어버리죠. 아기가 남근을 상징하는 것이 되는 것처럼 말입니다.

이 모든 것은 무의식 속에서 일어나는 작용입니다. 무의식 속에서 대상들이 대체되는 방식이 그렇다는 것이죠. 상부구조인 환상 속에서의 대체 과정은 하부구조인 충동의 발달 과정에 의해 결정됩니다. 이때 하부구조에서 충동이 이행할 때, 상부구조인 환상 속에서 어떤 일이 발생하는가가 바로 「항문 성애의 예로 본 충동의 변형」의 주제입니다. 논문의 제목에 '변형'이라는 용어가 있는데 일반적인 의미의 변형이 아닙니다. 불어로는 'transposition', 위치를 바꾸는 것입니다. 음악에서 조(調)를 바꾸는 것과 같은 것이죠. 그러니까 충동이 항문적인 모드에서 남근적인 모드로 조를 바꾸는 것을 말합니다. 그럴 때 환상 속에서는 어떤 일이 발생하는가, 바로 그것이 이 논문의 주제입니다. 우리가 흔히 생각하는 발달 개념이 아닌 거죠. 「항문 성애의 예로 본 충동의 변형」은 굉장히 풍요로운 논문입니다. 국역본으로 여덟 페이지 정도밖에 안 되지만 담겨 있는 내용만 놓고 보면 책 한 권의 분량이 나올 수 있을 만큼 엄청난 논문이죠.

아주 복잡한 이야기를 했습니다. 애초에 하려고 했던 것은 세 번째 패러다임에서 제시되는 발달 개념이 얼마나 복잡한 것인지 알아보는 일이었습니다. 이를 위해 1908년의 「성격과 항문 성애」와 1917년의 「항문 성애의 예로 본 충동의 변형」이라는 두 개의 논문을 통해 하나의 문제에 접근하는 방식이 어떻게 다를 수 있는지 살펴보았습니다.

변화의 과정을 다시 한 번 요약하자면 이렇습니다. 1908년에는 오로지 승화와 반동형성밖에 없었습니다. 그러다가 1917년에 나르시시즘이 들어오면서 남근과 거세 콤플렉스의 개념이 세워지고 그러면서 단계론적인 발달론이 정립되고, 충동의 발달이 복잡한 결과를 만들어냈다는 것이죠. 물론 그 복잡한 결과는 환상과 관련이 있습니다. 그러니까 앞서 충동의 운명으로서의 충동의 변환, 가령 반대 방향으로의 전환과 자기 자신으로의 회귀가 충동이 어떤 식으로 변환될 수 있는가와 연관이 된다면, 1917년의 논문에서 문제가 되는 것은 바로 환상의 변환입니다. 여기에는 환상 속에서 대상이 대체되면서 환상의 형태가 바뀔 수 있다는 생각이 전제되어 있습니다. 결국 충동의 변환이라는 문제에서 환상의 변환이라는 문제로 넘어왔다고 할 수 있습니다. 충동과 환상, 그 수준은 다르지만 결국 여기서 문제는 하나입니다. 변환입니다.

변환은 세 번째 패러다임에서 가장 돋보이는 특징이자 프로이트의 사유를 이루는 핵심적인 요소라고 할 수 있습니다. 충동과 환상의 수준에서 발생하는 변환의 관계들은 1910년대에 나르시시즘이라는 개념의 도입으로 가능했던 프로이트의 업적이라고 할 수 있습니다. 세 번째 패러다임을 특징짓는 동시에 향후 프로이트의 사유와 정신분석 전반을 결정짓는 핵심적인 축이 됩니다.

환상의 문법

1915년 「충동과 충동의 운명」에서의 주제가 충동의 변환이라면, 1917년 「항문 성애의 예로 본 충동의 변형」에서 주제는 바로 환상의 변환입니다. 그런데 환상의 변환이라는 문제가 「항문 성애의 예로 본 충동의 변형」에서 다뤄지기는 했지만 그 완성은 1919년 논문 「아이가 매를 맞아요」에서 이루어집니다. 일단 이해를 위해, 1917년 논문에서 제시되는 환상의 변환과 1919년에서 제시되는 환상의 변환이 어떻게 다른지를 먼저 이야기하겠습니다.

1917년에 제시된 환상의 변환은 환상의 대상과 관련됩니다. 그 환상이 욕망의 형태를 띤다면 욕망의 대상과 관련이 된다고 이야기할 수 있겠죠. 그러니까 여기서 문제는 환상 속에서 대상들이 다채롭게 변환되는 공식인 것이죠. 물론 그러한 변환의 과정은 소급적인 결정과 퇴행을 통해 복잡하게 전개될 수 있습니다. 어쨌거나 이것은 환상의 대상과 관련된 변환입니다. 대상이 변환되면 당연히 환상의 내용 역시 바뀔 수 있겠죠. 가령 남근이 아기에 의해 대체가 된다면, 당연히 환상의 내용은 아기에 대한 욕망과 관련된 내용으로 채워질 것입니다. 그렇기 때문에 이것은 환상의 내용이 변환되는 것과 관련 있겠죠. 이것이 1917년 논문에서 제시된 환상의 변환이라면, 1919년 논문에서 제시되는 환상의 변환은 문장의 수준에서의 변환에 상응할 수 있습니다. 앞서 살펴본 충동의 변환, 그러니까 마치 문장이 변환되듯이 태가 변환되고 목적어와 주어의 자리가 바뀌는 식의 변환에 해당한다는 것입니다. 논문 내용의 일부를 간단하게 소개하면 이렇습니다.

분석이 어느 정도 진행되면 환상을 이야기하는 단계가 있습니다. 환상이라는 것이 보통 남부끄러운 것이기 때문에 잘 이야기하지 않죠. 처음에는 환자가 의식적인 이야기들, 이미 검열된 이야기들을 주로 하겠죠. 그리고 그것들을 다 걷어내면 어떤 지점부터 환자가 부끄러운 이야기도 하고 정말 은밀한 사적 이야기, 즉 환상을 털어놓는 단계가 있습니다. 여기서 환상을 만들어내는 경우는 주로 어떤 경우일까요? 단적으로 자위를 하는 경우가 그렇다고 할 수 있습니다. 그러니까 그런 내밀한 환상들을 이야기하는 단계까지 도달하려면 굉장히 많은 시간이 필요할 것입니다. 그렇게 해서 여성 환자들에게서 얻어낸 환상들 중에 전형적인 환상이 있는데, 바로 아이가 매를 맞는 환상이라는 것입니다. 그런데 여기서 유혹설이었다면 어떻게 될까요? 아, 이것이 환자의 경험과 관련이 있겠구나, 라고 생각할 수 있겠죠. 하지만 환자가 꼭 맞은 적이 있어야 그런 환상을 갖는 것은 아니겠죠. 전혀 맞지 않고 오히려 부모로부터 사랑을 받은 경우에도 이런 환상이 나타날 수 있죠. 그렇기 때문에 현실이 아니라 환상인 것입니다.

어쨌든 이 경우 환상 속에서 맞는 아이는 환자 자신은 아닙니다. 전혀 모르는 불특정한 아이 혹은 아이들이 누군가에 의해 매를 맞죠. 그렇다면 이러한 환상이 어떤 과정에 의해 만들어지고 어떤 기능을 할까요? 이것을 알기 위해 프로이트는 그러한 환상을 중심으로 자유연상을 유도하면서 그 환상을 환자의 머릿속에서 이리저리 굴려봅니다. 그러면 여러 가지 환상들이 나올 수 있겠죠. 프로이트는 그러한 환상들을 문장의 형태로 공식화합니다. 마치 충동이 변환되는 과정을 문장의 형태로 공식화했던 것과 똑같이 환상을 문장으로 공식화하는 거죠. 그랬더니 환상이 변환되는 과정이 그려지더라는 겁니다. 어떤 식일까요?

일단 분석을 통해 손에 쥐여진 첫 번째 환상은 '누군가가 아이를 때린다'라는 문장으로 요약될 수 있는 환상입니다. 여기서 누군가는 말 그대로 누군지 모르는 어떤 사람입니다. 아이 역시 누군지 알 수 없는 아이입니다. 이것을 중심으로 자유연상을 유도했더니 어렸을 때 환자가 가지고 있던 환상이 드러나더라는 거죠. 어떤 환상인가 하면 아버지가 어떤 아이를 때리는 환상이더라는 거죠. 문장으로 하면 '아버지가 아이를 때린다.' 그러니까 처음에 이야기했던 환상과는 달리 이 환상에서는 일단 때리는 사람이 명확하고, 맞는 사람 역시 어느 정도 추정을 할 수 있더라는 거죠. 때리는 사람은 아버지이거나 아니면 그와 비슷한 인물, 가령 선생님쯤 되는 인물이고 맞는 아이는 내가 싫어하는 아이, 나와 경쟁 관계에 있는 아이더라는 거죠.

분석 과정 속에서는 첫 번째 환상이 먼저 드러났지만 환상이 만들어지는 순서를 추정해본다면, 오히려 첫 번째 환상은 나중에 만들어진 환상이라고 할 수 있습니다. 그러니까 유년기에 가졌던 환상, '아버지가 아이를 때린다'라는 환상이 첫 번째 환상이고 '누군가가 아이를 때린다'는 것이 더 나중에 만들어진 환상이라는 거죠. 어쨌거나 프로이트는 이 두 개의 환상은 환자가 의식할 수 있는 환상, 기억해낼 수 있는 환상이기 때문에 의식적인 혹은 전의식적인 환상이라고 말합니다. 그런데 프로이트는 두 개의 환상이 만들어지는 과정 속에서 또 다른 환상 하나가 빠졌을 것이라고 추정해냅니다. '아버지가 아이를 때린다'라는 환상과 '누군가가 아이를 때린다'라는 환상 사이에는 두 개를 잇는 가교 역할을 하는 환상이 있을 것이라는 거죠. 그런데 그 환상이 기억이 나지 않는 것은 그 환상이 억압되었기 때문이라는 겁니다. 무의식적인 환상이 있을 거라는 거죠. 그 환상을 프로이트는 '내가 아버지에 의해 때려진다'라는 문장으로 추정합니다. 세 개의 환상을 만들어진 순서대로 적는다면 다음과 같습니다.

1) 아버지가 아이를 때린다
2) 내가 아버지에 의해 때려진다
3) 누군가가 아이를 때린다

환상이 만들어지는 순서가 이렇다면, 분석 속에서 회상하는 순서는 어떻게 될까요? 3)이 제일 먼저 기억날 것이고, 그다음이 1)입니다. 2)는 죽어도 기억이 안 나는 환상이죠. 무의식적인 환상은 기억되는 것이 아니라 구성되는 것이라고 할 수 있죠. 어쨌거나 회상의 순서는 3) → 1) → 2)입니다. 그렇다면 세 개의 문장들은 어떻게 다를까요? 일단 1)과 3)은 능동형이고, 2)는 수동형입니다. 이 차이는 굉장히 중요합니다. 사디즘적이냐 마조히즘적이냐를 결정할 수 있기 때문입니다. 1)의 경우는 사디즘적인 환상입니다. 2)는 마조히즘적인 환상이라고 할 수 있습니다. 내가 아버지에 의해 매를 맞는다는 것이죠. 3)에 대해서는 프로이트가 뭐라고 하느냐면, 좀 특이한 것 같다고 이야기합니다. 형태는 능동형이기 때문에 사디즘적이지만, 만족 자체가 사디즘적이 아니라 마조히즘적인 경우 같다는 것이죠. 프로이

트가 추정하기로 이 환상에서는 맞는 장면을 쳐다보면서 아이
가 자신을 맞고 있는 아이와 동일시하고 있는 것 같다고 이야
기합니다. 반면에 1)에서는 내가 싫어하는 어떤 아이, 나와 경
쟁자인 아이를 나의 아버지가 때리고 있는 장면이라는 점에서
전적으로 사디즘적이라고 할 수 있다는 것입니다. 그런데 이러
한 사디즘의 배후에는 뭐가 있느냐? 아버지에 대한 사랑이 있
다는 거죠.

1)은 내가 싫어하는 어떤 아이를 내가 사랑하는 아버지가 때
려준다는 의미가 깔려 있습니다. 2)는 마조히즘적인 환상인데,
절대로 기억해내지 못하는 환상, 무의식적인 환상입니다. 어떤
작용에 의해 환상이 변환되기도 하고, 또 심지어는 그런 변환의
과정 속에서 어떤 환상은 소실되기도 합니다. 이 환상의 변환
과정 속에서 두 번째 환상이 소실됐는데, 왜 이런 일이 일어난
것일까요? 기억하면 안 되는 것이기 때문이겠죠. 이 환상들의
변환 과정에는 억압이라는 기제가 개입되어 있다는 것입니다.

어쨌거나 첫 번째 환상에는 아버지가 나를 사랑한다는 관념
이 들어 있습니다. '아버지가 아이를 때린다'면 이는 아버지가
그 아이가 아닌 나를 사랑하기 때문이라는 것이죠. 프로이트는
이것이 아마도 유년기의 오이디푸스적인 소망이 반영된 환상
이 아닐까 추론합니다. 그리고 이 단계의 환상은 아직 억압을
받지 않았다고 이야기합니다. 유년기의 성생활에 아무런 제약
이 없었던 것처럼, 이때의 환상에는 억압도 없고 그렇기 때문에
죄책감도 없다는 것입니다. 그러다가 이것이 억압을 받아 퇴행
을 하게 되면서, 두 번째 환상이 만들어졌을 거라는 거죠. '내가
아버지에 의해 때려진다.' 일단 이것은 마조히즘적인 환상이라

고 할 수 있습니다. 그런데 여기서 때려진다는 표현은 무슨 뜻일까요? 프로이트는 이것이 그냥 때려지는 게 아니라 내가 아버지에 의해 사랑받는다는 표현이 아니겠느냐고 말합니다.

때리는 것이 곧 사랑하는 것이 되는 단계가 있을 수 있겠죠. 프로이트는 이것을 가학적 항문기의 특징이라고 이야기합니다. 남자가 자꾸 때리는데도 그 남자를 떠나지 않는 여자들이 적지 않죠. 여러 가지 이유가 있을 수 있지만 뭔가 혼동하고 있는 경우도 있을 겁니다. 그가 나를 때리는 것이 곧 나를 사랑하는 것이라고 혼동을 하는 경우죠. 첫 번째 환상에서는 아이가 성기기에 도달하면서 아버지를 대상선택 했고, 그 결과 '아버지가 아이를 때린다'라는 공식이 도출되었습니다. 그런데 그것이 억압을 받으면 가학적 항문기로 퇴행합니다. 내가 아버지에 의해 사랑받는다는 것이 매를 맞는 환상으로 표현되는 거죠. 그런데 퇴행과 동시에 억압이 이루어지기 때문에 겉으로는 드러날 수 없는 환상이 되는 거죠. 이 억압된 환상이 다시 나타나는 것이 바로 세 번째 단계인데, 세 번째 단계에서는 마치 타협 형성물처럼 첫 번째 환상처럼 가학적이면서도, 두 번째 환상처럼 마조히즘적인 환상으로 나타난다는 것입니다. 첫 번째 환상에서는 없고 두 번째 단계에선 있는 죄책감이 세 번째 단계에 나타나죠. 겉으로는 사디즘적이지만, 속으로는 마조히즘적인 측면을 가지고 있는 환상이 만들어진다는 것입니다.

복잡한 이야기인데, 핵심은 여기서도 마찬가지로 「충동과 충동의 운명」에서 보았던 충동의 변환과 유사한 변환이 환상 속에서도 나타난다는 것입니다. 능동형에서 수동형으로의 전환, 심지어는 그것이 다시 역전되기도 하고 나아가 하나의 동사가 다른 의미를 갖게 되기도 합니다. 첫 번째 환상에서는 '때린다'가 말 그대로 '때린다'입니다. '사랑한다'의 반대말로 작동하는 것이죠. 하지만 두 번째 환상에서 '때린다'는 곧 '사랑한다'는 의미가 되죠. 여기서 '때린다'라는 동사가 첫 번째 환상에서와는 다른 의미를 갖는 것은 퇴행 때문이라고 할 수 있습니다.

무슨 이야기냐면 충동의 변환이 충동이 자신의 요구를 관철하기 위해서 보이는 단순명료한 변신이라면, 환상의 변환 과정은 오이디푸스 콤플렉스와 그것의 억압 과정 속에서 발생하는 보다 복잡한 변환 과정이라는 거죠. 보다 복잡한 과정이라고 했는데, 왜냐하면 환상이 변환되는 과정에는 또한 억압이라는 과정이 있어서 그 자체로 억압되어버리기 때문에 일부가 겉으로 드러나지 않기 때문입니다. 게다가 이것이 문장의 통사론적인 전환과 관련된 환상의 변환이라면, 이것이 다가 아닙니다. 앞서 이야기한 환상의 대상과 관련된 변환을 덧붙이면 훨씬 더 복잡해질 수 있겠죠. 어쨌든 1917년에 프로이트가 환상의 대상과 관련해서 제시한 환상의 변환은 1919년에 환상의 문장과 관련해서 제시한 환상의 변환으로 완성됩니다.

앞서 제시한 충동의 변환에 대한 논의가 「나르시시즘 서론」에서 귀결된 두 가지 전환, 태의 전환과 자기 자신으로의 회귀로부터 직접적으로 도출된 논의라면, 환상의 변환에 대한 논의는 충동의 변환에 대한 논의뿐 아니라, 새롭게 조명된 오이디푸스 콤플렉스와 그것의 억압, 그리고 퇴행에 대한 논의들을 총집결산하는 논의라고 할 수 있습니다.

아울러 패러다임이 진화하면서 분석의 목표가 바뀌게 된다고 했는데, 나르시시즘이라는 개념이 들어오면서 리비도의 분배와 이동이라는 관점이 부각되고, 그러면서 새로운 전이 개념이 정립되면서 분석 과정이 전이를 다루는 것에 초점이 맞추어진다고 이야기했습니다. 그러면서 덧붙여서 분석의 목표를 환상의 구성으로 상정했습니다. 그렇다면 환상의 구성이란 무엇일까요? 바로 「아이가 매를 맞아요」에서 프로이트가 구성한 것, 그러니까 방금 이야기한 환상들 중에서 2)를 구성해내는 것입니다. 환자의 의식적인 환상들을 모두 다 헤집어내서, 그것의 기저에 자리 잡고 있는 억압된 환상, 환자가 기억해낼 수 없는 환상을 환자로 하여금 구성해낼 수 있도록 하는 것이 바로 환상의 구성인 것입니다. 여기서 어떻게 기억될 수 없는 것을 구성해낼 수 있는가, 라는 질문이 가능하겠죠. 이는 전이에 대한 개입을 통해 가능합니다. 기억될 수 없는데도 그것이 제대로 구성된 것인지 알 수 있는 것 역시 전이를 통해서입니다.

망상의 문법

지금까지 충동과 환상의 변환에 대해 이야기했는데 이것이 전부는 아닙니다. 충동과 환상의 변환 과정에 앞서 프로이트는 망상의 수준에서의 변환에 대해 이야기합니다. 프로이트가 충동과 환상에 적용한 방법은 원래 정신병자의 망상에 적용했던 것입니다. 1911년에 슈레버 사례를 다루면서 프로이트는 슈레버의 망상을 슈레버가 동성애적인 충동을 부정하는 방식으로 설명합니다. 그러니까 1911년에 망상의 변환에 대해 이야기를 하고, 1915년에 충동의 변환, 그리고 1917년, 1919년에 환상의 변환에 대해 이야기한 것이죠. 그렇다면 망상의 변환은 어떻게 이루어질까요? 앞서 정신병에 대해 설명하면서 이야기한 적이 있지만 다시 한 번 되짚어보겠습니다.

슈레버의 동성애적인 충동을 문장화하면 '나는 그를 사랑한다'입니다. 여기서는 '나'도 남자를, '그'도 남자를 가리키겠죠. 이러한 충동을 뒤집어 투사하는 방식으로 망상이 만들어집니다. 여기서 충동을 뒤집으면 이 경우에는 태를 뒤집는 것이 아니라 내용을 뒤집습니다. '나는 그를 사랑한다'를 '나는 그를 미워한다'로 뒤집죠. 그런 다음에 이것을 투사합니다. '내가 그를 미워한다'가 아니라 '그가 나를 미워한다'로 투사하는 겁니다. 이렇게 박해 망상이 만들어집니다. 동성애적인 충동을 반대로 뒤집어서 투사를 하면 박해 망상이 된다는 것입니다.

여기서 한 걸음 더 나아가, '나는 그를 사랑한다'라는 문장에서 '그'라는 목적어를 바꿀 수도 있겠죠. 가령 '그' 대신에 '그녀'를 넣는 거죠. '나는 그녀를 사랑한다.' 이런 식의 목적어의 변환은 동성애적인 충동을 부정하는 방식입니다. 동성애를 감추기 위해 목적어를 반대의 성으로 뒤집는 것이죠. 이렇게 목적어를 뒤집으면서 이것을 외부로 투사하면 '내가 그녀를 사랑한다'가 아니라 '그녀는 나를 사랑한다'가 되죠. 에로토마니아 망상입니다. 에로토마니아 망상은 자신이 누군가에 의해 사랑받고 있다고 믿는 망상입니다. 누군가가 자신을 쫓아다닙니다. 쫓아다니는 사람이 자신을 괴롭히는 사람이면 박해 망상이 되고, 쫓아다니는 사람이 나를 사랑한다고 생각하면 에로토마니아 망상이 되는 것입니다.

또 '나는 그를 사랑한다'라는 문장에서 목적어가 아니라 주어를 바꿀 수도 있겠죠. 그러면 '내가 그를 사랑한다'가 아니라 '그녀가 그를 사랑한다'가 됩니다. 이렇게 되면 질투망상이 됩니다. 대상은 하나인데, 그 대상을 좋아하는 사람이 둘이 되니 질투가 생기는 것이죠. 그러니까 박해 망상은 동사를 뒤집는 것이고, 에로토마니아 망상은 목적어를 뒤집는 것이고, 질투망상은 주어를 뒤집는 것입니다. 심지어 프로이트는 문장 전체를 뒤집을 수도 있다고 이야기합니다. '나는 그를 사랑한다'라는 문장을 '나는 아무도 사랑하지 않는다'라고 뒤집는다는 거죠. 아무도 사랑하지 않으면 누구를 사랑할까요? 나 자신만을 사랑한다는 거겠죠. '나는 나 자신만을 사랑한다.' 이렇게 되면 과대망상이 됩니다. 어쨌거나 원칙은 망상을 문장으로 축소시켜서 문장의 변환 속에서 정신병적인 망상이 생성되는 법칙을 추출해내는 것입니다. 기본적인 형태는 문제가 되는 충동을 반대로 뒤집어서 그것을 외부로 투사하는 방식입니다.

지금까지 충동, 환상, 망상의 수준에서 일어나는 변환 과정에 대해 이야기했습니다. 세 번째 패러다임에서 나르시시즘이라는 개념의 도입과 더불어 리비도의 분배와 이동이라는 관점이 들어오고, 이러한 리비도의 분배와 이동이라는 관점 속에서 리비도적인 활동이 여러 가지 형태로 변환될 수 있겠다는 생각이 가능해지면서 프로이트의 이론이 풍성해지는 것입니다.

이러한 변환이 서로 어떤 관계를 맺느냐의 문제는 여기서는 다루지 않겠습니다. 충동과 환상이, 충동과 망상이 어떤 관련이 있는지를 다루는 문제, 다시 말해 어떻게 이런 식의 변환이 일어나는가에 대한 문제를 다루는 데는 좀 더 많은 시간이 필요합니다. 이 문제를 다루려면 보다 근본적으로 충동이란 무엇이고, 환상이란 무엇이고, 망상이란 무엇인지를 이야기해야 합니다. 이렇게 여러 수준에서 제시되는 변환의 과정을 이야기한 것은 이것이 그만큼 프로이트의 저술에서 중요한 역할을 하기 때문입니다.

프로이트에게는 다양한 개념들이 있습니다. 중요한 개념들도 있고 덜 중요한 개념들도 있습니다. 중요한 것은 각각의 개념들을 관통하는 어떤 원칙입니다. 지금까지 이야기한 것은 세 번째 패러다임에서 제시된 것이지만, 여러 번 이야기했듯이 프로이트의 사유뿐 아니라 정신분석 전반에 걸쳐 핵심적인 요소라고 할 수 있습니다.

분석이 단순히 개념을 적용하는 것이 아니라 사례 그 자체를 분해하는 과정이라고 할 때 결국 이런 식의 변환 과정을 이해하지 못한다면 분석 자체가 불가능합니다. 가령 오이디푸스 콤플렉스가 무엇인지 아는 것은 별로 도움이 안 됩니다. 문제는 리비도적인 활동이 어떤 식으로, 어떤 과정으로 변모하고, 어떤 식으로 변모 중인지를 포착해낼 수 있어야 한다는 것입니다. 분석이란 개념을 적용하는 것이 아니라 경험이 개념에게 길을 열어주는 형태로 이루어져야 하기 때문입니다. 바로 그렇기 때문에 우리는 개념 자체의 의미를 파악하는 것보다는 그러한 개념이 요청되는 맥락과 개념의 작동 원리에 초점을 두었던 것입니다. 각각의 개념은 그 자체로 프로이트가 당면했던 경험에 대한 응답이며, 그런 점에서 각각의 개념에는 질문처럼 주어진 경험과 대면하는 프로이트 자신의 고뇌가 담겨 있을 수밖에 없습니다. 네 번째 패러다임에서는 바로 이러한 프로이트의 고뇌를 더 없이 분명하게 확인할 수 있습니다. 정신분석학사에서 가장 많은 논란을 불러일으키게 될 죽음 충동이라는 개념의 도입은 프로이트 자신이 당면했던 문제들에 답하고자 하는 고뇌에 찬 시도라고 할 수 있죠. 그리고 그는 그러한 시도 속에서 또 한 번의 단절과 도약을 감행하게 됩니다. 다음 강의에서는 1920년 이후 프로이트가 어떻게 다시 한 번 도약하게 되는지 살펴보도록 하겠습니다.

네 번째 패러다임

죽음 충동의 시대

8강

죽음 충동의 아포리아

프로이트의 네 번째 패러다임은 1920년부터 1938년까지입니다. 이 시기의 키워드는 '죽음 충동pulsion de mort'입니다. 1895년부터 1905년까지가 무의식의 시대라면, 1905년부터 1910년까지는 성충동의 시대, 1910년대가 나르시시즘의 시대, 1920년대 이후는 죽음 충동의 시대라고 할 수 있습니다.

하나의 개념이 만들어지기 위해서는 그 전에 그 개념이 설명해야 할 현상들이 있어야 합니다. 그러한 현상들은 프로이트에게 늘 하나의 문제, 하나의 장애물처럼 제시됩니다. 이전의 관점으로는 설명할 수 없는 어떤 현상과 마주치게 될 때, 그러한 현상을 설명하기 위해 다른 관점, 다른 사유가 요청되었던 것이죠. 1910년대에 나르시시즘이라는 개념이 도입되었다면 그것은 성충동에 기반한 기존의 패러다임으로는 잘 소화되지 않는 현상에 봉착했기 때문입니다. 리비도가 자아로 귀착될 때 나타날 수 있는 현상들은 분명 이전에 성적인 충동만을 고려하는 관점으로는 설명되지 않는 측면이 있었습니다. 그렇기 때문에 프로이트는 나르시시즘이라는 개념을 도입했던 것이죠. 하지만 이러한 나르시시즘 역시 기존의 성충동을 중심으로 하는 패러다임과 비슷한 한계를 전제하고 있습니다. 그 한계란 뭘까요? 바로 쾌락원칙입니다.

대상에 대한 리비도건 자아에 대한 리비도건 어쨌거나 그것들은 모두 좋자고 하는 투자입니다. 대상이 달라지면 투자 방식 자체가 달라질 수 있지만 어쨌거나 목적은 같습니다. 바로 쾌락입니다. 따라서 두 가지 투자 방식은 모두 쾌락원칙의 한계 속에서 작동한다는 점에서 공통적입니다. 그렇기 때문에 프로이트에게는 다양한 패러다임들이 있지만 쾌락원칙이라는 관점에서 접근한다면, 1910년까지의 모든 개념들은 쾌락원칙이라는 한계 속에서 작동한다는 점에서 하나로 통합될 수 있습니다.

그전까지는 사정이 이러했는데, 1910년대 후반에 들어오면서 갑자기 쾌락원칙만으로는 설명될 수 없는 현상들이 보고되기 시작합니다. 가령 요즘 용어로 외상 후 스트레스 장애PTSD로 분류될 수 있는 전쟁신경증 환자들이 보이는 태도들은 쾌락원칙만으로는 설명할 수 없는 측면이 있었습니다. 이들이 꾸는 악몽이나 전이 속에서 보이는 반응은 쾌락을 추구하는 경향과는 무관해 보입니다. 오히려 마치 불 속에 뛰어드는 불나방처럼 삶이 아니라 죽음을 향해 나아가고 있는 듯 보입니다. 소위 '반복강박compulsion de répétition'이란 것인데, 강박이란 어쩔 수 없이 그렇게밖에는 할 수 없는 것을 말합니다. 나쁜 것인 줄 뻔히 알면서도 반복할 수밖에 없는 것, 죽을 것을 알면서도 그렇게밖에 할 수 없는 것, 그것이 바로 반복 강박입니다. 좋은 게 반복되는 것이라면 전혀 문제가 될 게 없겠죠. 문제는 반복되는 것이 쾌락을 주는 것이 아니라 불쾌를 주는 것이라는 겁니다.

나쁜 것의 반복이 프로이트에게 하나의 문제가 되었던 것은 반복이라는 사실 때문이 아닙니다. 그전에도 프로이트에게는 반복이 중요한 개념이었습니다. 하지만 그전까지 프로이트가 생각했던 반복은 오로지 쾌락과 관련된 반복이었습니다. 과거에 어떤 대상에게서 만족을 얻게 되면, 우리는 그러한 만족을 준 대상을 찾기 위해 노력합니다. 우리의 머릿속에는 어렸을 적의 어떤 즐거웠던 기억이 있습니다. 가령 유년 시절에 먹었던 짜장면은 늘 맛있는 짜장면으로 남아 있습니다. 그 기억 속의 짜장면 때문에, 우리는 그때의 만족감을 다시 얻기 위해 짜장면을 먹습니다. 쾌락을 반복하기 위해 다시 짜장면을 먹게 되는 것이죠.

두 번째 패러다임에 속하는 이러한 반복 개념에서 반복이란 곧 쾌락의 반복입니다. 이러한 반복 개념에 힘입어 세 번째 패러다임에서 프로이트는 반복이 실패하는 지점에서 우리는 그것을 행위로 반복한다는 주장까지 하게 됩니다. 기억이 이전의 쾌락, 이전의 대상을 되불러내는 과정이라면, 그러한 기억이 실패할 때, 우리는 그것을 행위로 반복한다는 것이죠. 전이와 반복을 연결시키는 개념이라고 할 수 있습니다. 어쨌거나 이 경우조차도 반복은 쾌락의 경험과 연관이 있습니다. 그런데 1910년대 후반에 프로이트가 마주치게 된 것은 이런 식의 반복이 아니라 전혀 뜻밖의 반복이었던 것입니다. 쾌락이 아니라 불쾌한 경험의 반복, 바로 이 지점에서 프로이트는 '왜 그런가?'라고 문제를 제기할 수밖에 없었습니다. 그리고 여기에는 쾌락원칙에 맞지 않는 뭔가가 있다고 생각할 수밖에 없게 되죠. 이전의 쾌락원칙이라는 가설을 전면적으로 재검토해야 할 어떤 의문에 봉착하게 된 것입니다. 바로 여기서부터 프로이트는 죽음 충동이 존재하는 것은 아닌가라는 생각을 하게 됩니다.

쾌락원칙을 넘어서

1920년대의 저술은 죽음 충동이 도입되면서 이 개념이 깊이 각인된 저술들이라고 할 수 있습니다. 이 시기의 주요 저술을 들자면, 일단 1920년의 『쾌락원칙을 넘어서』가 있습니다. 죽음 충동이라는 용어가 처음으로 등장하는 저술이죠. 집필은 1919년 3월부터 시작되었죠. 그리고 1919년 3월은 그 유명한 「두려운 낯섦」이라는 논문이 쓰인 때입니다. 죽음 충동이라는 용어는 등장하지 않지만 죽음 충동과 관련된 문제의식을 확인할 수 있는 최초의 논문입니다. 반복 강박을 두려운 낯섦이라는 감정과 연관시키는 논문입니다. '두려운 낯섦l'inquiétante étrangeté'이란 그냥 낯섦을 말하는 것이 아닙니다. 전혀 알 수 없는 미지의 것을 만났을 때 느끼는 감정이 아니라 익히 알고 있는 것이 이질적인 것이었음이 드러날 때 느껴지는 기묘한 감정이죠. 익숙한 것이 낯선 것으로 바뀌는 지점에서 발생하는 불길함이라고 할 수 있죠. 프로이트는 『토템과 터부』에서도 이미 이 두려운 낯섦에 대해 이야기했는데, 그 당시는 세 번째 패러다임에 속해 있던 만큼 두려운 낯섦을 나르시시즘이라는 관점에서 접근했습니다. 그러다가 이 개념을 반복 강박과 연관시킨 것이 바로 1919년의 「두려운 낯섦」이라는 논문입니다.

이와 비슷한 시기에 집필하기 시작한 『쾌락원칙을 넘어서』는 1920년 5월이 되어서야 완성됐습니다. 프로이트는 이 한 편의 논문을 1년 넘게 썼습니다. 그렇다고 해서 그 기간 동안 다른 저술을 함께 썼던 것도 아닙니다. 공식적으로 1920년에 출간된 것은 『쾌락원칙을 넘어서』 한 편입니다. 논문 한 편을 1년 이상 붙잡고 있었던 것인데 얼마나 생각이 많았는지를 알 수 있죠.

1905년의 『성욕에 관한 세 편의 에세이』와 비교해보면 문체가 전혀 다르다는 것을 알 수 있습니다. 『성욕에 관한 세 편의 에세이』는 간결하면서도 명징함이 돋보이는 글이죠. 이미 정제된 생각, 완료된 생각을 전달하는 것이 목적입니다. 반면 『쾌락원칙을 넘어서』는 굉장히 눅눅하고 호흡이 깁니다. 현재 진행 중인 생각, 현재 고민하고 있는 생각들을 전달하는 것이 목적입니다. 생각의 시간과 글쓰기의 시간이 거의 같다고 볼 수 있죠. 글을 쓰면서 사유를 하고 있는 것이 엿보입니다. 글을 쓰는 순간이 문제를 제기하고 해명하는 과정과 일치한다고 할 수 있죠. 반면에 『성욕에 관한 세 편의 에세이』는 생각을 하고 나서 그것을 요약하고 정리하는 방식으로 쓰였습니다. 생각의 시간과 글쓰기의 시간이 일치하지 않죠. 앞서 언급했듯이 『성욕에 관한 세 편의 에세이』는 중요한 개념들이 등장할 때마다 다시 쓰이고 덧붙여진 글입니다. 어차피 글쓰기의 시간이 생각의 시간과는 다르기 때문에 다른 시기에 속해 있는 개념들을 쉽게 통합시킬 수 있었던 것이죠.

『쾌락원칙을 넘어서』는 그럴 수가 없었습니다. 이 글은 사유를 하기 위해 쓴 글이라고 할 수 있습니다. 그러니 원래의 사유의 흐름 속에 있지 않은 것은 끼워 넣을 수 없겠죠. 생각의 시간과 글쓰기의 시간이 같기 때문에 생각의 리듬 자체가 글쓰기에 들어 있는 것입니다. 새로운 생각을 하니 주저할 수도 있고, 뭔가 의심할 수도 있겠죠. 내가 지금 이야기하고 있는 것이 맞는 이야기인가, 라는 의문이 들 수도 있고 또 생각을 하다가 헛발을 디디는 부분도 있을 겁니다. 보통의 글에선 그런 것들이 다 빠져 있지만 『쾌락원칙을 넘어서』는 그렇지 않습니다. 그렇기 때문에 읽기가 아주 까다롭죠. 생각하는 시간과 읽는 시간이 일치할 수 있게 읽어야 합니다. 글을 읽으면서 개념이 무엇인가를 파악하는 것보다 어떤 추론의 과정 속에 있는지 파악하는 것이 중요합니다. 프로이트는 이 글에서 죽음 충동이 존재한다는 가설에 대해 아주 조심스럽게 이야기합니다. 그러고 나서 1923년에 『자아와 이드』가 쓰이기 전까지 프로이트는 죽음 충동에 대해 한마디도 하지 않습니다. 1921년에 출간된 또 하나의 대작이라고 할 수 있는 『집단심리와 자아분석』에서도 죽음 충동이란 용어는 등장하지 않습니다.

죽음 충동이라는 용어는 1923년 『자아와 이드』에 다시 등장합니다. 대략 3년의 소강기를 거치더니 프로이트는 갑자기 『자아와 이드』를 기점으로 죽음 충동에 대해 폭발적으로 이야기합니다. 요컨대 『쾌락원칙을 넘어서』가 시론적이고 실험적인 성격의 글이라면, 『자아와 이드』는 죽음 충동을 정신분석학에 하나의 메타심리학적인 개념으로 통합시키는 신호탄이 되죠.

프로이트는 죽음 충동이라는 개념을 들여놓게 되면 기존의 토픽으로는 해결할 수 없는 문제들이 발생한다는 사실을 깨닫습니다. 그전까지 정신은 쾌락원칙의 한계에서만 작동했는데, 그게 아니라는 것을 깨닫게 되면서 정신적인 갈등이 보다 복잡하다는 것을 이해하게 됩니다. 그러한 정신적인 갈등을 설명하기 위해 제시한 것이 바로 이차 토픽입니다. 자아, 이드, 초자아로 구성된 토픽이죠.

요컨대 1920년의 죽음 충동은 하나의 실험입니다. 죽음 충동이 존재할 것이라는 가설입니다. 하지만 1923년의 자아, 이드, 초자아로 이루어진 이차 토픽으로 넘어올 때면 죽음 충동은 더 이상 실험이 아닌 개념, 메타심리학적인 개념이 됩니다. 바로 여기서부터 죽음 충동에 기초한 메타심리학적인 이론을 위한 초석이 만들어지죠. 1924년 「마조히즘의 경제적 문제」는 이러한 메타심리학의 완성이라고 할 수 있습니다. 그리고 이렇게 완성된 메타심리학을 임상적인 관점에서 접근한 글이 1926년의 『억제, 증상, 불안』입니다. 그리고 이것을 다시 문명론이라는 관점에서 접근한 것이 1930년의 『문명 속의 불편함』입니다. 그리고 이것을 분석의 기술이라는 관점에서 접근한 것이 1937년의 「끝낼 수 있는 분석과 끝낼 수 없는 분석」입니다. 이 모든 저술들을 관통하는 것은 당연히 죽음 충동이라는 키워드와 그것을 중심으로 구축된 개념들의 망이라고 할 수 있습니다. 죽음 충동이 들어오면서 갈등 모델이 바뀌고 그러한 갈등 모델에 입각해 다양한 개념들이 새롭게 조명되기 시작했다는 거죠.

네 번째 패러다임은 굉장히 풍요로운 시기입니다. 프로이트의 『꿈의 해석』이 출간된 1900년을 기점으로 한다면, 프로이트의 마지막 20여 년에 해당하는 네 번째 패러다임은 프로이트의 절반에 해당하는 시기입니다. 하지만 또한 가장 논쟁적이고 가장 말이 많은 시기이죠. 클라인주의자들과 달리 안나프로이디언들은 죽음 충동이라는 개념을 인정하지 않습니다. 안나프로이디언들은 프로이트의 죽음 충동을 하나의 탈선으로 봅니다. 프로이트에게서 프로이트의 사유가 일탈하게 되는 지점이라고 생각하죠. 특이한 것은 안나프로이디언들이 이런 식의 관점의 근거로 제시하는 것이 『자아와 이드』라는 논문이라는 점입니다. 『자아와 이드』는 죽음 충동이 아주 중요하게 언급되어 있고 죽음 충동 개념을 이해하지 못하면 읽을 수 없는 글입니다. 요컨대 정신분석의 정통성을 대표하는 어떤 학파에서는 프로이트가 1920년대 이후 제시했던 문제의식이 전혀 소화되지 않은 것이죠. 죽음 충동뿐 아니라 죽음 충동이라는 관점에서 재해석된 마조히즘, 불안, 거세 콤플렉스, 여성성, 분석치료 등등 프로이트가 열어놓은 수많은 문제들이 망각 속에 묻히게 됩니다. 물론 이러한 망각이 전적으로 안나프로이디언들의 잘못이라고 볼 수는 없습니다. 사실 잘못은 누구보다 프로이트 자신에게 있습니다. 프로이트의 논의를 따라가보면 죽음 충동에 대한 논의가 그렇게 설득력이 있지는 않기 때문입니다.

죽음 충동이란 무엇일까요? 죽음에 대한 충동이겠죠. 죽음을 지향하는 충동일 것입니다. 성충동이 삶의 지속을 지향하는 충동이라면, 죽음 충동은 개체의 소멸을 지향하는 충동이 되겠죠. 개념적으로는 굉장히 간단합니다. 문제는 이러한 개념에 어떻게 정당성을 부여하는가입니다. 바로 이 '어떻게'가 결국 죽음 충동이라는 용어에 귀속될 수 있는 진짜 개념이 되죠. 그런데 문제는 프로이트가 죽음 충동이라는 개념에 정당성을 부여하기 위해 제시하는 가설들이 그렇게 설득력 있지는 않다는 겁니다. 그렇기 때문에 프로이트 자신 역시 계속해서 그러한 가설들을 가로지르면서 흔들릴 수밖에 없었습니다. 실제로, 우리가 흔히 생각하는 것과는 달리 죽음 충동이라는 용어로 프로이트가 담아내는 것들을 주의 깊게 들여다보면 전혀 통일되어 있지 않습니다.

죽음 충동의 가설들

『쾌락원칙을 넘어서』에서 이야기하는 죽음 충동, 『자아와 이드』에서 이야기하는 죽음 충동, 「마조히즘의 경제적 문제」에서 이야기하는 죽음 충동은 모두 같지 않습니다. 용어는 같은데 그 용어로 담아내는 가설들이 다릅니다. 심지어 정반대라고 할 수 있을 만큼 완전히 모순되는 경우도 있습니다. 프로이트의 저술들을 분석해보면 대략 네 가지 정도의 가설을 만나게 됩니다.

1) 생물학적인 가설
2) 경제학적인 가설
3) 생리학적인 가설
4) 우주론적인 가설

가령 『쾌락원칙을 넘어서』에서 죽음 충동이란 무엇일까요? 생물이 비유기체적인 상태로 회귀하려는 성향이 바로 죽음 충동입니다. 인간은 살기 위해서 사는 것이 아니라 죽기 위해서 산다는 것입니다. 가령 성장이란 죽기 위한 몸부림이라는 것이죠. 생물은 더 빨리 성장할수록 더 빨리 죽는다는 것입니다. 그런데 이게 왜 회귀일까요? 왜냐하면 처음에 태어나기 전의 상태가 바로 비유기체적인 상태이기 때문입니다. 결국 죽음 충동이란 원래의 상태로 회귀하려는 성향이라는 것입니다. 마치 송어가 자신이 태어난 곳으로 돌아가서 죽는 것처럼 모든 생물은 원래의 상태로 회귀하려는 성향을 갖는다는 거죠. 이런 식으로 죽음 충동을 설명하는 것이 바로 생물학적인 가설입니다.

무엇 때문에 생물이 이런 식의 비유기체적 상태로 회귀하려고 할까요? 생물은 갈등과 긴장을 줄이는 방향으로 활동하기 때문입니다. 긴장을 제로로 만드는 것을 지향한다는 것입니다. 삶이 늘 갈등과 긴장을 유발한다면, 죽음은 그 긴장을 종료시키는 안식처가 될 수 있다는 거죠. 긴장의 제로화, 긴장을 무(無)로 돌리는 것이 바로 죽음 충동이라는 것입니다. 긴장의 양을 제로로 줄이고자 한다, 이런 식의 설명을 경제학적인 가설이라고 합니다. 모든 것을 긴장의 양과 그 양의 해소라는 관점에서 바라보는 가설입니다. 이것은 불교에서 '열반nirvana'이라고 하는 상태와 비슷합니다. 그래서 이것을 '열반의 원칙principe de nirvana'이라고도 합니다.

세 번째 가설은 생리학적인 가설입니다. 생물의 생리학적인 메커니즘을 보면 두 가지 작용을 확인할 수 있습니다. 하나는 세포들이 서로 동화하려고 하는 작용이고, 또 다른 하나는 서로 분리하려는 작용이죠. 프로이트는 동화작용과 이화작용이라는 표현을 사용합니다. 삶의 충동은 결합을 하려고 하고, 죽음 충동은 떨어뜨리고 분리시키려고 한다는 거죠.

이러한 생리학적인 원리를 우주 전반에 적용한 것이 바로 네 번째 우주론적인 가설입니다. 우주에는 두 가지 원칙이 있을 수 있다는 것이죠. 하나는 통합과 결합이고 다른 하나는 분리와 해체라는 겁니다. 한마디로 우주의 법칙은 사랑과 전쟁이라는 겁니다.

네 가지 가설을 제시했는데 프로이트가 이것을 한꺼번에, 그리고 단번에 꺼내놓은 것은 아닙니다. 프로이트는 죽음 충동에 대해 성찰하면서 아주 고민이 많았습니다. 처음에 『쾌락원칙을 넘어서』에서 제시한 것은 생물학적인 가설과 경제학적인 가설이었죠. 그러고 나서 『자아와 이드』와 「마조히즘의 경제적 문제」로 넘어오면서 제시한 것이 바로 생리학적인 가설과 우주론적인 가설입니다.

여기서 이 네 개의 가설들을 잘 보면, 뭔가 모순적인 부분들이 보입니다. 하나의 현상을 설명하기 위해 하나의 개념을 제시하면서 그 개념을 다른 각도에서 접근하는데, 결과적으로 그 개념을 뒤트는 과정이 있다는 것이죠. 쉽게 말하자면, 가설이 바뀌면서 죽음 충동이 갖는 가치, 역할, 뉘앙스 등이 완전히 바뀌게 된다는 것입니다.

생물학적인 가설과 경제학적인 가설, 이 두 가설에서 강조되는 것은 회귀입니다. 무엇으로의 회귀일까요? 영점으로의 회귀이죠. 생물학적으로는 비유기체적인 상태로의 회귀이고, 경제학적으로는 긴장의 양, 흥분의 양을 제로화하려는 회귀입니다. 이 경우에 죽음 충동은 어떤 역할을 할까요? 삶이 유발하는 긴장을 끌어내리고 삶을 무기질의 상태로 돌려놓는 역할을 합니다. 삶이라는 것이 긴장과 갈등을 불러일으킨다면, 죽음이란 거시적으로 볼 때, 긴장을 끌어내리고 갈등을 종료시키는 역할을 합니다. 성욕이 흥분을 불러일으킨다면 죽음은 그 흥분을 제로로 끌어내린다는 겁니다.

『쾌락원칙을 넘어서』에서 제시되는 죽음 충동은 굉장히 역설적인데, 쾌락원칙을 위반하거나 넘어서는 것이 아니라 오히려 쾌락원칙이 시작되기 이전의 상태로 되돌아가는 것을 의미하죠. '쾌락원칙의 저편'이 아니라 '쾌락원칙의 이편'이라고 할 수 있는 상태로 되돌아가는 것입니다. 그렇기 때문에 심지어 프로이트는 이 논문에서 삶이 소란스러운 것이라면, 죽음은 그러한 소란을 종료시키는 것이라고 이야기합니다. 삶이 시끄러운 것이라면, 죽음은 그것을 침묵으로 되돌리는 과정인 것처럼 묘사하죠.『쾌락원칙을 넘어서』라고 하면 굉장히 급진적이고 전복적인 듯이 들립니다. 그래서 실제로 많은 평론가들이『쾌락원칙을 넘어서』에서 제시되는 죽음 충동을 위반이나 어떤 파괴적인 것과 연관시키는데, 사실은 그렇지가 않죠. 프로이트가『쾌락원칙을 넘어서』를 쓰면서 상상했던 것은 생명의 보수적인, 더없이 보수적인 성향입니다.

삶과 죽음을 이런 식으로 보는 것은 이후 프로이트가『자아와 이드』,「마조히즘의 경제적 문제」에서 제시하게 될 삶과 죽음에 대한 관점과는 정반대라고 할 수 있습니다. 가령『자아와 이드』에서 제시되는 죽음 충동은 생리학적 가설에 따라 이화작용과 분리작용을 지향하는 것이죠. 반면 삶은 통합과 결합을 지향하죠. 앞서 설명한 두 가지 가설과 비슷해 보이지만 전혀 다른 의미, 심지어 정반대의 의미가 부여됩니다. 죽음 충동이 분리를 지향한다는 것은 곧 결합되어 있는 것을 분해하는 것이겠죠. 곧 파괴를 지향한다는 겁니다. 그래서 우주론적으로 볼 때 죽음 충동은 파괴와 폭력을 지향합니다. 반면 삶의 충동은 통합과 결합을 지향하죠. 분리되려는 것을 다시 주워 담고 통합시키려는 충동인 것입니다. 통합시키고 결합시킨다, 뭔가 화합하고 절충한다는 뉘앙스라고 할 수 있겠죠. 이 경우, 분란을 일으키는 것은 죽음 충동이고 그 분란을 종식시키기 위해 노력하는 것은 삶의 충동입니다. 삶의 충동이 균형과 안정을 회복하려는 노력이라면, 죽음 충동은 자아를 완전히 뒤집어놓고 불안하게 만드는 파괴적인 충동입니다. 삶의 충동이 사랑이라면 죽음 충동은 곧 전쟁입니다. 죽음의 충동이 소란스러운 과정이라면 삶의 충동은 그러한 소란을 중화시키는 고요한 과정이 되어버리죠. 앞서 『쾌락원칙을 넘어서』에서 이야기했던 죽음 충동과는 전혀 다른 모습입니다. 죽음 충동이 『자아와 이드』로 넘어오면서 전혀 다른 가치, 전혀 다른 기능을 갖게 되는 것입니다.

여기서 중요한 것은 단순히 죽음 충동에 대한 프로이트의 관점이 지속적으로 흔들리고 있다는 사실이 아닙니다. 사실 앞서 이야기한 네 개의 가설은 그렇게 썩 만족스럽진 않죠. 프로이트가 이야기한 것을 그대로 믿고 죽음 충동이라는 개념을 이해한다면, 오히려 더 합리적이지 않다고 할 수 있습니다. 가설들만 놓고 본다면 안나프로이디언들이 프로이트의 사전에서 죽음 충동이라는 말을 삭제해버린 것이 그렇게 납득할 수 없는 행태는 아닙니다. 문제는 잘못된 가설에 근거한다고 해서 그 개념이 잘못된 것은 아니라는 겁니다. 왜냐하면 프로이트는 애초에 가설에서 출발해서 개념을 만든 것이 아니기 때문이죠. 그는 철저하게 현상에서 출발한 사람입니다. 현상에서 출발해 그 현상을 설명할 수 있는 개념을 만들고 그 개념에 정당성을 부여하기 위해 가설을 제시했죠. 현상들이 분명히 존재하는 이상, 그 현상을 설명하기 위해서는 분명 개념이 필요합니다. 애초에 프로이트에게 중요한 것은 가설이 아니라 죽음 충동이라는 개념이 요청되는 문제의식이었던 겁니다. 안나프로이디언들의 문제는 단순히 프로이트가 제시한 가설의 오류를 지적한 것이 아니라, 가설의 오류를 문제 삼으면서 모든 것을 한꺼번에 날려버렸다는 겁니다. 이렇게 되면 아주 빈약하고 단순한 프로이트만이 남게 되겠죠.

결국 프로이트의 죽음 충동과 관련해서 우리가 해야 할 것은 죽음 충동이라는 개념을 삭제하는 것이 아니라 프로이트로 하여금 죽음 충동이라는 개념을 꺼내들 수밖에 없도록 만든 문제 의식으로부터 다시 출발해 가설들을 재검토하는 것입니다. 실제로 영미권의 정신분석가들과 달리 프랑스 정신분석가들이 한 것이 바로 이러한 작업이죠. 그러한 작업의 시발점이 바로 라깡입니다.

문제로서의 현상

그렇다면 프로이트는 왜 각각의 저술마다 죽음 충동이라는 개념을 다른 방식으로 설명하고 있을까요? 그것은 초점을 맞추고 있는 현상이 다르기 때문입니다.

프로이트가 『쾌락원칙을 넘어서』에서 제시했던 죽음 충동이 겨냥하는 것은 반복 강박이라는 문제였습니다. 전쟁신경증을 앓는 사람들이 꿈이나 전이를 통해 이전의 고통스러운 장면으로 돌아가는 현상을 설명하기 위해 여러 가지 가설을 제시했던 것이죠. 사실 이러한 반복을 프로이트는 죽음을 지향하는 충동이라는 관점에서 설명한 것이고, 이때의 죽음을 지향한다는 의미는 곧 긴장이 사라진 비유기체적인 상태로 돌아간다는 의미였습니다. 반면 『자아와 이드』에서 초점을 맞췄던 것은 정신 속의 갈등과 관련된 현상입니다. 가령 초자아가 자아에게 가하는 공격성이라는 측면이죠. 초자아가 왜 그토록 자아를 학대하는가, 라는 문제였죠. 초자아의 가혹성과 자아의 죄의식, 그리고 이로부터 나타나는 부정적 치료 반응 등이 『자아와 이드』에서 프로이트가 겨냥했던 현상들입니다.

'부정적 치료 반응réaction thérapeutique négative'이란 치료가 잘될 것 같은 순간에 환자가 오히려 치료에 역행하는 현상입니다. 뭔가 잘 풀릴 것 같은 순간에 증상이 더 악화되는 것이죠. 치료 과정에서만이 아니라 일상적으로도 흔히 발견할 수 있는 현상입니다. 가령 자신에게 벌어진 행운을 믿지 못하는 사람들이 있죠. 뭔가 좋은 일이 발생하면 오히려 침울해하거나 안 좋은 쪽으로 생각하게 되는 경우들이 있습니다. 자신 안에 자신의 행운을 바라지 않는 뭔가가 있다는 이야기입니다.

『자아와 이드』에서 프로이트가 겨냥하는 것은 바로 자아를 이렇게 학대하는 자아 내부의 심급입니다. 그러한 심급이 바로 초자아입니다. 『자아와 이드』에서 프로이트가 주목한 것이 초자아의 가학성이라는 사실이 함축하는 것은 프로이트가 죽음 충동을 공격성과 동일시하게 된다는 것입니다. 죽음 충동이 분리, 파괴, 해체를 지향하는 것처럼 간주되면서, 결국 죽음 충동은 공격성과 혼동되기 시작합니다. 이것은 『쾌락원칙을 넘어서』에서는 전혀 볼 수 없는 측면입니다.

『쾌락원칙을 넘어서』에서의 죽음 충동은 오히려 모든 것을 무화시키는 조용하면서 완만한 어두운 성향입니다. 마치 자신이 태어났던 그곳으로 돌아가는 것, 모태로의 회귀와 같은 것으로 간주되죠. 요컨대 여기선 회귀의 측면이 강조되는 거죠. 반면 『자아와 이드』에서 프로이트가 주목한 것은 심리적인 갈등, 다시 말해 심리 내적인 심급들이 서로 갈등을 일으키는 현상이기 때문에, 죽음 충동의 전혀 다른 측면을 강조할 수밖에 없었던 것입니다. 그런데 여기서 눈여겨볼 것이 있습니다. 『자아와 이드』에서 초점을 맞춘 것이 초자아의 가학성, 공격성이라면, 이것은 기존에 프로이트가 이야기하던 성충동에 포함되어 있던 공격적인 요소들과 그렇게 멀지 않다는 것이죠.

앞서 성충동이 공격적인 형태로 나타날 수 있다고 이야기했습니다. 성충동이 공격성을 띠게 되는 것은 무엇 때문이었나요? 퇴행 때문이었죠. 가학적 항문기로 퇴행을 하게 되면 미워하는 것이 곧 사랑하는 것이 될 수 있습니다. 『자아와 이드』에서 초자아가 가지고 있는 가혹성 역시 이런 관점에서 이해될 수 있습니다. 그렇기 때문에 이 경우에는 어떻게 보면 죽음 충동이라는 개념이 필요 없어 보일 수도 있습니다. 가학적 항문기나 가학적 구강기로의 퇴행 때문이라고 설명해버리면 간편해지는 겁니다. 이것이 바로 안나프로이디언들의 관점입니다. 죽음 충동을 빼고 그 자리에 퇴행과 충동의 발달론을 위치시키는 것이죠. 역설적이게도, 이것이 바로 안나프로이디언들이 『자아와 이드』를 자신들의 관점의 참조점으로 삼는 이유입니다. 죽음 충동이 전면에 부각되어 있는 『자아와 이드』를 죽음 충동의 무용성을 주창하는 근거로 삼을 수 있다는 것은 그만큼 『자아와 이드』에 그러한 혼동을 가능케 하는 요인이 있었다는 뜻일 수도 있겠죠.

흥미로운 것은 또한 동일한 이유 때문에, 멜라니 클라인 역시 죽음 충동을 공격성, 공격적인 충동과 동일시하게 되었다는 것입니다. 안나프로이디언들이 죽음 충동을 공격성과 혼동하면서 죽음 충동의 무용성을 주장했다면, 멜라니 클라인은 죽음 충동과 공격성을 동일한 것으로 취급하면서 오히려 죽음 충동의 정당성을 주장한 것입니다. 동일한 원인이 어떻게 정반대의 입장으로 귀착하는지 볼 수 있는 대목이죠.

『자아와 이드』에서 죽음 충동이 공격성과 동일시될 수 있는 여지를 남겼다면, 「마조히즘의 경제적 문제」로 넘어가면 오히려 문제는 그렇게 간단하지 않다는 것을 알 수 있습니다. 『자아와 이드』에서 초점을 맞추고 있는 것이 초자아의 가혹성이라면, 「마조히즘의 경제적 문제」에서는 그것을 뒤집어 오히려 자아의 마조히즘적 경향이라는 측면에서 죽음 충동에 접근하게 됩니다. 자아에게 원초적인 마조히즘이 있을 수 있다는 것입니다. 죽음 충동을 단순히 공격성이라는 개념으로 환원할 수 없는 경우라고 할 수 있죠. 공격성이란 자아가 외부 세계에 대해 보이는 반응인데, 자아의 원초적인 마조히즘은 자아가 스스로를 학대하고 비난하는 경향, 초자아가 자아를 학대하기 전에 자아가 먼저 초자아에게 굴복해서 자신의 엉덩이를 내어주는 것을 말합니다. 마조히즘을 공격성에서 비롯된 것이라고 이야기한다면, 그것은 자기에 대한 공격성이라고 할 수 있습니다. 하지만 이것은 세 번째 패러다임에서 이야기되었던 것처럼 더 이상 공격성을 반대 방향으로 전환하거나 아니면 자기 자신으로 회귀시키는 결과가 아닙니다. 퇴행을 이야기하기 이전에, 자기에 대한 공격성이 더 앞서 존재할 수 있다는 것이 바로 죽음 충동이라는 개념에 함축되어 있습니다. 그렇기 때문에 기존의 공격성이라는 개념을 통해서는 설명할 수가 없는 거죠.

프로이트가 이런 관점의 전환으로 겨냥하는 것은 무엇일까요? 자아의 죄의식입니다. 자아의 죄의식이 생각했던 것보다 훨씬 더 심오하고 깊다는 것입니다. 『자아와 이드』에서 죄의식이 초자아의 가혹함 혹은 양심에 초점이 맞춰진다면, 「마조히즘의 경제적 문제」에서는 죄의식이 자아의 마조히즘적인 태도에 초점이 맞춰집니다.

양심은 초자아가 자아를 감시하는 것과 관련이 있습니다. 반면 자아의 마조히즘적인 태도는 자아가 초자아를 대하는 굴종적인 태도와 관련이 있습니다. 여기서 자아의 마조히즘적인 태도를 설명하기 위해 프로이트는 '처벌에 대한 욕구besoin de punition'라는 용어를 도입합니다. 자아에게는 처벌에 대한 욕구, 처벌받고자 하는 욕구가 있다는 것입니다. 이것은 『자아와 이드』에서는 볼 수 없는 용어입니다. 나쁜 사람이어서 죄를 짓는 것이 아니라 처벌을 받고자 하는 욕구가 있기 때문에 죄를 지을 수 있다는 것이죠. 요컨대 죄를 지어서 죄의식이 생기는 것이 아니라, 죄의식을 완화시키기 위해 죄를 짓는 겁니다.

여자의 마조히즘

이런 식의 관점의 전환은 또 무엇을 함축할까요? 좀 더 멀리 보면, 여성성에 대한 문제 역시 이와 관련이 있습니다. 여성성에 대한 문제는 프로이트가 명쾌하게 해결하지 못한 문제입니다. 프로이트는 결국 여성의 성욕을 검은 대륙이라고 지칭하게 됩니다. 무의식이 프로이트가 개척한 신대륙이라면, 여성의 성욕은 끝내 미지의 영역으로 남겨진 것입니다.

앞서 두 번째 패러다임을 이야기하면서 성충동이라는 관점에서는 성적인 차이가 표상될 수 없다고 했습니다. 가령 프로이트는 『성욕에 관한 세 편의 에세이』에서 남성성과 여성성이라는 대립을 능동성과 수동성의 대립과 혼동하게 되죠. 이러한 혼동이 단순한 인식론적인 혼동이 아닌 것은 근본적으로 충동의 수준에서는 성적인 차이가 나타날 수 없기 때문입니다. 그렇기 때문에 프로이트는 아이들의 성이론에 따라서 남성성을 사디즘적으로, 여성성을 마조히즘적으로 볼 수밖에 없었던 것이죠.

물론 여성이 본성상 원래 마조히즘적이라고 한다면, 이는 충분히 비판받을 만한 이야기입니다. 하지만 그럼에도 불구하고 프로이트의 이야기에는 뼈가 있습니다. 여성이 마조히즘적이라면, 이것은 그만큼 여성이 남성보다 죽음 충동과 훨씬 더 가깝기 때문이라고 이야기할 수 있겠죠. 이는 여성이 죽음 충동을 더 많이 타고났다는 뜻이 아니라 여성의 성적인 정체성의 구조 때문에 죽음 충동이 삶의 충동에 의해 덜 묶여 있다는 이야기가 되겠죠. 이는 여성이 남근에 의해 지탱되는 상징적인 질서에 대해 완전히 종속되지 않음으로써 발생된 결과라고 할 수 있습니다. 요컨대 여성의 마조히즘은 여성의 본질이 아니라는 것이죠. 이것이 바로 나중에 라깡이 세미나 20권 『앙코르』에서 하게 될 이야기 중의 하나입니다. 라깡은 여성성을 남근적인 주이상스에 대해 '또 다른 주이상스'라는 관점에서 이야기하는데, 이것이 겨냥하는 바가 바로 프로이트가 이야기한 여성적인 마조히즘입니다.

요점은 개념으로 겨냥하는 현상이 다르기 때문에, 결국 프로이트는 죽음 충동을 통합되지 않은 다양한 관점에서 탐색할 수밖에 없었던 것입니다. 그런 만큼 중요한 것은 가설이 정당한가의 여부가 아니라 오히려 프로이트가 일련의 현상들 앞에서 대면했던 문제들입니다. 현상이 제기하는 문제들이 이동하면서 결국 처음에 비유기체적인 상태로의 회귀라는 관점에서 이야기되었던 죽음 충동은 『자아와 이드』에서 공격성과 혼동된 다음에 「마조히즘의 경제적 문제」라는 논문에서 자기 자신을 파괴하고 분해하는 충동으로 수정되기에 이르렀던 것입니다. 이것이 뜻하는 바는 죽음 충동이란 무엇인가, 라는 문제로부터 우리가 좀 더 자유로워질 필요가 있다는 것입니다. 죽음 충동이 무엇인지에 대해 궁금해하기보다는, 그러한 개념으로 프로이트가 무엇을 말하고자 하는지, 어떤 현상을 설명하고자 하는지 이해해야 한다는 것이죠.

지금까지 프로이트의 죽음 충동이라는 용어에 담기는 개념, 뉘앙스, 기능의 다채로운 단층들과 그것이 함축하는 이론적인 파장들을 살펴보았습니다. 다음 강의에서는 프로이트에게서 죽음 충동이라는 개념과 더불어 가장 큰 변화라고 할 수 있는 충동의 이원론의 변화에 대해 이야기를 나눠보도록 하겠습니다.

9강

죽음 충동의 메타심리학

정신의 변화를 겨냥하는 정신분석은 정신에 대한 하나의 통합된 이론을 전제로 할 수밖에 없습니다. 정신에 대한 이론이 없다면 정신의 변화를 설명할 수 없을 것이며, 어떻게 정신을 변화시킬 수 있는지에 대한 기술적인 원칙들을 마련할 수 없겠죠. 정신에 대한 통합된 이론을 프로이트는 '메타심리학métapsychologie'이라고 불렀습니다. 심리학이 심리적인 것을 설명하는 이론이라면, 메타심리학은 심리적인 것 너머에 있는 것을 설명하는 이론이라고 할 수 있습니다. 심리적인 것이란 의식 가능한 영역에 국한된 반면, 정신분석이 제시하는 정신의 구조에는 의식으로 포착될 수 없는 무의식의 영역이 포함되어 있기 때문에 심리학 너머의 메타심리학이 요청될 수밖에 없다는 것이죠.

프로이트의 메타심리학의 핵심에는 충동의 이원론이 자리잡고 있습니다. 프로이트는 정신적인 증상은 항상 정신적인 갈등에서 기인한다고 보았고, 그러한 정신적인 갈등을 불러일으키는 힘이 정신 속에 내재한다는 입장을 취했습니다. 당연히 충동이 정신적인 갈등의 원인이라면, 그러한 충동에 대해 방어적인 입장을 취하는 또 다른 힘을 가정할 수밖에 없으며, 바로 그런 이유에서 프로이트는 기본적으로 충동의 이원론적인 입장을 취했습니다.

정신의 새로운 지형도

1920년 도입된 죽음 충동이라는 개념과 더불어서 프로이트의 패러다임에서 일어난 가장 큰 변화는 정신적인 갈등을 설명하기 위해 설정했던 충동의 이원론에서의 변화입니다. 충동의 이원론이란 충동에는 두 가지 종류가 있다는 것을 의미합니다. 갈등이 있으려면 두 가지 상반된 힘이 충돌을 일으켜야 합니다. 성충동이 있다면 당연히 그것과 충돌하는 다른 충동이 있어야 하겠죠.

처음에 프로이트가 설정했던 충동의 이원론은 자기보존적인 충동과 성충동 사이의 대립이었습니다. 처음에는 자아와 성충동의 대립이었는데, 1910년에 자아에도 충동을 부여하면서 대립 구도가 자기보존적인 충동과 성충동, 간단히 하면 자아 충동과 성충동 사이의 대립으로 바뀌게 됩니다. 그러다가 세 번째 패러다임에 나르시시즘이라는 개념이 들어오면서 충동의 이원론은 나르시시즘에 기반을 둔 자아 리비도와 대상 리비도 사이의 대립으로 이동합니다. 그런데 자아 리비도와 대상 리비도의 대립에서는 투자되는 대상만 다를 뿐 투자되는 충동은 같습니다. 리비도란 성충동을 말하는데, 하나의 동일한 충동, 성적인 충동이 자아에 투자되느냐 대상에 투자되느냐에 의해 구분이 될 뿐입니다. 이 시기는 프로이트가 충동의 일원론에 가장 근접한 시기라고 할 수 있습니다.

세 번째 패러다임은 프로이트에게 유일하게 충동이 일원론적인 시기라고 할 수 있습니다. 하지만 충동의 일원론에 다다르자 프로이트는 고민이 많을 수밖에 없었습니다. 투자 방식의 차이만으로는 모든 정신적 갈등을 설명할 수 없을 것 같다는 고민이었죠. 그렇기 때문에 프로이트는 성충동 이외의 또 다른 충동에 대해 생각할 수밖에 없었습니다. 그 결과가 바로 1920년대 삶의 충동과 죽음 충동 간의 대립입니다.

프로이트는 죽음 충동을 제시하면서 그전까지 리비도 혹은 성충동이라고 이야기했던 것을 삶의 충동이라는 용어로 바꿔 부르게 됩니다. 성충동은 어쨌거나 대상과의 결합과 통합을 지향한다는 점에서 삶을 지향하는 것이라고 생각했던 것입니다.

새롭게 제기된 충동의 이원론과 더불어 발생한 가장 중요한 변화는 일단 정신의 지형도가 바뀐 것입니다. 소위 일차 토픽에서 이차 토픽으로의 전환이 이루어지는 것이죠. '토픽topique'이란 '토포스topos'에서 온 말로, '장소'라는 뜻입니다. 정신을 하나의 지도, 지형도처럼 그려놓는 것을 바로 토픽이라고 합니다. 일차 토픽이 의식, 무의식, 전의식으로 구성된다면, 이차 토픽은 자아, 이드, 초자아로 구성됩니다. 간단히 정리하자면 이렇습니다.

이드는 충동의 저장소입니다. 모든 충동의 원천, 충동이 샘솟는 우물이라고 할 수 있습니다. 충동이란 앞서 이야기했듯이 육체적인 자극의 정신적인 대표자입니다. 정신 속에 표상된 육체적인 자극이라고 할 수 있죠. 이때 충동의 목표가 성적인 만족이라면 성충동이 되는 거고, 충동의 목표가 죽음이라면 죽음 충동이 됩니다. 여기서 정신이 육체적인 자극, 육체적인 흥분에 의해 점유되면 어떻게 될까요? 제정신이 아니겠죠. 한마디로 정신줄을 놓게 되겠죠. 우리는 더 이상 우리가 아니라 '그것'이 되죠. 이드, 독일어로는 'Das Es', 불어로는 'le ça'가 바로 '그것' 입니다. 우리가 충동에 의해 점유되는 지점은 우리가 그것이 되는 지점입니다. 쉽게 말하자면, 우리가 성관계를 하면서 오르가즘을 느끼는 순간은 우리가 '그것'이 되는 순간이죠.

한편 자아라는 것은 말 그대로 '나'입니다. 독일어로는 'Das Ich', 불어로는 'le moi', 말 그대로 '나'라고 번역할 수 있죠. '그것'에 대비되는 '나'라고 할 수 있죠. 자아란 우리가 스스로를 '나'라고 부르는 심급입니다. 그렇다면 어떻게 우리가 스스로를 '나'라고 부를 수 있을까요? '나'라는 기능은 무엇일까요? 프로이트는 처음에 자아를 지각-의식의 조직이라고 규정했습니다. 초기의 저술부터 보이는 자아에 대한 정의죠. 자아는 지각하고 의식하는 심급이라는 이야기겠죠. 하지만 『자아와 이드』에서 프로이트는 이러한 자아 개념에 머물지 않습니다. 자아는 또한 동일시라는 기능을 하는 심급이기도 하다는 것입니다.

동일시는 세 번째 패러다임과 밀접한 연관이 있는 개념입니다. 나르시시즘이라는 개념이 도입되면서 동일시라는 개념이 같이 부각되었죠. 자아가 우리가 '나'라고 말하는 지점이라면, 그 '나'라고 말하는 지점에서 우리는 어떤 다른 무엇과 동일시가 되어 있을 수 있다는 겁니다. 다른 사람을 보고 '나'라고 이야기할 수 있다는 것이죠. 그런데 이렇게 '나'가 동일시를 하는 심급이라면, 이것은 '나'가 무엇이라는 이야기인가요? 어떤 이미지가 투사되는 표면과도 같은 것이라는 이야기가 되겠죠. '나'는 매끈한 표면, 이미지를 흡수하는 표면이라는 겁니다. 자아는 표면, 껍질, 피부를 가진 것처럼 간주될 수 있다는 거죠. 어떻게 해서 자아가 하나의 표면일 수 있을까요? 프로이트는 자아가 육체적인 표면을 투사함으로써 만들어진다고 생각했습니다. 정말 놀라운 생각이 아닐 수 없죠. 우리는 보통 자아가 이미 만들어져 있고 그 자아가 육체적인 표면에 투사되기 때문에, 자기 육체가 곧 나 자신이라고 생각하는 경향이 있죠. 그런데 프로이트는 그게 아니라 반대로, 육체적인 표면이 자아에 투사되어 자아가 마치 육체처럼 하나의 형태를 가진 것처럼 만들어진다고 생각하게 됩니다. 요컨대 우리가 자신을 '나'라고 이야기할 수 있다면, 이는 일단 우리가 육체를 가지고 있기 때문입니다. 우리가 자신의 경계선이 어디인지를 알 수 있는 것은 우리에게 물리적으로 유한한 표면을 가진 육체가 있기 때문이겠죠. 육체는 '나'를 셈하는 하나의 단위입니다. 제가 저 자신을 포함해 여러분들을 셀 수 있는 것은 여러분들이 육체를 가지고 있기 때문인 겁니다.

자아는 육체의 이미지의 투사다. 이것이 바로 『자아와 이드』에서 제시되는 새로운 자아 개념입니다. 물론 이러한 자아 개념이 가능한 것은 세 번째 패러다임에서 동일시가 자아의 중요한 기능으로서 부각되었기 때문입니다. 그런 관점에서 자아의 구조를 바라보면서 자아와 다른 자아의 관계를 탐색하는 글이 1921년에 출간된 『집단심리와 자아분석』입니다.

이드가 '그것', 자아가 '나', 그렇다면 '초자아'는 무엇일까요? 초자아는 나 위에 있는 나입니다. 나는 나인데 나 위에 있는 나입니다. 나를 종처럼 부리고 나 위에서 군림하는 또 다른 나인 거죠. 초자아는 자아를 판단하고 자아를 단죄하는 심급으로서의 나인 것입니다. 이러한 나 위의 나는 어떻게 형성될까요? 프로이트는 외부에 있는 어떤 중요한 대상과의 동일시를 통해 형성된다고 보았습니다. 외부에 있는 중요한 대상이란 가령 자신이 리비도를 투자했던 특권적인 대상이겠죠. 바로 부모입니다. 초자아는 부모와의 동일시를 통해 형성이 됩니다. 그런데 여기서 한 가지 질문이 제기됩니다.

초자아의 역설

앞서 나르시시즘이란 개념이 도입되면서 동일시와 자아 이상이라는 개념이 도입되고 그러면서 근본적으로 오이디푸스 콤플렉스라는 개념이 바뀌게 된다고 이야기했습니다. 자아 이상도 초자아처럼 부모와의 동일시를 통해 형성이 된다면, 초자아와 자아 이상이 어떻게 다른가에 대해 질문을 던질 수 있겠죠.

자아 이상은 초자아와 마찬가지로 부모와의 동일시를 통해 구축되지만 이때는 나르시시즘적인 만족과 연관이 있습니다. '그렇게 되면 참 좋겠다'라는 것과 연관이 있죠. 반면 초자아는 나를 제어하고 속박하는 것과 연관이 있습니다. 오이디푸스 콤플렉스를 억압하는 과정에서 내가 아버지와 동일시를 하는 과정이 있습니다. 어머니라는 대상을 포기하는 것은 언젠가는 나도 아버지처럼 되리라는 약속 때문입니다. 뒤집어 말하면, 내가 아버지처럼 되는 것은 또한 내가 어머니라는 대상을 포기한 결과겠죠. 이는 역설적이게도 내가 언젠가 아버지처럼 될 수 있다면 지금은 내가 아버지처럼 되지 않기 때문이라는 이야기가 됩니다. 내가 언젠가 아버지처럼 되기 위해서는 지금은 아버지처럼 행동해서는 안 된다는 것입니다. 요컨대 동일시의 이면에는 금지가 있는 것입니다. 아버지에 맞서지 말라는 금지, 아버지의 특권을 넘보지 말라는 금기가 있는 것이죠. 아버지처럼 되는 것이 나르시시즘적인 만족을 주기 때문에 유아는 그처럼 되기 위해서 노력하지만 그것은 현재가 아닌 미래형으로만 남겨놓아야 한다는 것입니다. 언젠가는 그렇게 되리라가 자아 이상이라면, 지금은 그래선 안 된다는 것이 바로 초자아입니다.

자아 이상이 내 안에서 나를 격려해주고 독려해주는 타자의 얼굴을 하고 있다면, 초자아는 내 안에서 나를 감시하고 비난하는 타자의 얼굴을 하고 있습니다. 그런데 여기서 조심해야 할 것은 초자아는 어쨌거나 늘 나를 감시하고 비난한다는 겁니다. 아주 역설적인 것인데, 초자아는 내가 잘해도 나를 비난하고, 내가 못해도 나를 비난합니다. 자아가 못하면, 당연히 '왜 그렇게 못났니?'라고 자아를 비난하겠죠. 그런데 자아가 잘하면 오히려 초자아가 '나랑 맞먹으려고?'라고 하면서 자아를 비난한다는 거죠.

1936년에 쓰인 「아크로폴리스에서의 기억의 혼란」이라는 글이 있습니다. 프로이트가 그렇게 꿈에 그리던 그리스의 아크로폴리스로 여행을 갔는데, 그 웅장한 광경을 보면서 이상하게 흥이 안 나더라는 거죠. 그토록 보고 싶었던 곳이었는데 프로이트는 그 장면이 주는 즐거움에 몰입할 수가 없더라는 것입니다. 그런데 아크로폴리스를 보고 싶어 했던 것은 프로이트뿐만

이 아니라 그의 아버지도 마찬가지였다는 것이죠. 결국 아크로 폴리스로의 여행은 아버지와의 경쟁에서 승리를 거뒀다는 것을 의미합니다. 그가 아버지를 능가했다는 것이죠. 바로 거기서 부터 프로이트에게서 초자아의 비난이 발동됩니다. 프로이트가 그토록 보고 싶어 했던 장엄한 광경에 도취될 수 없었던 것은 그 때문이죠.

초자아의 작용은 '잘해도 뺨이 석 대'라는 우리 속담에 딱 맞아떨어진다고 할 수 있습니다. 초자아와의 관계는 꼼짝없이 갇히게 되는 막다른 골목입니다. 항상 패배할 수밖에 없는 게임이죠. 내가 잘하는지 못하는지를 감시하면서 잘해도 뺨을 때리고 못해도 뺨을 때리는 것, 그게 바로 초자아입니다.

마조히즘이란 이렇게 초자아가 자신을 때리는 것을 초자아가 자신을 사랑해주는 것이라 믿는 것이라고 할 수 있습니다. 학대를 사랑으로 혼동하는 것이 바로 마조히즘입니다. 자아가 초자아에게 매 맞기 위해서 기꺼이 자신의 엉덩이를 내미는 것이죠.

초자아와 자아의 관계를 이야기했는데, 벌써 초자아는 자아 이상과 비슷하면서도 많은 차이점을 가지고 있습니다. 『자아와 이드』라는 저술은 제목은 '자아와 이드'인데 사실은 초자아에 대한 글이라고 할 수 있습니다. 죽음 충동을 도입함으로써 프로이트가 일차 토픽을 이차 토픽으로 전환할 수밖에 없었던 것은 일차 토픽만 가지고는 이러한 초자아와 자아의 애매모호한 관계를 설명할 수 없었기 때문입니다.

자아가 억압의 작인이 아니라 리비도의 대상 될 수 있다는 것이 나르시시즘의 도입에 의해 전제된 것이라면, 죽음 충동의 도입에 의해 전제된 것은 자아가 리비도의 대상이 아니라 박해의 대상이 될 수 있다는 것이죠. 자아가 리비도의 투자 대상이될 수 있을 뿐 아니라 죽음 충동의 투자 대상이 될 수 있다, 나를 학대하는 어떤 심급이 내 안에 있을 수 있다, 바로 이것이 부득이 프로이트가 이차 토픽을 꺼낸 이유입니다. 실제로『자아와 이드』를 읽어보면 자아의 자율성을 전혀 찾아볼 수 없습니다. 논문의 대부분이 새로운 충동의 이원론, 죽음 충동과 삶의충동, 그리고 그것에 의해 떠받들어지는 초자아와 자아의 종속관계에 대해 이야기하고 있습니다.

죽음 충동과 양가감정

충동이 삶의 충동과 죽음의 충동으로 나뉘게 되면서 또한 주목해야 하는 것은 공격성을 어디에 귀속시켜야 할 것인가라는 문제입니다. 그전까지 공격성은 성충동의 한 가지 구성 요소로 간주되었습니다. 1905년의『성욕에 관한 세 편의 에세이』에서 공격성은 대상을 굴복시키기 위한 요소로 간주되었습니다. 성충동이 대상에 달려드는 과정을 살펴보면, 그 대상을 장악하고 꼼짝 못하게 하기 위한 측면이 보인다는 거죠. 이런 점에서 두 번째 패러다임에서는 성충동, 공격성, 지식의 충동 사이에 연결고리가 있었습니다. 그러다가 세 번째 패러다임에서 소위 단계론적인 발달론으로 넘어오면서 공격성은 성충동의 요소이지만퇴행을 통해서만 가시화될 수 있는 요소가 됩니다. 세 번째 패러다임에서 구강기와 항문기라는 개념이 제시되면서 공격성은 구강기와 항문기에서의 성욕의 양상처럼 제시됩니다. 가령 구강기의 입은 대상을 빨면서 으깨버리거나 깨물어버릴 수 있죠. 또 항문기의 항문은 대상을 밀어내거나 끊어내면서 아니면 반대로 대상이 못 나가도록 그것을 꽉 움켜쥐면서 공격성을 발휘할 수 있죠. 요컨대 공격성은 아직 미숙한 형태의 성충동이 갖는 하나의 양상이라는 겁니다. 공격성이 곧 성충동과 혼동되어서 표출되는 단계가 있다는 것이고, 만일 공격성이 성충동과 혼동될 수 있다면 이는 그러한 단계로의 퇴행 때문이라고 설명될 수 있다는 것이죠.

반면에, 네 번째 패러다임에서 공격성은 더 이상 성충동의 한 가지 요소가 아니라 오히려 성충동, 삶의 충동과 대립하는 죽음 충동의 한 가지 얼굴처럼 간주됩니다. 공격성이 어떤 식으로 죽음 충동에 귀속되기 시작했는지에 대해서는 앞서 이야기했습니다. 중요한 것은 그렇게 공격성이 죽음 충동에 귀속되는 것이 어떤 의미인가라는 것입니다.

사실 프로이트에게 공격성과 관련된 중요한 문제는 단순히 자아가 대상을 공격한다거나 공격성을 발휘한다는 측면이 아닙니다. 싫어하는 대상을 공격하는 것은 당연하다고 할 수 있겠죠. 문제는 그게 아니라 '인간은 왜 자신이 좋아하는 대상을 공격하는가'입니다. 그러한 공격성이 성적인 측면이나 사랑과 혼동될 수 있는 지점이 있다는 것입니다. 양가감정이 발동하는 것이죠. 프로이트가 구강기나 항문기로의 퇴행과 같은 개념을 통해 겨냥했던 것이 바로 이 양가감정입니다.

그렇다면 네 번째 패러다임에서 공격성이 성충동이 아니라 죽음 충동에 귀속되기 시작했다는 것은 결국 프로이트가 이 양가감정이라는 문제를 다른 방식으로 이해하기 시작했다는 것을 뜻하겠죠. 다시 말해, 더 이상 성충동 속에 포함되어 있던 공격성이 퇴행을 통해 표출되는 것이 아니라는 것입니다. 만약 공격성이 죽음 충동에 귀속되어 있고 그것이 성충동과 별개라고 한다면, 그리고 만약 어떤 대상에 대해 양가감정이 나타난다면, 이는 그러한 죽음 충동이 성충동과 뒤섞여 있기 때문이라는 것입니다.

네 번째 패러다임에서 양가감정은 두 가지 충동의 혼합이라는 관점에서 설명됩니다. 모든 현상이 바로 이러한 관점에서 설명되기 시작하죠. 두 개의 충동의 결합과 분리라는 관점이 네 번째 패러다임에서 병리적인 현상을 설명하는 중요한 메커니즘처럼 제시되기 시작합니다. 삶의 충동의 목표가 결합이고 죽음 충동의 목표가 분리라면, 결국 삶의 충동은 늘 죽음 충동과 결합해 죽음 충동을 중화시키려고 하겠죠. 반면 죽음 충동은 모든 것을 분리시키기 때문에 결국 결합을 추구하는 삶의 충동을 무력화시킬 수 있게 됩니다. 만약에 삶의 충동이 강세를 이룬다면 죽음 충동은 그만큼 중화되어 있을 것이며, 죽음 충동이 강세를 이룬다면 삶의 충동은 약화될 수밖에 없겠죠. 만약 죽음 충동이 승리하게 되면 결국 어떻게 되는가? 죽음 충동이 삶의 충동에 의해 중화되지 않고 순수한 형태로 드러나면서 자아가 자멸을 향해 나아가는 것과 같은 병리적인 현상을 보일 수 있다는 것이죠. 가령 프로이트는 『자아와 이드』에서 멜랑꼴리를 '죽음 충동의 순수한 배양'이라고 설명합니다.

물론 『자아와 이드』에서 강조되는 것은 자아의 자학이 아니라 초자아의 가학성에 의해 짓눌린 자아라고 할 수 있습니다.

프로이트는 자아가 초자아의 가학성에 의해 짓눌려서 장렬하게 전사하게 된다는 식의 이야기를 합니다. 이것이 극단적이 되면 결국 자아가 가혹한 초자아에 의해 짓눌리다가 실제로 몸을 던져 자살하게 된다는 이야기까지 하게 됩니다. 프로이트는 대개의 경우 이런 일이 발생하지 않는 것은 그만큼 죽음 충동이 삶의 충동과 뒤엉켜 있기 때문이라고 생각합니다. 그러니까 충동이 혼합되어 있기 때문이라는 거죠. 삶의 충동이 죽음의 충동을 부여잡고 그것을 묶어버리는 기능을 한다는 것입니다.

새로운 수사학을 찾아서

앞서 프로이트 메타심리학의 핵심 요소로 여러 가지 전환에 대해 이야기했습니다. 가령 충동이나 환상이나 망상이 마치 문법적인 변환처럼, 반대 방향으로 전환된다든가 아니면 자기 자신으로 회귀한다든가 한다고 했습니다. 그리고 이런 식의 변환이 세 번째 패러다임에만 귀속된 것이 아니라 프로이트의 사유 전반에 귀속되는 아주 중요한 요소가 될 수 있다고 이야기했습니다. 사실 이런 식의 핵심 요소는 이것만이 아닙니다.

첫 번째 패러다임에서 보았던 '억압된 것의 회귀retour du refoulé' 라는 개념 역시 그에 버금가는 핵심 요소라고 할 수 있습니다. '억압된 것은 언젠가 회귀한다'라는 테제는 단순히 하나의 개념이 아니라 다른 개념들을 결합시키는 핵심적인 고리처럼 작동할 수 있습니다. 또 마찬가지로 두 번째 패러다임에서 제시되는 대상의 변환이라든가 목적의 전환이라는 개념 역시 나름 중요한 의미를 갖는 핵심 요소로 간주할 수 있습니다. 그리고 네 번째 패러다임에서는 두 가지 충동의 '혼합intrication'과 '분리désintrication'라는 개념에 주목해야 합니다. 혼합과 분리가 현상들을 분류하고 설명하는 데 아주 유용한 개념처럼 제시되기 시작합니다. 1920년 이후의 병인론에서 병리적인 것을 설명하는 아주 중요한 수사학적 표현으로 부각이 되죠. 1920년 이후의 저술을 읽을 때 혼합과 분리라는 표현이 등장하면 중요한 대목이니 꼭 주의해서 봐야 합니다.

이와 비슷한 용어로 '묶음union'과 '풀림désunion'이라는 용어가 있습니다. 첫 번째 패러다임에서 사용되었던 용어인데, 가령 긴장이나 흥분이 발생하면 자아는 그것을 묶어버림으로써 그러한 긴장을 처리할 수 있게 된다는 것이죠. 프로이트는 이것을 네 번째 패러다임에서 다시 사용합니다. 여기서 묶음이란 곧 삶의 충동의 효과를 이야기하고, 풀림이란 곧 죽음 충동의 효과를 의미하게 됩니다. 묶음과 풀림은 혼합과 분리라는 용어와 함께 네 번째 패러다임에서 작동하는 중요한 용어라고 할 수 있습니다.

네 번째 패러다임에 관한 지금까지의 이야기를 정리하면 정신적 지형도의 변화, 충동의 이원론의 변화, 공격성을 이해하는 방식의 변화, 충동의 혼합과 분리라는 개념의 도입이라고 할 수 있습니다. 죽음 충동이 도입되면서 발생하는 패러다임의 변화라고 할 수 있는데, 사실 이것들은 정신적인 갈등을 어떻게 볼 것인가라는 문제와 관련된 변화입니다. 즉, 죽음 충동이 들어오면서 정신 속에서 어떤 식으로 갈등이 만들어지는가라는 문제와 관련된 변화라고 할 수 있습니다.

이러한 주요 변화들 속에서 우리는 또한 세부적인 변화들도 포착해야 합니다. 앞서 죽음 충동을 원초적인 마조히즘과 연관시켰는데, 원초적인 마조히즘을 상정한다는 것은 무슨 뜻일까요? 『자아와 이드』에서 프로이트가 죽음 충동을 공격성과 연관시켰다고 이야기하면서 그것이 기존의 관점과 그리 다르지 않다고 했습니다. 무슨 뜻이냐면, 애초에 프로이트는 사디즘과 마조히즘을 이야기할 때 늘 사디즘이 마조히즘보다 앞서는 것처럼 이야기했습니다. 왜냐하면 자신에 대한 공격성은 기존의 입장에서는 전혀 생각할 수 없는 개념이기 때문입니다.

성충동이 자기보존적인 충동과 대립한다고 보는 이상, 프로이트는 인간은 일차적으로 살기 위해서 노력할 수밖에 없다고 생각합니다. 자신에 대한 공격성은 자아의 본성, 자기보존적인 본성과는 맞지 않는다고 생각할 수밖에 없죠. 죽음 충동을 생각하기 전까지, 좀 더 정확하게는 자신에 대한 공격성이 있을 수 있다는 생각을 하기 전까지는 공격성은 무조건 대상에 대한 공격성일 수밖에 없었던 것입니다. 자신을 파괴하려는 마조히즘이란 사디즘을 반대 방향으로 전환하거나 아니면 자기 자신으로 회귀시킨 결과라는 겁니다. 태를 바꾸거나 목적어의 자리에 주어를 놓는 경우라는 것이죠.

이러한 발상은 매 맞는 아이에 대한 환상과도 정확히 일치합니다. 앞서 매 맞는 아이의 환상이 만들어지는 단계들을 이야기했는데, 첫 번째 단계는 어떤 단계였죠? 환상이 만들어지는 순서에서 첫 번째 단계는 아버지가 내가 아는 어떤 아이를 때리는 환상이었습니다. 사디즘적인 환상이었죠. 사디즘적인 환상이 퇴행을 경유하면서 태가 전환된 것이 바로 두 번째 환상, 마조히즘적인 환상이 아니겠느냐는 것이 프로이트의 생각이었습니다. 어쨌거나 최초의 출발점은 사디즘적인 환상이라는 겁니다. 사디즘적인 환상이 첫 번째 단계일 것이라고 가정하는 것은 사디즘이 마조히즘보다 더 앞서는 것이라고 생각했기 때문이겠죠.

「마조히즘의 경제적 문제」 이후에 원초적 마조히즘을 상정한 것은 결국 처음부터 자기 자신의 공격성으로 귀착할 수밖에 없는 공격성이 있다는 이야기입니다. 공격성의 표출이긴 한데, 이것이 결국에는 자기 자신에 대한 공격성이 되는 단계가 있을 수 있다는 것이죠. 대상에 대한 공격성이 곧 자기 자신에 대한 공격성과 분리되지 않는 단계가 있을 수 있다는 것입니다. 마치 자가성애 단계가 가능하듯이 공격성 역시 자가공격적인 단계가 있을 수 있다는 것이죠. 자가성애 단계가 그렇듯이, 이 경우에는 사실 주어와 목적어가 구분되지 않는 단계라고 할 수 있습니다. 그러다가 자신에 대한 공격성이 방향을 바꿔서 외부의 대상에게로 투자되는 것이 바로 우리가 흔히 생각하는 공격성이 되는 것이죠.

프로이트는 심지어 외부 대상에 대한 공격성은 결국 내부로의 공격성, 즉 원초적 마조히즘을 처리하기 위한 하나의 방법이라는 식으로까지 이야기합니다. 만약에 그것을 처리하지 못하면, 즉 내부로의 공격성을 외부로 돌리지 못하면, 결국 처리되어야 할 내부로의 공격성이 그대로 남기 때문에 자기 학대나 죄의식 같은 것이 발생할 수 있다는 것입니다.

이렇게 내부로의 공격성을 외부로 전환시켜주는 역할을 하는 것이 바로 삶의 충동입니다. 왜냐하면 내부로의 공격성이 외부로 표출되는 것은 리비도가 마치 외부의 대상과 결합하는 방식처럼 이루어지기 때문입니다. 리비도, 삶의 충동이 대상과의 성적인 결합을 가능케 한다면, 죽음 충동이 대상에게로 투자되는 것을 가능케 하는 역시 삶의 충동일 수 있습니다. 하지만 그렇다면 삶의 충동이 내부로의 공격성을 외부 대상과 결합시키지 않으면 어떤 일이 발생할까요? 내부로의 공격성이 그대로 남아서 자기 자신을 괴롭힐 수 있겠죠. 이 경우 삶의 충동은 죽음 충동을 처리하는 하나의 방법이 될 수 있습니다.

삶의 충동이 죽음 충동을 처리하는 방법은 이것만이 아닙니다. 만일 내부로의 공격성을 외부로 전환시키지 못할 경우 내부에서 죽음 충동을 묶어버릴 수 있습니다. 자기 자신에 대한 공격성을 리비도적인 활동으로 만들어 묶어버릴 수도 있다는 것이죠. 이러한 묶음의 결과가 바로 성감적인 마조히즘이라고 불리는 것입니다. 그러니까 자기 자신에 대한 공격성이 에로틱한 활동으로 사용되는 경우입니다. 프로이트는 소위 성도착으로서의 마조히즘이 바로 이런 경우가 아니겠느냐고 생각합니다.

외부로 묶어버리건 내부에서 묶건, 어쨌거나 삶의 충동은 여기서 죽음 충동을 묶어주는 역할을 합니다. 이런 점에서 앞서 이야기한 충동의 혼합과 분리라는 관점과도 일치하는 이야기라고 할 수 있죠. 그런데 내부로의 공격성을 외부로의 공격성으로 돌리게 되면, 이것은 삶의 충동이 개입된 형태이긴 하지만 어쨌거나 외부의 대상을 공격할 수밖에 없습니다. 애초에 죽음 충동이 목표로 하는 파괴적인 성향이 남아 있을 수밖에 없다는 것이죠. 이렇게 되면, 공격성에 대한 검열 시스템이 작동돼서 외부에 대한 공격성을 자제하고 억누르는 방향으로 작동을 하겠죠. 마치 이전에 성충동이 작동하면 그것을 억누르려는 어떤 경향이 정신 속에서 발동되는 것처럼 공격성을 제어하려는 체계가 발동됩니다. 요컨대 초자아가 개입되어 그것을 제어하려고 한다는 것이죠. 만약 초자아로 인해 공격성을 외부로 표출하지 못하게 되면 그 공격성은 어떻게 될까요? 외부로 표출되지 못한 공격성이 결국에는 다시 내부로 되돌아올 수밖에 없습니다. 그렇게 되면 초자아가 공격성을 먹어치워서 더욱더 가혹해지거나, 아니면 그러한 공격성을 자아가 먹어치워서 더욱더 강력한 마조히즘적인 성향을 보이게 되거나 둘 중 하나가 되겠죠. 이렇게 두 심급에 죽음 충동이 투자되면서 충동에 대한 포기가 더욱 격렬하게 요구된다는 거죠.

이러한 관점에서 심지어 프로이트는 윤리가 충동을 포기하게 만드는 것이 아니라 충동을 포기하게 하는 것이 윤리를 만들어낸다는 이야기까지 하게 됩니다. 보통은 사회적인 윤리가 있기 때문에 우리가 그러한 윤리의 개입으로 충동을 억누른다고 생각하는데, 프로이트는 오히려 정반대 생각을 한 것이죠. 윤리가 충동을 억누른 것이 아니라 충동을 억누른 것이 윤리를 만들어냈다는 것입니다. 그렇기 때문에 충동을 억누를수록 윤리는 더욱더 가혹해진다는 것이죠.

이것은 프로이트가 제시했던 억압의 메커니즘에 대한 초기의 관점을 완전히 뒤집은 것입니다. 초기에 프로이트는 충동, 가령 성충동의 제어가 외부에서 주입된 어떤 가치라든가 이상에 의해 이루어진다고 했습니다. 하지만 이제 네 번째 패러다임에서는 오히려 충동의 제어가 가치나 이상을 만들어낼 수 있다고 이야기합니다. 이것이 바로 「마조히즘의 경제적 문제」에서 프로이트가 도달한 결론입니다. 그리고 이러한 결론을 그대로 문명 전반에 확장시킨 것이 바로 『문명 속의 불편함』입니다.

두 번째 패러다임에서 성충동이 핵심적인 키워드였다면, 당시에 주요한 문제 중 하나는 '어떻게 성적인 충동으로부터 문명으로 이행할 수 있는가'입니다. 문명이 성적인 충동에 대해 할 수 있는 것은 두 가지 중 하나입니다. 그것을 억압하거나 승화시키는 것이죠. 억압을 하게 되면 억압된 것이 증상의 형태로 나타납니다. 이러한 증상이 바로 신경증이 되는 거겠죠. 그리고 승화를 시키면 예술이 됩니다. 성적인 충동에서 문명으로 이행하는 대목에는 신경증과 예술이 있다는 이야기이죠.

이것이 두 번째 패러다임을 관통하는 문제라면, 네 번째 패러다임에서 죽음 충동이라는 개념이 도입되면서 함께 어떤 문제가 들어올 수 있느냐면, 바로 '어떻게 죽음 충동에서 문화로 이행할 수 있는가'라는 문제겠죠. 바로 이것이 『문명 속의 불편함』이 제기하는 문제입니다. 그렇다면 죽음 충동으로부터 어떻게 문명으로의 이행이 가능할까요?

결론적으로 말하자면, 죽음 충동에서 문명으로 이행하는 과정은 죽음 충동을 포기하는 과정과 일치합니다. 문명이란 타자에 대한 배려에 기초합니다. 따라서 죽음 충동이 외부로의 공격성이란 형태로 표출되는 것을 통제하고 제어하는 쪽으로 발전하겠죠. 그런데 그렇게 죽음 충동이 포기되면 어떤 결과가 만들어질까요? 그렇게 포기된 죽음 충동이 내면화되면서 초자아의 양심과 자아의 처벌의 욕구를 발생시키게 됩니다. 요컨대 문명이 발달할수록 죄의식이 깊어진다는 이야기이죠. 반면에 죽음 충동이 내면화되지 않는다면 문명은 공격적이 되면서 다른 문명을 공격할 수밖에 없게 됩니다. 이것이 바로 프로이트가 『문명 속의 불편함』을 집필하던 당시 목격한 일입니다.

　지금까지 네 번째 패러다임에 대해 이야기했는데, 사실 다뤄야 할 이야기들이 더 많습니다. 죽음 충동이 도입되면서 다양한 개념들이 바뀌게 됩니다. 앞서도 이야기했지만, 가령 정신병과 신경증의 차이에 대한 문제라든가 거세 콤플렉스, 여성성에 대한 문제 등 아주 많은 문제들이 죽음 충동의 도입에 의해서 새롭게 쓰입니다. 물론 이러한 문제들이 프로이트에 의해 철저하게 해명된 것은 아닙니다. 네 번째 패러다임은 프로이트의 작업이 끝나는 지점이지만, 엄밀한 의미에서 완결된 패러다임은 아닙니다. 육체가 노쇠해지고 죽음이 다가왔지만 프로이트는 성찰을 멈추지 않았습니다. 마지막까지 문제들을 제기했으며, 자신의 작업을 완결 짓지 않았죠. 문제를 제기하는 것, 경험에 의해 제기되는 문제를 끊임없이 사유하는 것, 그것이야말로 정신분석의 본질이기 때문입니다. 그리고 바로 이것이 프로이트의 패러다임이 단절과 도약을 거쳐서 발전하는 이유이기도 하죠.

　네 번째 패러다임은 완결되지 않은 만큼 굉장히 읽기 어려운 패러다임입니다. 아직 해결해야 할 난제들이 남아 있죠. 여기서 제시한 키워드들은 하나의 징검다리일 뿐입니다. 단절과 도약의 징검다리일 뿐이죠. 이 작은 징검다리를 통해 여러분이 프로이트라는 거대한 강을 건널 수 있기를 바라면서 네 번째 패러다임을 마치기로 하겠습니다.

에필로그

정신분석은 단순히 대상으로서의 인간에 대해 더 많이 알아가는 과정이 아니다. 정신분석은 개념의 집합이 아니라 탐구의 과정이자 변화의 과정이다. 정신분석에서 개념을 익히는 일은 단순히 지식의 축적이 아니라 무의식이라는 전대미문의 땅을 탐구하는 길을 터득하는 것이라고 할 수 있다.

지금까지 우리는 그런 탐구의 여정을 밟아왔다. 프로이트가 밟았던 길을 따라서 그가 발견한 도구들이 어떤 것이었는지, 그가 어떤 경로로 무의식이라는 땅을 개척할 수 있었는지를 확인했다. 이러한 과정에서 특히 우리가 주목한 것은 단절과 도약의 지점이었다. 정신분석은 개념적인 사유가 아니라 환자들과의 만남을 통해서 이뤄진 경험적인 지식에 기초했기에 새로운 발견이 있을 때마다 프로이트의 사유엔 도약과 단절의 지점이 불가피했으며, 그것은 또한 프로이트뿐만 아니라 정신분석의 역사가 발전하는 원동력이 되었다. 자신의 완결성을 추구하는 언어는 새로운 발견에 대해 폐쇄적일 수밖에 없을 것이다. 정신분석의 생명력과 역동성은 완결성을 대가로 치르고서라도 늘 새로운 발견과 무의식의 목소리에 귀를 기울이는 데서 비롯된다.

정신분석의 대상이 무의식이라는 데서 비롯된 이러한 역동성으로 인해, 프로이트는 비교적 쉬운 글로 씌어졌음에도 읽기 쉽지 않은 것이 사실이다. 프로이트의 글 속에서 좌절을 맛본 독자들은 그를 말 바꾸기 좋아하는 저자로 생각하기 쉽지만, 그것은 프로이트 속에서 무엇을 읽어야 할지를 알지 못하는 데서 비롯된 착오라고 할 수 있다. 우리가 프로이트 속에서 읽어야 할 것은 어떤 규정된 개념들이라기보다는 정신분석 경험을 포착하고자 하는 그의 일관된 시도들이다. 우리가 지금까지 프로이트에게서 읽어낸 네 개의 지층들, 프로이트를 관통하는 네 개의 커다란 패러다임은 프로이트의 사변적인 성찰의 변화가 아니라 정신분석의 새로운 경험들을 더 엄밀하고 더 치밀하게 사유하려고 하는 일관된 노력 끝에 만들어진 결과물이라고 할 수 있다. 우리는 그러한 노력의 시도들을 프로이트의 시선과 언어를 따라가면서 하나하나 해부하고 펼쳐보았다. 네 개의 패러다임은 당연히 완결된 것이 아니며 프로이트를 읽는 시선이 얼마나 치밀한가에 따라서 수정이 가능할 것이다. 네 개의 패러다임이라는 구분은 절대적인 구분법이 아니고 마치 축적된 토양들이 그렇듯이, 때로는 어떤 지점에서 교차하고 뒤섞이는 부분들도 없지 않을 것이다. 프로이트의 사유에 단절과 도약이 있다는 것이 패러다임을 상정하게 만든 전제였다면, 그럼에도 불구하고 패러다임의 변화 속에는 이전에 있던 층위가 이어지면서 새롭게 덧쓰이고 재해석되는 지점들이 있고 그런 점에서 나름의 연속성을 기대할 수도 있을 것이다.

이 강의의 목표는 기성품으로서의 하나의 지식을 전달하기보다는 독자들이 스스로 지식을 얻을 수 있는 방법을 전수하는 것이다. 그리고 이것이 바로 정신분석 이론의 교육이 지향해야 할 지점일 것이다. 그런 만큼 이 강의를 마치면서 당부하고 싶은 것은 바로 이 지점부터는 여러분의 몫이라는 사실이다. 이제 네 개의 패러다임을 기점으로 프로이트를 읽어야 하는 것은 여러분 자신이다. 이러한 네 개의 패러다임이 프로이트를 충분히 읽기에는 너무나 비좁은 관점이라는 것을 여러분이 깨닫는다면 이 강의는 애초에 목표했던 그 기능을 충분히 수행한 것이라고 생각할 수 있다. 다시 한 번 말하건대, 이 강의의 목표는 프로이트를 이해하는 것이 아니라 프로이트를 읽는 것이다. 이제 여러분에게 그 일을 맡기면서 강의를 마치고자 한다.

참고문헌

패러다임에 따른 주요 저술
(병기는 한국어, 독어, 영어 순)

첫 번째 패러다임

1895 『히스테리 연구』 Studien über Hysterie / Studies on Hysteria

1899 「장막 기억에 관하여」 Über Deckerinnerungen / Screen Memories

1900 『꿈의 해석』 Die Traumdeutung / The Interpretation of Dreams

1901 『일상생활의 정신병리학』 Zur Psychopathologie des Alltagslebens / The Psychopathology of Everyday Life

1905 『농담과 무의식의 관계』 Der Witz und seine Beziehung zum Unbewuten / Jokes and their Relation to the Unconscious

두 번째 패러다임

1905 『성욕에 관한 세 편의 에세이』 Drei Abhandlungen zur Sexualtheorie / Three Essays on the Theory of Sexuality

1905 「도라의 히스테리 분석」 Bruchstück einer Hysterie-Analyse (Dora) / Fragment of an Analysis of a Case of Hysteria (the Dora case history)

1906 「신경증의 병인에서 성욕이 작용하는 부분에 대한 나의 견해」 Meine Ansichten über die Rolle der Sexualität in der Ätiologie der Neurosen / My Views on the Part Played by Sexuality in the Aetiology of the Neuroses

1907 『빌헬름 옌젠의 그라디바에 나타난 망상과 꿈』 Der Wahn und die Träume in W. Jensens "Gradiva" / Delusions and Dreams in Jensen's Gradiva

1908 「어린아이의 성이론에 관하여」 Über infantile Sexualtheorien / On the Sexual Theories of Children

1908 「성격과 항문 성애」 Charakter und Analerotik / Character and Anal Erotism

세 번째 패러다임

네 번째 패러다임

1920 『쾌락원칙을 넘어서』 Jenseits des Lustprinzips / Beyond the Pleasure Principle

1921 『집단심리와 자아분석』 Massenpsychologie und Ich-Analyse / Group Psychology and the Analysis of the Ego

1923 『자아와 이드』 Das Ich und das Es / The Ego and the Id

1924 「신경증과 정신증」 Neurose und Psychose / Neurosis and Psychosis

1924 「신경증과 정신증에서의 현실감의 상실」 Der Realitätsverlust bei Neurose und Psychose / The Loss of Reality in Neurosis and Psychosis

1924 「마조히즘의 경제적 문제」 Das ökonomische Problem des Masochismus / The Economic Problem of Masochism

1924 「오이디푸스 콤플렉스의 해소」 Der Untergang des Ödipuskomplexes / The Dissolution of the Oedipus Complex

1925 「나의 이력서」 Selbstdarstellung / An Autobiographical Study

1926 『억제, 증상, 불안』 Hemmung, Symptom und Angst / Inhibitions, Symptoms and Anxiety

1927 『환영의 미래』 Die Zukunft einer Illusion / The Future of an Illusion

1927 「페티시즘」 Fetischismus / Fetishism

1930 『문명 속의 불편함』 Das Unbehagen in der Kultur / Civilization and Its Discontents

1936 「아크로폴리스에서의 기억의 혼란」 Erinnerungsstörung auf der Akropolis / A Disturbance of Memory on the Acropolis

1937 「끝낼 수 있는 분석과 끝낼 수 없는 분석」 Die endliche und die unendliche Analyse / Analysis Terminable and Interminable

1938 『정신분석학 개요』 Abriss der Psychoanalyse / An Outline of Psycho-Analysis

사후 출간된 저술

1962 『정신분석의 탄생』 Aus den Anfängen der Psychoanalyse / The Origins of Psycho-Anaysis

프로이트 패러다임

초판 1쇄   2015년 6월 15일
초판 3쇄   2022년 7월 30일

지은이   맹정현
펴낸이   이재현, 조소정
펴낸곳   위고
출판등록 2012년 10월 29일 제406-2012-000115호
주소   경기도 파주시 회동길 290 206-제5호
전화   031-946-9276
팩스   031-946-9277
제작   세걸음

ⓒ 맹정현, 2015

ISBN 979-11-950954-0-7 03180

hugo@hugobooks.co.kr
hugobooks.co.kr